城市轨道交通建设管理系列丛书

城市轨道交通工程施工安全管理

王云江　叶　罡　孙　红　主编

中国建筑工业出版社

图书在版编目(CIP)数据

城市轨道交通工程施工安全管理/王云江，叶罡，孙红主
编. —北京：中国建筑工业出版社，2016.7（2025.8重印）
（城市轨道交通建设管理系列丛书）
ISBN 978-7-112-19449-0

Ⅰ.①城…　Ⅱ.①王…②叶…③孙…　Ⅲ.①城市铁路-铁路施
工-安全管理　Ⅳ.①U239.5

中国版本图书馆 CIP 数据核字(2016)第 106493 号

　　本书针对城市轨道交通工程施工现场采用的不同工艺、工法，不同的风险
源的类别，有针对性地进行识别和提出安全管理的要求。本书主要内容包括：
绪论、施工现场安全管理体系、施工现场安全管理基本要求、施工现场用电安
全、具有重大风险源分部分项工程施工安全、施工机械设备安全管理、轨道交
通施工应急抢险预案、施工现场文明施工，以及安全相关法律、法规。本书紧
紧贴近工程一线的实际情况，突出了实际应用的作用，可参考性强。
　　本书可供城市轨道交通施工、监理以及项目管理和质监人员使用。

责任编辑：王　磊　李玲洁　田启铭
责任设计：谷有稷
责任校对：王宇枢　李美娜

城市轨道交通建设管理系列丛书
城市轨道交通工程施工安全管理
王云江　叶　罡　孙　红　主编
*
中国建筑工业出版社出版、发行（北京西郊百万庄）
各地新华书店、建筑书店经销
北京红光制版公司制版
建工社（河北）印刷有限公司印刷
*
开本：787×1092 毫米　1/16　印张：11　字数：268 千字
2016 年 10 月第一版　2025 年 8 月第二次印刷
定价：**38.00** 元
ISBN 978-7-112-19449-0
（28701）

城市轨道交通建设管理系列丛书
编 辑 委 员 会

《城市轨道交通工程施工安全管理》
编 写 人 员

主　编：王云江　叶　罡　孙　红

副主编：郑少午　包　亮　曹秀丽

主　审：郦仲华　史文杰

编　委：林志祥　李小龙　朱秀才　郭玉达

　　　　王建华　周静增　尤福伟

总　序

随着我国国民经济的不断发展，城市化进程步伐的加快，城市"出行难"的社会问题越来越突出，而城市轨道交通以其运能大、能耗低、污染少、速度快、安全、按时的优点，让它成为深受广大市民欢迎的交通工具。当前各大城市的轨道交通建设均进入了快速发展期，而建设、勘察、设计、施工及监理等专业技术和管理人才紧缺的问题却日益突出。城市轨道交通是集土木、水文、机械、线路、车辆、供电、通信信号、自动售检票等多个专业工种于一体的综合系统工程。各种新工艺、新技术在城市轨道交通各个专业中也得到充分运用。这些都相应地要求城市轨道交通建设从业人员必须掌握一定的专业知识和具备知识更新能力。为了提高轨道交通建设管理水平、保证工程的质量和施工安全，同时也便于现场一线技术管理人员、政府质量安全监督管理人员和内业资料人员的查照对照，我们编写了这套《城市轨道交通建设管理系列丛书》。本系列丛书主要是总结近十年来杭州城市轨道交通工程建设的经验和教训，同时依据建设主管部门的相关法规和规章，以及参考了诸多兄弟城市的先进做法，按照施工现场的安全生产文明施工标准化的实施、工程的质量安全风险监管、现场的安全管理、内业资料的整理、安全台账的编制，以及工程的计量计价的实例解析等进行分类编写。本系列丛书主要包括：

（1）《城市轨道交通工程安全生产文明施工标准化实施手册》；

（2）《城市轨道交通工程质量安全风险监管要点》；

（3）《城市轨道交通工程施工安全管理》；

（4）《城市轨道交通工程计量与计价实例解析》；

（5）《城市轨道交通工程资料与编制范例》；

（6）《城市轨道交通工程安全台账编制》；

（7）《城市轨道交通工程养护维修》。

本系列丛书可作为城市轨道交通工程的建设、施工、监理相关专业技术管理人员学习的读本，或作为城市轨道交通工程专业大中专教材或课外学习资料。

本系列丛书编写过程中，得到了杭州市建设工程质量安全监督总站、杭州市地铁集团有限责任公司、杭州市钱江新城投资集团有限公司、浙江大成建设集团有限责任公司、宏润建设集团公司杭州分公司、中铁建电气化局集团有限公司市政分公司、铁四院工程监理咨询公司杭州分公司、上海隧道工程股份有限公司浙江分公司、中铁一局集团公司杭州办事处、萧宏建设集团有限公司、鲲鹏建设集团有限公司、杭州市路桥集团有限公司、中铁四局集团电气化工程有限公司等单位的大力支持和热情帮助，在此一并表示衷心的感谢。

由于时间仓促，本系列丛书中难免存在一些疏漏、不足，真诚希望广大读者和同行提出宝贵意见。

前　　言

随着城市化进程的逐步加速，我国城市轨道交通建设迎来了大发展的机遇，正步入发展的黄金时期。国际经验表明，当一个国家的城市化率超过 60％，必须通过实现城市轨道交通的高速发展，才能解决城市的交通拥堵问题。我国目前有 36 个城市获批了城市轨道交通的规划方案，预计未来十年的总投资有望超过 4 万亿人民币，中国作为世界最大的隧道及地下工程施工市场，前景十分广阔。

随着我国工程建设领域法制和规范的逐步完善，对工程建设项目综合效益和环境保护意识也在逐步提高，尤其是对项目施工安全管理的要求也愈来愈严。而地铁施工的安全事故的原因是多方面的，既有内在因素也有外在因素。本书针对施工现场采用的不同工艺、工法，不同的风险源的类别，有针对性地进行识别和提出安全管理的要求。分别按照绪论、施工现场安全管理体系、施工现场安全管理基本要求、施工现场用电安全、具有重大风险源分部分项工程施工安全、施工机械设备安全管理、轨道交通施工应急抢险预案、施工现场文明施工，以及安全相关法律、法规等章节来编写。本书紧紧贴近工程一线的实际情况，突出了实际应用的作用，可参考性强。通过本书一些安全管理的规定在实际施工中切实地加以落实，从而在真正意义上防止和减少、甚至杜绝安全事故的发生。

借本书出版之际，谨以此序向多年来为我国隧道及地下工程事业的发展作出突出贡献的广大工程技术人员和施工企业致以诚挚的问候，并向对本书的出版，辛勤付出的各位编委、作者表示感谢！

我们将本书推荐给从事城市轨道交通施工、监理、建设等单位的安全管理人员，本书还可以作为普通高等学校的安全系列教材。相信本书的出版将会对轨道交通建设的安全管理水平，推进工地安全文明施工标准化的不断深入，起到积极的作用。

目　　录

第一章 绪 论

城市轨道交通工程施工由于投资大、工期长、风险高、社会影响大，关系到广大人民群众的切身利益，小小的安全事故都可能带来很大的负面影响。因此安全管理工作首先要完善管理体系，明确各级岗位职责。安全管理体系是针对现场安全实施的一套管理系统，建立健全安全生产保证体系，实行安全生产责任制，有组织地开展安全管理活动，建立各级安全岗位责任制，形成上下齐抓共管的安全管理网络，做到安全工作层层有人抓。

明确安全责任是安全管理的事前准备工作，责任越明确、越细化，准备的就越充分，进入实际操作中就越能提高安全管理的实效性。明确安全责任要充分体现量化、细化的原则和高标准"零缺陷"的管理思想，要结合城市轨道交通工程项目实际情况，通过合理量化和细化责任条款，激发广大职工的责任意识和参与意识，为现场控制、信息反馈、考核评价做好铺垫，严格界定项目各个岗位安全职责，以提高岗位工作标准，促进整体安全管理水平的提高。

第一节 城市轨道交通安全生产的控制要点

在实际操作中，现场控制是整个安全管理系统的起点，现场控制的细化就是安全管理系统的细化，只有强有力的现场控制才能推动安全管理的有序化，也是各级责任制的具体落实。城市轨道交通工程施工现场管理是核心，排查各类隐患点，做好各种防范措施，紧紧围绕"查隐患，找死角，防违章，保安全"为主要内容的专项检查，找准重点和薄弱环节，加大检查督办力度，针对城市轨道交通工程施工工期紧、任务重的特点，做好现场安全管理工作，彻底消除施工生产中存在的各种安全隐患。因此，施工安全管理的重点包括：

（1）加强安全教育培训，提高人员素质，从实践中提升安全管理水平。

提高人员素质不仅仅是安全生产管理的要求，也是企业整体发展的需要。要重点把握好培训对象、内容、形式、效果这4个环节，切实提高培训内容的针对性、培训对象的层次性和培训形式的多样性，把职工安全知识、安全技术水平、业务能力与职工个人业绩考核相结合，与激励机制相结合，使企业管理人员及职工达到较高的业务水平、较强的分析判断和紧急情况处理能力。

对作业人员进行安全教育，目的是使其获得长期、稳定的安全操作技能，做到按规程操作，不违章；对管理者进行教育，目的是使其获得科学的、稳定的，有利于安全生产的决策能力，以及自觉执行安全规章制度的能力，在紧急、危险、关键时刻能够正确处置的能力，在各项工作中对影响安全因素的预见能力，在规章制度无明确规定的情况下作出有利于安全生产的决策能力。从而通过直接实践和间接实践来提升安全管理水平。

间接实践就是通过理论、规范、标准的学习而获得管理知识。因此要求我们认真学习专业的科学基础知识、认真学习来自于专业的科学基础知识与经验教训相结合的规章制度。直接实践是要从事故中得到经验和教训，因为事故是强迫人们接受的最真实的科学实践，要重视事故的调查处理，做好事故的统计分析，掌握事故发生的规律，以此指导安全生产管理，提高安全管理水平。

（2）科学安排施工方案合理采用施工工艺，通过技术手段保证安全。

在城市轨道交通工程建设施工阶段，采用明挖、暗挖、盾构等施工方法和辅助工法进行基坑或区间隧道开挖时，易发生不均匀沉降、地面塌陷或隆起，其主要原因是地层周围岩土体的原始应力变化和受扰动或受剪切破坏的重塑土的不固结。因此，选择错误的施工方法和围护方案会造成附近地下管线断裂或引起周围建筑物的开裂、倾斜甚至倒塌。

依据城市轨道交通工程相关设计在施工前选择适当的施工方法、辅助工法、结构材料和加固保护措施，制定切实可行的《施工组织设计》、《施工安全风险控制措施》和《安全操作与安全作业规程》，经报上级批准和监理工程师确认后实施，在施工中根据施工单位和第三方监测所发现的新情况，及时做出相应的设计变更或应急处置，经设计、监理等相关单位、人员确认后实施。在施工中要进行详细技术交底并应聘请具有专门技术等级要求的技术人员对大型设施吊装、主要模板工程、施工主体变形、地表沉降、地下水位变化、建筑物沉降进行严密观测，并根据观测数据调整施工方案，确保施工周边建筑物安全。

（3）积极开展安全性评价和风险评估工作，加强施工风险管理。

安全性评价和风险评估是现代化安全管理的一项重要内容，即对一个项目安全基础的现状和水平进行正确的评价，并对各方面危险因素的多少及严重程度进行评估，以明确事故发生的重点和需要采取的措施，实现超前控制，减少和消灭事故。

对于城市轨道交通工程这样投资多，难度大的工程，每个阶段出现的风险问题都会引起人力、物力、财力的巨大浪费，甚至会出现灾难性的后果。实施风险评估，对施工周围的风险因素进行比较全面、详细的识别，对发生频率高或可能造成损失大的风险因素进行有效预防，能有效减少工程事故发生。在城市轨道交通工程实施前，应充分和科学地预测可能遇到的风险，进行有效的风险分析和评估，建立城市轨道交通工程风险的预警管理机制，并应在施工的过程中对风险进行控制，制定相应的风险处置措施。

城市轨道交通工程施工必须实施动态的风险管理，采用量化风险评估方法，对施工中潜在的重大风险或事故须进行专项风险分析。通过制定施工风险管理专项实施细则，建立风险预报、预警及预案，开展信息化施工，利用现场监测数据和风险记录，实施施工风险动态跟踪与控制，做到有效规避或控制工程建设风险，减少各类风险事故的发生，降低因风险事故造成的损失，进而达到工程建设安全、质量和环境保护等各项目标。

（4）加强安全管理标准化、施工作业规范化。

安全管理标准化、施工作业规范化工作是现代化管理工作之一，它最根本的意义在于规范人的行为，有计划、有目的地开展工作，它是强化安全监督体系的具体方法之一。

安全标准化活动除重视施工现场的安全防护和场容场貌外，还应注重安全生产管理模式。管理标准化的内容主要有：管理制度的标准化、组织建设的标准化、安全教育培训的标准化、安全检查的标准化、内业表格的标准化、事故处理的标准化、应急救援的标准化。推广标准化工作可以让安监人员有计划、有步骤地组织安全生产，它对所有安全方面的工作通过规范的标准和要求建立完整的安全监察标准体系，使安监人员避免工作中的忙乱或考虑不周，有条不紊地履行安全监察职责。

而施工作业规范化工作则是有效防止和杜绝现场各种习惯性违章现象的"良药"。总结多年来城市轨道交通工程施工事故的教训，很多事故都是由于监督不到位、安全措施不当及习惯性违章行为所造成的。推行现场作业规范化以后，就可以使整个作业的全过程处于受控制的状态，保证每次作业都能在周密的安全措施下进行工作，从而有效地防止和杜绝现场各种习惯性违章现象，克服一些凭经验办事，工作不按标准、马虎了事等各种弊端，最大幅度降低人身、机械设备事故的发生。

第二节　轨道交通施工企业安全生产

一、轨道交通工程施工的特点

轨道交通工程施工主要是指城镇基础设施建设中市政工程建设实施阶段的生产活动。它具有与工矿企业生产明显不同的特点：

（1）轨道交通施工点多线长，露天作业或者地下作业，受环境、气候的影响较大，工作条件差，安全管理难度较大。

（2）轨道交通施工为多工种立体作业，人员多，工种复杂，施工中由于违反操作规程而引发的安全事故较多。

（3）轨道交通工程安全技术涉及面广，它涉及高空和地下作业；涉及各类工程机械、机电设备、起重吊装、物件运输、工程材料、土木制品加工和防火、防爆、防尘、防毒等多工种、多专业，组织安全技术培训难度较大。

（4）轨道交通施工流动性大，施工设施、防护设施多为临时性的，容易使施工人员产生临时观念，忽视施工设施的安全，不能及时消除安全隐患，以致发生安全事故。

（5）轨道交通施工现场安全防范的重点是高处坠落、支架坍塌、触电、沟槽坍塌、物体打击、机械伤害、中毒等。

（6）装备杂、交叉作业多。工程施工已逐渐机械化，由于各类机械增多，交叉作业也随之大量的增加，相互间干扰大。一些工程设备是施工单位自己制作的，没有一定的型号，也没有固定的标准和定型的安全防护设施，存在一定的安全隐患。

（7）由于工程施工复杂又变幻不定，特别是生产高峰抢工期时更易发生事故；再加上流动分散，工期不固定，一些工程的施工队伍多，各分包单位之间的配合性差，不采取可靠的安全防护措施，存在侥幸心理，给施工安全带来了不少隐患，伤亡事故往往会频繁发生。

二、加强轨道交通工程安全管理的重要性

（1）世间一切事物中，人是最宝贵的因素，一线生产工人是人类社会最基本的生产活动的主体，保护劳动者就是保护生产力，要解放生产力和发展生产力，就是要把安全生产放在第一位。

（2）安全问题关系到社会稳定和国家的安定团结。国家历来十分重视保护劳动者的安全和健康，项目施工的各级管理人员必须提高认识，增强安全意识和责任感，牢固树立"安全第一"的思想，任何时候都不可忽视安全工作。

（3）安全生产关系到国家的经济发展和企业的经济效益。一个施工项目经济的好坏，

要靠管理和技术。安全管理的优劣，对企业经济效益的影响尤其巨大，从一定意义上说，没有安全就没有效益。

（4）安全问题是人命关天的大事，安全生产贯穿于项目施工的全过程，必须年年讲、月月讲、天天讲、时时讲，讲得家喻户晓、人人皆知，必须形成一个人人重视安全工作的良好局面。

（5）安全生产是企业生存和发展的基本要素。企业发生安全事故，造成人员伤亡，不仅经济上受到极大的损失，更重要的是企业社会形象和信誉将受到莫大的不良影响。一个安全事故不断的企业不可能长期立足于市场，企业不消除安全事故，安全事故就会消灭企业。

三、轨道交通工程施工安全生产的内容

（1）施工项目确立以后，施工单位就要根据国家及行业有关安全生产的政策、法规和标准，建立一整套符合项目工程特点的安全生产管理制度，包括安全生产责任制度、安全生产教育制度、电气安全管理制度、防火、防爆安全管理制度、高处作业安全管理制度、劳动卫生安全管理制度等。用制度约束施工人员的行为，达到安全生产的目的。

（2）企业应建立健全安全管理机构，并对安全管理机构的构成、职责及工作模式作出规定。企业应重视安全档案管理工作，及时整理、完善安全档案、安全资料，对预防、预测、预报安全事故提供依据。

（3）施工现场安全管理应根据国家《建筑法》、《安全生产管理条例》和现行《建筑施工安全检查标准》JGJ 59—2011、《施工企业安全生产管理规范》GB 50656—2011、《施工企业安全生产评价标准》JGJ/T 77—2010、《施工现场临时用电安全技术规范》JGJ 46—2005、《建筑工程施工现场环境与卫生标准》JGJ 146—2013、《建设工程施工现场消防安全技术规范》GB 50720—2011 等法规，以及各地方政府的要求，做好工程现场安全生产和文明施工，积极开展创建平安工地、安全文明施工标准化工地活动。

（4）施工单位要严格按照国家及行业的有关规定，按各工种操作规程及工作条例的要求规范施工人员的行为，发放劳动安全防护用品。坚持贯彻执行各项安全管理制度，杜绝由于违反操作规程而引发的工伤事故。

（5）为了防止和消除伤亡事故，保障职工的安全，企业应根据国家和行业的有关规定，针对工程特点、施工现场环境、使用机械以及施工中可能使用的有毒有害材料，提出安全技术和防护措施。安全技术措施应在开工前根据施工图编制。施工前必须以书面形式对施工人员进行安全技术交底，对不同工程特点和可能造成的安全事故，从技术上采取措施，消除危险，保证施工安全。施工中对各项安全技术措施要认真组织实施，经常进行监督检查。对施工中出现的新问题，技术人员和安全管理人员要在调查分析的基础上，及时提出新的安全技术措施。

四、轨道交通施工的事故类型

轨道交通工程施工中的事故最主要的有高处坠落、触电、物体打击、机械伤害、坍塌、有害气体中毒等，这些事故造成人身伤害和财产损失。这六大类事故发生的主要原因如下：

1. 高处坠落

（1）临边、洞口处坠落

1）无防护设施或防护不规范。如防护栏杆的高度低于 1.2m，横杆不足两道，仅有一道等；在无外脚手架及尚未砌筑围护墙的临空边缘，防护栏杆柱无预埋件固定或固定不牢固。

2）洞口防护不牢靠，洞口虽有盖板，但无防止盖板位移的措施。

（2）脚手架上坠落

主要是搭设不规范，如相邻的立杆（或大横杆）的接头在同一平面上，扫地杆、剪刀撑、连墙点任意设置等；架体外侧无防护网、架体内侧与构筑物之间的空隙无防护或防护不严；脚手板未满铺或铺设不严、不稳等。

（3）悬空高处作业时坠落

主要是在安装或拆除脚手架、模板支架等高处作业时的作业人员，没有系安全带，也无其他防护设施或作业时用力过猛，身体失稳而坠落。

（4）登高过程中坠落

主要是无登高安全梯道，随意攀爬脚手架、井架登高；登高斜道面板或梯档破损、断裂；登高斜道无防滑措施。

（5）在梯子上作业坠落

主要是梯子未放稳，人字梯两片未系好安全绳带；梯子在光滑的地面上放置时，其梯脚无防滑措施，梯子上部未系牢，作业人员站在梯子上作业发生坠落。

2. 触电事故

（1）外电线路触电事故

主要是指施工中碰触施工现场周边的架空线路而发生的触电事故。

1）施工作业面与外电架空线之间没有达到规定的最小安全距离，也没有按规范要求增设屏障、遮栏、围栏或保护网，在外电线路难以停电的情况下，进行违章冒险施工。特别是在搭、拆钢管脚手架，或在高处绑扎钢筋、支搭模板等作业时发生此类事故较多。

2）挖掘、起重机械在架空高压线下方作业时，吊臂的最远端与架空高压电线间的距离小于规定的安全距离，作业时触碰裸线 或集聚静电荷而造成触电事故。

（2）施工机械漏电造成事故

1）建筑施工机械要在多个施工现场使用，不停地移动，环境条件较差（泥浆、锯屑污染等），带水作业多，如果保养不好，机械往往易漏电。

2）施工现场的临时用电工程没有按照规范要求做到"三级配电，三级保护"。有的工地虽然安装了漏电保护器，但选用保护器规格不当，认为只要是漏电保护器，装上了就保险，在开关箱中装上了 50mA×0.1s 规格，甚至更大规格的漏电保护器，结果关键时刻起不到保护作用。有的工地没有采用 TN-S 保护系统，也有的工地迫于规范要求，但不熟悉技术，拉了五根线就算"三相五线"，工作零线（N）与保护零线（PE）混用。施工机具任意拉结，用电保护混乱造成安全事故多发。

3）手持电动工具漏电。主要是没有按照《施工现场临时用电安全技术规范》JGJ 46—2005 要求进行有效的安全用电，电动工具操作者没有戴绝缘手套、穿绝缘鞋。

4）电线电缆的绝缘保护层老化、破损及接线混乱造成漏电。有些施工现场的电线、电缆"随地拖、一把抓、到处挂"，乱拉、乱接线路，接线头不用绝缘胶布包扎；露天作业电气开关放在木板上，不用电箱，特别是移动电箱无门，任意随地放置；电箱的进、出线任意走向，接线处"带电体裸露"，不用接线端子板，"一闸多机"，多根导线接头任意绞、挂在漏电开关或保险丝上；移动机具在插座接线时不用插头，使用小木条将电线头插入插座等。这些现象造成的触电事故是较普遍的。

5）照明及违章用电。移动照明特别是在潮湿环境中作业，其照明不使用安全电压；另外，使用灯泡烘衣、袜或取暖等违章用电时造成的事故。

3. 物体打击

物体打击是指失控物体的惯性力对人身造成的伤害，其中包括高处落物、飞蹦物、滚击物及掉、倒物等造成伤害。物体打击伤害事故范围较广。在施工中主要有：

（1）高处落物伤害。在高处堆放材料超高、堆放不稳，造成散落；作业人员在作业时将材料、废料等随手往地面扔掷；拆脚手架、支模架时，拆下的构件、扣件不通过垂直运输设备往地面运，而是随拆随往下扔；在同一垂直面、立体交叉作业时，上、下层间没有设置安全隔离层；起重吊装时材料散落，造成落物伤害事故。

（2）飞蹦物击伤害。爆破作业时安全覆盖、防护等措施不周；工地调直钢筋时没有可靠防护措施。比如，使用卷扬机拉直钢筋时，夹具脱落或钢筋拉断，钢筋反弹击伤人；使用有柄工具时没有认真检查，作业时手柄断裂，工具头飞出击伤人等。

（3）滚物伤害。主要是在基坑边堆物不符合要求，如砖、石、管材等滚落到基坑、桩洞内造成基坑、桩洞内作业人员受到伤害。

（4）从物料堆上取物料时，物料散落、倒塌造成伤害。物料堆放不符合安全要求，取料者也图方便不注意安全。比如，长杆件材料竖直堆放，受振动不稳倒下砸伤人；抬放物品时抬杆断裂等造成物击、砸伤事故；物料自卸车卸料时，作业人员受到栏板撞击等。

4. 机械伤害

机械伤害主要是违章指挥、违章操作和机械安全保险装置没有或不可靠或两原因并存而导致的。此外，使用已报废的机械也是造成事故的一个原因。

（1）违章指挥

1）施工指挥者指派了未经安全知识和技能培训合格的人员从事机械操作。

2）为赶进度不执行机械保养制度和定机定人责任制度。

3）使用报废机械。

（2）违章作业。主要是操作人员为图方便，有章不循，违章作业。比如，施工现场不戴安全帽；高空作业不系安全带；擅自变更配电箱内电器装置；行走不走安全通道；登高不走人行栈桥；机械运转中进行擦洗、修理；非机械工擅自启动机械操作等。

（3）没有使用和不正确使用个人劳动保护用品。如电焊时不使用防护面罩；电工作业时不穿绝缘鞋等。

（4）没有安全防护和保险装置或装置不符合要求。如机械外露的转（传）动部位（如齿轮、传送带等）没有安全防护罩；圆盘锯无防护罩、无分料器、无防护挡板；吊机的限位、保险不齐全或虽有却失效。

（5）机械不安全状态。如机械带病作业，机械超负荷使用，使用不合格机械或报废机械。

5. 坍塌

轨道交通工程不可避免要进行地下土方作业，各类深基坑施工也是十分常见的；构筑物模板越来越大；模板支架越来越高；跨度越来越大，导致施工安全形势越来越严峻，近年来坍塌事故呈上升趋势。坍塌事故的主要部位及原因如下：

（1）基坑、基槽开挖及人工扩孔桩施工过程中的土方坍塌。主要是坑槽开挖没有按规定放坡，基坑支护没有经过设计或施工时没有按设计要求支护；支护材料质量差而造成支护变形、断裂；边坡顶部荷载大（如在基坑边沿堆土、管材等，土方机械在边沿处停靠）；排水措施不当，造成坡面受水浸泡产生滑动而塌方；冬春之交破土时，没有针对土体胀缩因素采取护坡措施。

（2）模板坍塌。模板坍塌是指用扣件式钢管脚手架、各种木杆件或竹材搭设的构筑物的模板，因支撑杆件刚性不够、强度低，在浇筑混凝土时失稳造成模板上的钢筋和混凝土的坍落事故。模板支撑失稳的主要原因是没有进行有效正确的设计计算，也不编写专项施工方案，施工前也未进行安全交底。特别是混凝土输送管路，往往附着在模板上，输送混凝土时产生的冲击和振动更加速了支撑的失稳。

（3）脚手架倒塌。主要是没有认真按规定编制施工专项方案，没有执行安全技术措施和验收制度。架子工属特种作业人员，必须持证上岗。但目前，架子工普遍文化水平低，安全技术素质不高，专业性施工队伍少。脚手架所用的管材有效直径普遍达不到要求，搭设不规范，特别是相邻杆件接头、剪刀撑、连墙点的设置不符合安全要求，造成脚手架失稳倒塌。

6. 有害气体中毒

地下土方开挖及隧道施工，经常遇到腐殖质土层及受到污染的土层，或者也可能遇到各种废弃的污水管井。在这些地段施工，就有可能遇到各类有毒有害物质。这些有毒物质主要是甲烷（沼气）、硫化氢、一氧化碳等。此外，管道和窨井中沉积的淤泥因腐败分解会产生硫化氢等有毒有害的物质。而释放出的有毒有害气体在通风不畅时，就会积聚起来，有毒气体的浓度不断增大，造成作业人员中毒，甚至身亡。

五、轨道交通工程施工伤亡事故的预防措施

多年来市政行业制定了安全生产方面的法律、法规和标准，特别是自 1995 年以来，国家建设行政主管部门提出以治理五大伤害事故为主的专项治理工作，收到了很好的效果。

1. 依据施工安全技术标准组织施工

自 1988 年以来，建设部先后出台了多项建筑与市政施工安全技术方面的标准和规范，如《施工现场临时用电安全技术规范》JGJ 46—2005、《建筑施工高处作业安全技术规范》JGJ 80—1991、《建筑施工扣件式钢管脚手架安全技术规范》JGJ 130—2011 及《建筑施工安全检查标准》JGJ 59—2011 等，这些标准和规范，从各自专业的角度，对安全技术提出了要求，并作出了明确的规定，使安全生产由定性管理，达到了定量管理。在施工过程中只要按照这些要求去做，即可预防、消除大量的伤亡事故。安全技术标准或规范中的很多条文，都是由施工企业用血的教训换来的，是科学规律的总结，具有约束力和强制性，也是建立安全生产的正常秩序和保障施工过程中操作者安全和健康的法律依据。为了在施工中不再发生流血事件，施工企业在施工现场必须按照安全技术标准、规范的要求组织施工，以避免或遏制高处坠落、触电、物体打击、机械伤害、坍塌、中毒及其他类别事故的发生。

2. 认真执行安全技术管理制度

《建筑法》第 38 条规定，建筑施工企业在编制施工组织设计时，应当根据建筑工程的特点制定相应的安全技术措施；对危险性较大的分部分项工程，应当编制专项安全施工组织设计并采取安全技术措施。施工安全技术措施是对每项工程施工中存在的不安全因素进行预先分析，从技术上和管理上采取措施，从而控制和消除施工中的隐患，防止发生伤亡事故。因此，它是工程施工中实现安全生产的纲领性文件，必须认真执行。

3. 建立、健全安全生产责任制

按照标准要求组织施工，执行安全技术管理不能是纸上谈兵，必须落到实处，这就需要有责任制。在《建筑法》中明确了建设单位、设计单位、监理单位和施工单位的安全生产责任。消除伤亡事故，施工企业和施工项目部负有直接责任。因此，关键是企业和施工现场要有健全的安全生产责任制。按照《建筑法》的要求，施工企业的法定代表，是安全生产的第一责任人，必须处理好安全与生产、安全与效益的关系，努力改善施工环境和作业条件，制定安全防范措施，并且组织实施。要做到这一点，就要在企业中建立健全以第一责任人为核心的分级负责的安全生产责任制。在由工程项目部组织施工的施工现场也和企业一样，项目负责人（项目经理）应为本工程项目的安全生产第一责任人，并应制定以第一责任人为核心的各类人员的安全生产责任制。对于总包和分包单位的安全责任也应明确，总包单位对施工现场进行统一管理，并对安全生产负全面责任；分包单位要向总包单位负责，服从总包单位的管理。

在工程施工中还要注重四个环节，即施工前、施工中、施工现场和伤亡事故。安全生产贯穿于施工生产的全过程，存在于施工现场的各种事物中，也可以说，凡与施工现场有关的人员，都要负起与自己有关的安全生产责任。为了安全生产责任制能落实到实处，企业和施工单位还应制定责任制落实的考核办法，这样才能给落实安全生产责任打下基础。责任落实了，在施工中的安全生产工作就能做到"人人管生产，人人管安全"，也就实现了责任制要"纵向到底，横向到边"的要求。

4. 搞好安全教育培训

安全教育培训是实现安全生产的一项重要基础工作。只有通过安全教育培训才能提高各级领导、管理人员和广大工人的安全意识和搞好安全生产责任制的自觉性，使广大职工掌握安全生产法规和安全生产知识，提高各级领导和管理人员对安全生产的管理水平，提高广大工人安全操作技能，增强自我保护能力，减少伤亡事故。为此，《建筑法》第 46 条规定："建筑施工企业应当建立健全劳动安全生产教育培训制度，加强对职工安全生产的教育培训；未经安全生产教育培训的人员，不得上岗作业。"建设部于 1997 年下发的《建筑业企业职工安全培训教育暂行规定》明确规定了建筑企业职工必须定期接受安全培训教育，坚持先培训、后上岗制度，并具体规定了各类人员每年培训的时间：企业法定代表人不得少于 30 学时；企业其他管理人员和技术人员不得少于 20 学时；企业专职安全管理人员不得少于 40 学时；企业其他职工不得少于 15 学时；特种作业人员在通过专业安全技术培训并取得岗位操作证后，每年还应接受有针对性的安全培训，时间不得少于 20 学时；企业待岗、转岗、换岗的职工，在重新上岗前，必须再接受一次安全培训，时间不得少于 20 学时；新工人必须先接受"三级安全教育"再上岗，公司级教育不得少于 15 学时，项目级不得少于 15 学时，班组级不得少于 20 学时。

第二章　施工现场安全管理体系

第一节　施工作业人员安全基本知识

目前，工程项目施工安全正逐步实施标准化管理。工程项目安全标准化管理，是指制定工程项目安全管理标准，并组织实施标准及对标准的实施进行监督活动的总称。从人的角度来说，安全标准化是以安全标准规范每个管理人员和操作人员的行为，约束人的不安全行为；从物的角度看，安全标准化是一种技术准则，消除物的不安全状态，建立良好的生产秩序和创造安全的生产环境。

（1）工程施工人员应具备的素质。首先，要求是年满 18 周岁的公民，身体健康、心理素质好，能够适应施工现场艰苦的作业环境，以不超过 55 岁为宜。其次，要求责任心强，热爱市政事业，有一定的文化知识和技术技能，有较强的安全意识，能承担相应的工作。从事特种作业的人员，必须经过专门的身体检验合格，并具备相应的特种作业专业技能和安全操作技能。

（2）工程施工人员应熟练掌握"三宝"的正确使用方法，达到辅助预防的效果。"三宝"是指现场施工作业中必备的安全帽、安全带和安全网，它们正确的使用方法和安全注意事项分别如下：

1）安全帽。进入施工现场必须戴好安全帽，系好帽带。安全帽是用来避免或减轻外来冲击和碰撞对头部造成伤害的防护用品，其质量应符合《安全帽》GB 2811—2007 和《安全帽测试方法》GB/T 2812—2006 的相关规定。其正确使用方法如下：

① 检查安全帽质量是否符合国家标准。壳体是否破损，如有破损，其分解和削减外来冲击力的性能已减弱或丧失，不可再用。

② 检查有无合格帽衬，帽衬的作用在于吸收和缓解冲击力，安全帽无帽衬，就失去了保护头部的功能。

③ 检查帽带是否齐全。

④ 调整好帽衬间距（约 4～5cm），调整好帽箍。

⑤ 戴好帽并系好帽带，检查帽带、帽扣是否牢固、完整。

⑥ 塑料安全帽使用年限不应超过 3 年，玻璃钢安全帽使用年限不应超过 2.5 年。使用期超过规定年限的，应进行安全性能测试，符合要求方可继续使用。

⑦ 现场作业中，切不可随意将安全帽脱下搁置一旁，或当坐垫使用。

2）安全带。安全带是高处作业工人预防高空坠落伤亡的防护用品，其使用注意事项如下：

① 安全带质量应符合《安全带》GB 6095—2009 和《安全带测试方法》GB/T 6096—2009 的相关规定。应当使用经质检部门检查合格的安全带。

② 不得私自拆换安全带的各种配件，在使用前，应仔细检查，确认各部分配件无破

损时才能佩系。

③ 在使用过程中，安全带应高挂低用，并防止摆动、碰撞，避开尖刺，不接触明火，不能将钩直接挂在安全绳上，一般应挂到连接环上。

④ 严禁使用打结和有接头的安全绳，以防坠落时腰部受到较大冲力伤害。

⑤ 作业时应将安全带的钩、环牢挂在系留点上，各卡要接扣紧，以防脱落。

⑥ 在温度较低的环境中使用安全带时，要注意防止安全绳硬化割裂。

⑦ 安全带一般使用寿命为 3～5 年，使用 2 年后应做批量安全性能检测。在使用期间安全绳磨损的应及时更换，如果带子破裂应提前报废。

⑧ 使用后，将安全带、绳卷成盘放在无化学试剂、无阳光直晒、干燥的场所中，切不可折叠。在金属配件上涂些机油，以防生锈。

3）安全网。安全网在施工现场是用来防止人、物坠落，或用来避免、减轻坠落及物击伤害的网具。

① 安全网的质量应符合《安全网》GB 5725—2009 的相关规定。应满足耐冲击性能、耐贯穿性能和阻燃等要求。

② 在施工现场，严禁使用不合格产品；严禁用密目式立网代替平网使用。

③ 安全网的架设和拆除要严格按照施工负责人的安排进行，不得随意拆毁安全网。安全网拼接严密、绑扎牢固。

④ 在使用过程中，不得随意向网上乱抛杂物或撕坏网片。不得使用破碎的安全网。

4）工程施工人员应熟悉对"四口"的防护。建筑施工企业常说的"四口"是指建筑物的楼梯口、电梯井口、预留洞口和各类通道口。市政工程施工中还会遇到各类桩孔口、杯形基础上口、地下管线检查井口和人孔进出口等洞口。

① 洞口应根据具体情况采取盖板、防护栏杆、张挂安全网、安装临时栏栅等防护措施。

② 在顶管、盾构等工作井除采取有效的安全防护措施外，还应加设明显的安全警示标志。

③ 施工现场道路旁的洞口、深沟、坑、槽上的盖板应能承受通行车辆的荷载。

④ 自来水厂、污水处理厂、泵站、地铁站等建筑物的竖向洞口应设防护门或防护栏，栏杆高度应超过 1.2m，中间加设横向栏杆，下设挡脚板。

⑤ 工程施工人员应熟悉对"临边"的防护。市政工程常遇到的"临边"，主要是指施工中的基坑周边、桥面周边、工作坑周边、操作平台周边、沟槽周边易发生人与物坠落危险性的部位。对这类部位必须采取安全防护措施。

A. 基坑四周栏杆可采用预埋或打入方式固定，埋入地下深度为 500～700mm；埋入点离基坑边沿不小于 500mm。栏杆高度不小于 1200mm，同时，在 1.2m 和 0.6m 高处及底部设置三道防护栏杆，杆件内侧紧挂密目式安全立网。

B. 水上栈桥、上人斜道、施工桥面、操作平台等临空面必须采取防护栏杆加以安全防护，当临边外侧面有人或车经过时，防护栏杆内侧必须采用安全网等材料进行封闭、悬挂警示标牌。安全设施必须牢固可靠防火环保。

C. 在地下管线开挖沟槽施工时，必须做好沟槽两侧安全防护，开挖深度超过 600mm 时，必须设置防护栏杆或进行封闭施工。当栏杆位置处于易发生人群拥挤、车辆碰撞安全事故情况下，应当对栏杆进行加固，沿线设置警示牌、警示灯。

第二节　施工现场安全员职责

一、基本要求

（1）轨道交通工程施工现场安全员应具有中等职业（高中）教育及以上学历，并具有一定的实际工作经验，身心健康。

（2）具有必要的表达、计算、计算机应用能力。

（3）具有社会责任感和良好的职业操守，诚实可信，严谨务实，爱岗敬业，团结协作；自觉遵守相关法律法规、标准和管理规定。

（4）树立"生命至上、安全第一、预防为主、综合治理"的安全管理理念，坚持安全生产、文明施工；具有节约资源、保护环境的意识。

（5）具有不断学习新知识、掌握新技能等思想和精神。

二、安全员的主要职责

1. 项目安全策划

（1）参与制定施工项目安全生产管理计划。

施工项目安全生产管理计划应由施工单位组织编制，具体由项目经理负责，安全员参与。施工项目安全生产管理计划包括安全控制目标、控制程序、组织结构、职责权限、规章制度、资源配置、安全措施、检查评价和奖惩制度以及对分包的安全管理；复杂或专业性项目的总体安全措施、单位工程安全措施及分部分项工程安全措施；非常规作业的单项安全技术措施和预防措施等。

（2）参与建立安全生产责任制度。

安全生产责任制度应由施工单位组织编制，具体由项目经理负责，安全员参与。

（3）参与制定施工现场安全事故应急救援预案。

施工现场安全事故应急救援预案，应包括建立应急救援组织，配备必要的应急救援器材、设备，其编制由施工单位组织，项目经理负责，安全员应参与。

2. 资源环境安全检查

（1）参与开工前安全条件检查。

开工前安全条件审查是建设行政主管部门负责的工作，现场监理人员和现场安全员主要参与现场安全防护、消防、围挡、职工生活设施、施工材料、施工机具、施工设备安装、作业人员许可证、作业人员保险手续、项目安全教育计划、现场地下管线资料、文明施工设施等项目的检查。

（2）参与施工机械、临时用电、消防设施等的安全检查。

（3）负责防护用品和劳动用品的符合性审查。

施工防护用品和劳保用品的符合性审查是指对于施工防护用品和劳保用品的安全性能是否达到或符合施工安全要求的检查与审验。

（4）负责作业人员的安全教育培训和特种作业人员资格审查。

3. 作业安全管理

（1）参与编制危险性较大的分部、分项工程专项施工方案。在作业安全管理中，危险性较大的分部、分项工程专项施工方案由总承包单位或专业承包单位组织编制，安全员要参与审核；因方案涉及施工安全保证措施，安全员一般应参与专项施工方案的编制。

（2）参与施工安全技术交底。

安全技术交底是由项目技术负责人负责实施。安全技术交底必须包括安全技术、安全程序、施工工艺和工种操作等方面内容，交底对象为项目部相关管理人员和施工作业班组长等。对施工作业班组的安全技术交底工作应由施工员负责实施，安全员协助、参与。

（3）负责施工作业安全及消防安全的检查和危险源的识别，对违章作业和安全隐患进行处理。

施工作业安全和消防检查包括日常作业安全检查、季节性安全检查、专项安全检查等，检查内容按《建筑施工安全检查标准》JGJ 59—2011 和《建设工程施工现场消防安全技术规范》GB 50720—2011 的要求执行。

（4）参与施工现场环境监督管理。

施工现场环境监督管理是施工生产管理的重要环节，由项目经理负责，主要目标是保持现场良好的作业环境、卫生条件和工作秩序，做到污染预防，并预防可能出现的安全隐患，确保项目文明施工；有效实施现场管理，保护地下管线、发现文物古迹或爆炸物时及时报告，切实控制污水、废气、噪声、固体废弃物、建筑垃圾和渣土，正确处理有毒有害物质。这一工作中，安全员参与涉及安全施工和环境安全的工作，包括污染预防，报告发现的爆炸物，控制污水、废气和噪声，处理有毒有害物质等。同时，对项目现场，尚应按照《环境管理体系 要求及使用指南》GB/T 24001—2004 的要求，建立并持续改进环境管理体系，以促进安全生产、文明施工并防止污染环境。

4. 安全事故处理

（1）参与组织安全事故应急救援演练，参与组织安全事故救援。

安全生产事故应急救援演练是项目部根据项目应急救援预案进行的定期专项应急演练，具体由项目经理负责。安全员监督演练的定期实施、协助演练的组织工作。当安全生产事故发生后，项目经理负责组织、指挥救援工作，安全员参与组织救援。

（2）参与安全事故的调查、分析。

安全生产事故发生后，施工单位要及时向上级和相关部门如实报告，同时积极采取措施进行抢救，防止事故扩大，保护事故现场。安全生产事故主要由政府组织调查，项目部的职责主要是协助调查，因此安全员的职责就是协助调查人员对安全事故的调查、分析。

5. 安全资料管理

（1）负责安全生产的记录、安全资料的编制。

（2）负责安全资料汇总、整理、移交工作。

三、安全员应具备的专业技能

1. 项目安全策划

（1）能够参与编制项目安全生产管理计划。

（2）能够参与编制安全事故应急救援预案。

2. 资源环境安全检查

（1）能够参与对施工机械、临时用电、消防设施进行安全检查，对防护用品与劳动用品进行符合性审查。

（2）能够组织实施项目作业人员的安全教育培训。

3. 作业安全管理

（1）能够参与编制安全专项施工方案。

（2）能够参与编制安全技术交底文件，实施安全技术交底。

（3）能够识别施工现场危险源，并对安全隐患和违章作业提出处置建议。

（4）能够参与项目文明工地、绿色施工管理。

4. 安全事故处理

能够参与安全事故的救援处理、调查分析。

5. 安全资料管理

能够编制、收集、整理施工安全文字和影像资料。

四、安全员应具备的专业知识

1. 通用知识

（1）熟悉国家工程建设相关法律法规。

（2）熟悉工程材料的基本知识。

（3）熟悉施工图识读的基本知识。

（4）了解工程施工工艺和方法。

（5）熟悉工程项目管理的基本知识。

2. 基础知识

（1）了解市政工程识图、结构力学和施工测量的基本知识。

（2）熟悉城镇道路、城市桥梁、给水排水管道和构筑物的基本知识。

（3）掌握环境与职业健康管理的基本知识。

3. 岗位知识

（1）熟悉与本岗位相关的标准和管理规定。

（2）掌握施工现场安全管理知识。

（3）熟悉施工项目安全生产管理计划的内容和编制方法。

（4）熟悉安全专项施工方案的内容和编制方法。

（5）掌握施工现场安全事故的防范知识。

（6）掌握安全事故救援处理知识。

第三节　施工安全行为准则

企业从事施工生产活动，必须取得有效的安全生产许可证。施工企业的主要负责人、项目负责人和专职安全管理员应取得有效的安全生产考核合格证书。

一、安全生产三坚持

轨道交通工程施工安全坚持"以人为本、安全发展"的生产理念；坚持"安全第一、预防为主、综合治理"的生产方针；坚持"不伤害自己、不伤害别人、不受别人伤害"的行为准则。

二、安全生产"六大纪律"

（1）进入施工现场必须戴好安全帽、扣好帽带，并正确使用个人劳动防护用品。

（2）在 2m 及以上高空作业、悬空作业，无安全操作平台的，必须系好安全带，扣好保险钩。

（3）高处作业时，不准向下或向上乱抛材料和工具等物件。

（4）各种机电设备必须有可靠有效的安全接地和防雷装置。

（5）无证人员严禁使用和玩弄机电设备。

（6）吊装区域非操作人员严禁入内，吊装机械必须完好，吊杆下方不准有人。

三、安全生产"十项安全措施"

（1）按规定使用安全"三宝"，即安全帽、安全网、安全带。

（2）机械设备的防护装置必须齐全有效。

（3）塔吊等起重设备必须有限位保险装置，不准带病运转，不准超负荷作业，不准在运转中维修保养。

（4）架设电线线路必须符合当地电业局的规定，电气设备接零、接地必须可靠。

（5）电动机械和手持电动工具应设置漏电保护装置。

（6）脚手架的材料及脚手架的搭设必须符合规程要求。

（7）各种缆风绳及其设置必须符合技术规程要求。

（8）在建工程的楼梯口、电梯口、预留洞口、通道口，必须有防护设施。

（9）严禁赤脚、穿高跟鞋、拖鞋进入施工现场，高空作业不准穿硬底和带钉易滑的鞋靴。

（10）施工现场的悬崖、陡坎等危险区域应设置警戒标志，夜间要设红色警示灯。

四、防止违章和事故的"十项操作要求"

（1）新工人未经三级安全教育、复岗人员未经安全岗位教育，不得上岗操作。

（2）特种作业人员、机械操作工未经专门安全培训，无有效安全上岗证，不得上岗操作。

（3）作业环境和施工对象情况不清，施工前无安全措施或作业安全交底不清，不得盲目操作。

（4）新技术、新工艺、新设备、新材料、新岗位无安全措施，未进行安全教育培训和交底，不得盲目操作。

（5）安全帽和作业场所必需的个人防护用品未落实，不得盲目操作。

（6）脚手架、吊篮、塔吊、井字架、龙门架、外用电梯、起重机械、电焊机、钢筋机械、土木平刨、圆盘锯、搅拌机、打桩机等设备设施和现浇混凝土模板支撑搭设或安装后，未经验收合格，不得盲目操作。

（7）作业场所安全防护措施未落实、安全隐患未排除，可能危及人身安全和财产损失时不得盲目操作。

（8）凡上级或管理人员违章指挥，有冒险作业情况时，作业人员有权拒绝操作。

（9）高处作业、带电作业、禁火区作业、易燃易爆作业、爆破性作业、有中毒或窒息性危险的作业和科学试验等其他危险作业的均由上级指派，并经安全交底；未经指派、未经安全交底和无安全防护措施时，不得盲目操作。

（10）隐患未排除，可能伤害自己、伤害他人，或被他人伤害的不安全因素存在时，不得盲目操作。

五、施工现场"十不准"

（1）不准在起吊、运吊重的物件下通过。

（2）不准在高处往下跳或奔跑作业。

（3）不准在没有防护的外墙和外壁板等建筑物上行走。

（4）不准在小推车等不稳定的物体上行走。

（5）不准攀登起重臂、绳索、脚手架、井字架、龙门架或随同运料的吊盘及吊装物上下。

（6）不准进入挂有"禁止出入"或设有危险警示标志的区域、场所。

（7）不准在重要的运输通道或上下行走通道上逗留。

（8）未经允许不准私自进入非本单位作业区域或管理区域，尤其是存有易燃易爆物品的场所。

（9）严禁在无照明设施，无足够采光条件的区域、场所内行走、逗留。

（10）不准无关人员进入施工现场。

六、防止高处坠落、物体打击的"十项基本要求"

（1）高处作业人员必须着装整齐，严禁穿硬底或易滑鞋、高跟鞋，工具应放入工具袋内。

（2）高处作业人员严禁相互打闹，以免失足发生坠落危险。

（3）在进行攀登作业时，攀登用具必须牢固可靠，并正确使用。

（4）各类手持机具和工具使用前应进行检查，确保安全牢靠。洞口、临边作业应防止物件坠落。

（5）施工人员应从规定的通道上下，不得攀爬脚手架、跨越临边防护设施，不得在非规定的通道进行攀登、行走。

（6）悬空作业时，应有牢靠的立足点并正确系挂安全带；现场应视具体情况配置防护网、栏杆或其他安全设施。

（7）高处作业时，所有物料应堆放平整，不得堆放在临边或洞口附近，不得妨碍通行。

（8）高处拆除作业时，拆下的物料、建筑垃圾应及时清运，不得在通道上任意堆放或向下丢弃。

（9）高处作业时，不得往下或向上抛掷材料或工具等物件。

（10）各施工作业场所内，凡有坠落危险的任何物料，应先进行拆除或加以固定，拆卸作业必须设立警戒区域，并有专人监护。

七、防止机械伤害"一禁、二必须、三定、四不准"

（1）不懂电气和机械的人员严禁使用或玩弄机电设备。

（2）机电设备应完好，必须有可靠的安全防护装置。

（3）机电设备停电、停工时必须拉闸关机、上锁。

（4）机电设备应做到定人操作、保养、检查。

（5）机电设备应做到定机管理、定期保养。

（6）机电设备应做到定岗位、定职责。

（7）机电设备不准带病运转。

(8) 机电设备不准超负荷运转。

(9) 机电设备不准在运转时维修保护。

(10) 机电设备运转时，操作人员身体任何部位不准进入运转的机械行程范围内。

八、防止车辆伤害的"十项基本安全要求"

(1) 未经专业、职业培训合格的人员、不熟悉车辆性能者，禁止驾驶车辆。

(2) 驾驶员必须做好车辆的例保工作，车辆制动器、喇叭、转向系统、灯光等部件必须良好。

(3) 翻斗车、自卸车车厢严禁乘人，严禁人、货混装，严禁超载、超高、超宽，捆绑必须牢固可靠，防止车内物体失稳跌落伤人。

(4) 乘坐车辆时应坐在安全处，身体的任何部位不得露出车外。

(5) 车辆进出施工现场，在场内调头、倒车，在狭窄场地内行驶时，必须有专人指挥。

(6) 车辆进出现场要减速，做到"四慢"，即：道路情况不明要慢；行车线路不良、照明度差时要慢；起步、交会车、倒车、停车要慢；在狭路、桥梁弯路、破路、岔道、行人密集处及出入大门要慢。

(7) 临近机动车道的作业区和脚手架等设施，以及道路中的障碍应该设安全标志和防护设施，夜间应设警示灯和足够的照明。

(8) 装卸车作业时，若车辆停放在坡道上，应采取防止车辆溜车措施。

(9) 在场内机动车道行走的人员，不应并排结队行走，避让车辆时，不应避让于两车交会之处，不站在无法避让的死角位置。

(10) 机动车不得牵引不制动装置的车辆，牵引物体时，物体上不得有人，人员不得进入正在牵引的物和车之间。在坡道上牵引时，车和被牵引物下方不得有人作业、停留或通过。

九、施工现场气割、电焊"十不烧"

(1) 焊工必须持证上岗，无特种作业安全操作证的人员，不准进行焊、割操作。

(2) 凡属一、二、三级动火范围的焊、割作业，未办理动火审批手续，不准进行焊、割操作。

(3) 焊工不了解焊、割现场周围情况时，不准进行焊、割操作。

(4) 焊工不了解焊件内部是否安全时，不准进行焊、割操作，交流焊机无空载保护器不得实施焊接作业。

(5) 各种装过可燃、易燃气体或有毒物质的容器，未经彻底清洗，排除危险之前，不准进行焊、割操作。

(6) 用可燃材料作保温层、冷却层、隔热层的部位，在未采取有效防护措施前，不准进行焊、割操作。

(7) 有压力或密闭管道、容器，不准进行焊、割操作。

(8) 焊、割部位附近有易燃、易爆物品，在未做清理或未采取有效的安全措施前，不准进行焊、割操作。

(9) 附近有与明火作业相抵触的工种在作业时，不准进行焊、割操作。

(10) 与外单位相连的部位，在没有弄清有无险情，或明知存在危险而未采取有效措施前，不准进行焊、割操作。

第四节 消防安全管理

在施工现场，引起火灾的因素主要是各类危险化学品使用（包括运输和储存）不当；各类用电设备（包括照明器件）和线路接触不良及超负荷运行；另外就是作业人员违章作业（例在易燃易爆场合使用明火、吸烟等），因此，在施工现场必须加强消防安全管理，加强对现场人员的消防安全教育，严格执行国家现行消防安全管理规定，严格执行《建设工程施工现场消防安全技术规范》GB 50720—2011 的有关规定。

一、施工现场的防火

（1）施工现场平面布置应明确用火作业区、易燃物品存放区、危险品仓库和职工宿舍区。在施工现场，尤其上述区域必须设置消防灭火器材和消防水源。施工现场必须设有消防通道，路宽不小于 3.5m。

（2）施工现场项目部办公用房和职工宿舍应与用火作业区之间采取有效防火隔离措施，设置安全疏散通道、应急照明等紧急避难设施。在建工程内不得设置办公用房和职工宿舍。

（3）施工所需的氧气瓶、乙炔气瓶、天然气瓶、油漆、油品、化学试剂等各类易燃易爆危险品仓库必须单独设置，远离生活办公区 25m 以上。锅炉房、厨房、电焊间及其他固定用火场所应远离可燃材料堆场（仓库）30m 以上。

（4）施工现场禁止随处吸烟，乱丢烟蒂，吸烟人员应在指定场所吸烟。在禁止吸烟区域应设置明显的禁烟标志。

（5）施工现场动力与照明电力线路应分别设置，按照国家相关规定设置施工现场临时用电设施。施工现场应按要求设置夜间照明。职工宿舍内禁止使用功率大于 200W 的照明、取暖、电加热等设备。

（6）施工现场临时建筑搭设应符合消防安全要求。

二、危险化学品的防火

1. 氧气

（1）存储氧气的钢瓶必须由具有特种设备制造（生产）许可证资格的制造商提供的产品质量合格证；氧气的灌装也必须是具有资格的专业单位进行。

（2）有氧气瓶的储运必须按照危险品储运的安全管理规定进行。有氧气瓶储运前后都应该对瓶体、瓶帽、瓶阀、瓶架、防振橡胶圈、瓶体油漆的完好性、可靠性进行检查，对具有不安全性的氧气瓶应由专业人员进行处置。

（3）使用前应仔细检查瓶阀、接管螺牙、减压器、输气胶管等部件是否完好可靠；禁止带压拧动瓶阀；瓶阀开启时速度要慢，瓶阀不得朝向人体。

（4）使用时要将瓶体固定，防止倾倒、滚动、阳光暴晒、接近高温。操作时严禁使用沾有油脂的工具、手套接触瓶阀和减压器。严禁用于通风换气、吹扫容器和管道。

（5）气瓶内要始终保持正压，不得将气体用干净，瓶内至少要留着 0、3MPa 以上压力。对气瓶进行气密性检查时应用肥皂水，严禁使用明火。瓶阀冻结应用温水解冻。

（6）有气瓶存储处 10m 内禁止堆放易燃易爆物品和动用明火。在同一存储间内严禁存放其他可燃物品。

2. 乙炔气

（1）存储乙炔气的钢瓶必须由具有特种设备制造（生产）许可证资格的制造商提供的产品质量合格证；气体的灌装也必须是具有资格的专业单位进行。乙炔瓶内部有溶剂和多孔性填料。乙炔气气瓶应漆为白色，瓶体上应标有红色的"乙炔"和"不可近火"字样。

（2）乙炔气瓶必须装有专用的减压阀、止回阀。在储运过程中严禁碰撞、滚动、滑行、敲打；严禁使用链条、电磁起重机吊装；严禁放置在高温（40℃以上）、阳光暴晒和通风不良及有放射线的场所，同时，不得放在橡胶等绝缘体上。

（3）开启乙炔瓶时，操作者应站在气阀的侧后方，动作要轻慢；使用压力不得超过0.15MPa，输气速度不超过1.5～2.0m³/h；瓶内气体严禁用完，按规定留有一定压力的余气。

（4）施工现场存储的有气乙炔瓶与明火作业场所必须保持10m以上安全距离；作业时与氧气瓶保持不小于5m以上的安全距离；瓶体应保持直立，严禁倒放、卧放使用。

三、电气线路的防火

1. 电气线路过负荷引起的火灾

电气线路中允许连续通过而不至于使电线过热的电流量称为电线的安全载流量或额定电流。电线中流过的电流量超过了额定电流值，就叫电线过负荷。电气线路过负荷，会产生电线升温，一般导线的最高允许工作温度为65℃，超过此最高允许工作温度，线路间绝缘材料就会熔融，导致导电线接触而短路。在线路短路造成电流突然增大时，其瞬间放热量极大，大大超过线路正常工作时的发热量，不仅能使绝缘烧毁，而且能使金属熔化，引起周边可燃物燃烧发生火灾。

造成过负荷的主要原因有：

（1）设计或选择导线截面不当，实际负载超过了导线的安全载流量。

（2）在线路中接入过多或功率过大的电气设备，超过了电气线路的负载能力。

（3）由于设计时选择的断路器（熔断器）额定电流比线路的允许持续载流量、配电保护整定值大很多，当发生过载时，断路器在规定的时间内不动作，线路就长期处于过载状态，对绝缘、接线端子和周围物体形成损害。

（4）线路实际载流量超过设计载流量，其断路器频繁跳闸，无法用电。如强行使用（如用铜丝代替熔丝或拆除断路器），就会因过载引起火灾。

防止过负荷火灾，首先要严格按照电力规程进行安装、维修。根据设计计算具体用电设备，选用合适导线和电缆。其次，强化维修管理，尽量减少人为因素，经常用仪表测量电线的绝缘程度。第三要选用合适的安全保护装置。当采用熔断器保护时，熔体的额定电流不应大于线路长期允许负载电流的2.5倍；用自动开关保护时，瞬时动作过电流脱扣器的整定电流不应大于线路长期允许负载电流的4.5倍。熔断器应装在相线上，变压器的中性线上不允许安装熔断器。同时要在进户电源总开关上安装漏电保护装置。

2. 接触电阻过大引起的火灾

在电气线路与母线或电源线的连接处、电源线与电气设备连接的地方，由于连接不牢或者其他原因，使接头接触不良，造成局部电阻过大，称为接触电阻过大。如果接头接得不好，接触电阻就会增大，同时产生的热量也就多。在一定电流下，电阻越大，发热量就越多，因此有较大接触电阻的线段就会强烈发热，使温度急剧升高引起导线绝缘层燃烧并引燃附近电线上的粉尘、纤维等物质，造成火灾。如电焊机焊接时，经常拖动，就有可能使电源线接头松动，产生接触电阻过大，因局部温度升高或者产生火花引发火灾。

电气线路发生接触电阻过大的主要原因有：

（1）安装质量差，造成导线与导线、导线与电气设备连接点连接不牢。

（2）导线的连接处沾有杂质，如氧化层、泥土、油污等。

（3）接点由于长期振动或冷热变化，使接头松动。

（4）铜铝混接时，由于接头处理不当，在电腐蚀作用下接触电阻会很快增大。为防止电气线路发生接触电阻过大引发火灾，在检查中要注意：一是导线与导线、导线与电气设备的连接是否牢固可靠。二是铜、铝线相接，宜采用铜铝过渡接头。也可采用在铜铝接头处垫锡箔，或在铜线接头处搪锡。三是通过较大电流的接头，不允许用本线做接头，应采用油质或氧焊接头，在连接时加弹力片后拧紧。四是要定期检查和检测接头，防止接触电阻增大，对重要的连接接头要加强监视。

3. 散热不良引起的火灾

电气设备在使用过程中，由于通风不好或者本身质量问题，常常使电气设备长时间蓄热，而又不能及时将热量散发出去，这就为火灾准备了条件（温度），只要设备周围有可燃性物质，就会酿成火灾的发生。散热不良引起火灾的原因：

（1）电气设备老化，易引起设备蓄热。

（2）设备本身质量问题或设计不合理，也容易引起散热不良。

（3）使用者违章使用电器设备。

（4）环境通风不好，引起用电设备（器具）散热不良。

4. 漏电引起的火灾

漏电是由于带电导体的绝缘层破损，发生在不同电位导体之间的非正常电流。漏电一般发生在线路、用电设备及开关设备等处，它分为相间漏电和对地漏电两种。在实际工作中，大多数都是对地漏电引发的火灾。在漏电线路中电阻大的地方容易发热，在接触不良的地方容易发生火花，如果周围有可燃物，则可能引起漏电火灾。对于交流220V供电线路，漏电回路电阻小于1.1kΩ，此时的流电电流为200mA，这时候极易引发漏电火灾。造成漏电的原因主要是由于电气工程安装不良，电气设备装配不好，电线常年使用，绝缘老化失效，局部遭受雨水，腐蚀气体的侵蚀以及机械造成的绝缘破坏等。预防漏电火灾：一方面要加强对电气安装质量的管理，减少因安装造成漏电火灾；另一方面要在线路上安装漏电保护装置，减少漏电的发生；第三，在线路上安装防火漏电报警装置，可以有效消除电气火灾隐患，减少电气火灾的发生。

四、使用明火时的防火

（1）在施工现场未执行相关规定，违章使用明火引起火灾。在施工现场使用明火，必须办理相关手续，获得批准后，在安全人员的监护下，方可进行操作。例如，进行气焊切割、沥青加热、喷灯烘烤等作业。为防止发生火灾，在施工现场禁止燃烧柴火和使用大功率电热器进行取暖。在危险品仓库及周边严禁使用明火和吸烟。

（2）在职工宿舍内违章使用明火和电器，引起火灾。在施工现场职工宿舍内进行食品加工、煮饭烧菜、电热取暖、柴火烘烤；未经许可，任意增大室内电器容量；在床铺上和仓库内吸烟;使用大功率白炽灯泡进行烘烤或采用报纸、布料等易燃物品进行遮盖,都会造成火灾的发生,因此,必须对上述行为进行禁止。

(3) 在施工机械装卸油料或者进行维修时,在防火安全隔离区内使用明火,例如烘烤、吸烟等,极易引起火灾,应该严格禁止上述违章行为。

(4) 在存储危险品的场所或在存储危险品的容器、管道和带电设备上进行焊割作业,极易引起火灾甚至爆炸,必须严格禁止上述违章行为。在危险品仓库应使用防爆电器设备,无关人员不得进入危险品仓库。

(5) 在电焊接时,严禁将焊接导线搭接在氧气瓶、乙炔瓶、油漆罐、煤气罐(管道)等易燃易爆件上。电焊机导线不应有接头,如无法避免时,其接头必须严密可靠,并且远离易燃易爆物距离10m以上。

此外,施工现场作业人员的食堂、厨房必须制定消防安全制度,并确定防火负责人。厨房灶具使用的煤气、液化气及其他燃料必须单独存储,避免阳光直射和暴晒。厨房间应设置灭火器材,对厨房工作人员应进行消防知识培训。

五、火灾处置

1. 基本要求

(1) 施工单位必须落实防火安全责任,建立义务消防组织,明确责任人负责施工现场的日常消防工作;根据施工现场的作业环境,制定相应的消防安全措施。现场应保证充足的消防水源,消火栓控制范围不宜大于50m;配备足够的灭火器材,每个设置点灭火器数量应为2~5瓶。

(2) 施工作业动火时,必须履行动火审批手续,经现场防火负责人批准取得动火证后,方可在指定的时间、地点进行作业;作业时应配备专人监护,作业后,必须确认无火源危险后方可离开作业地点。

(3) 当遇有易燃、可燃物及保温材料时,严禁明火作业;施工现场应设置宽度不小于3.5m的消防车通道,并保持畅通。

(4) 在施工现场应组织义务消防队伍,开展消防知识的培训和消防灭火演练。

2. 火灾急救

(1) 施工现场发生火警、火灾事故时,应立即了解起火部位、燃烧的物质等基本情况,拨打"119"电话向消防部门报警,同时组织人员撤离和扑救。

(2) 在消防部门到达前,对易燃易爆的物质采取正确有效的隔离。如切断电源,撤离火场内的人员和周围易燃易爆物及一切贵重物品,根据火场情况,机动灵活地选择灭火器具。

(3) 救火人员应注意自我保护,使用灭火器材救火时应站在上风位置,以防因烈火、浓烟熏烤而受到伤害。

(4) 必须穿越浓烟逃走时,应尽量用浸湿的衣物披裹身体,用湿毛巾或湿布捂住口鼻,或贴近地面爬行。身上着火时,可就地打滚,或用厚重衣物覆盖压灭火苗。

(5) 大火封门无法逃生时,可用浸湿的被褥衣物等堵塞门缝,泼水降温,呼救待援。

(6) 在扑救的同时要注意周围情况,防止中毒、坍塌、坠落、触电、物体打击第二次事故的发生。

(7) 在灭火后,应保护火灾现场,以便事后调查起火原因。

3. 烧伤人员现场救治

（1）伤员身上燃烧着的衣服一时难以脱下时，可让伤员躺在地上滚动，或用水扑灭火焰。如附近有河沟或水池，可让伤员跳入水中。如为肢体烧伤则可把肢体直接浸入冷水中灭火和降温，以保护身体组织免受灼烧的伤害。用清洁包布覆盖烧伤口做简单包扎，避免创面污染。

（2）伤员口渴时可给适量饮水或含盐饮料。

（3）经现场处理后的伤员要迅速转送医院救治，转送过程中要注意观察伤员体征。

第五节　特殊工种人员安全管理

一、电工

1. 外线电工

（1）电工作业必须经专业安全技术培训，考试合格，持《特种作业操作证》方准上岗独立操作。非电工严禁进行电气作业。

（2）电工接受施工现场暂设电气安装任务后，必须认真领会落实临时用电安全施工组织设计（施工方案）和安全技术措施交底的内容，施工用电线路架设必须按施工图规定进行，凡临时用电使用超过 6 个月（含 6 个月）以上的，应按正式线路架设。改变安全施工组织设计规定，必须经原审批人员同意签字，未经同意不得改变。

（3）电工作业时，必须穿绝缘鞋。必要时戴绝缘手套，严禁带病和酒后操作。

（4）所有绝缘、检测工具应妥善保管，严禁他用，并应定期检查、校验。所有接地或接零处，必须保证可靠电气连接。保护线 PE 必须采用绿/黄双色线，严格与相线、工作零线相区别，不得混用。

（5）电气设备的设置、安装、防护、使用、维修必须符合《施工现场临时用电安全技术规范》JGJ 46—2005 的要求。

（6）在施工现场专用的中性点直接接地的电力系统中，必须采用 TN-S 接零保护。

（7）电气设备不带电的金属外壳、框架、部件、管道、金属操作台和移动式碘钨灯的金属柱等，均应做保护接零。

（8）定期和不定期对临时用电工程的接地、设备绝缘和漏电保护开关进行检测、维修，发现隐患及时消除，并建立检测维修记录。

（9）施工现场搬运电杆时，应由专人指挥。小车搬运，必须绑扎牢固，防止滚动。人抬时，前后要响应，协调一致。

（10）人工立电杆时，应有专人指挥。立杆前检查工具是否牢固可靠。地锚钎子要牢固可靠，缆风绳各方向吃力应均匀。操作时，互相配合，听从指挥，用力均衡；机械立杆，吊车臂下不准站人，上空（吊车起重臂杆回转半径内）所有带电线路必须停电。

（11）电杆就位移动时，坑内不得有人。电杆立起后，必须先架好叉木，才能撤去吊钩。电杆坑填土夯实后才允许撤掉叉木、缆风绳。

（12）登杆作业应符合以下要求：

1）登杆组装横担时，活板子开口要合适，不得用力过猛。

2）登杆脚扣规格应与杆径相适应。使用脚踏板、钩子应向上。使用的机具、护具应完好无损。操作时系好安全带，并拴在安全可靠处，扣环扣牢，严禁将安全带拴在瓷瓶或横担上。

3）杆上作业时，禁止上下投掷料具。料具应放在工具袋内，上下传递料具的小绳应牢固可靠。人递完料具后，要离开电杆3m以外。

4）杆上紧线应侧向操作，并将夹紧螺栓拧紧，紧有角度的导线时，操作人员应在外侧作业。紧线时装设的临时脚踏支架应牢固。如用大竹梯，必须用绳将梯子与电杆绑扎牢固。调整拉线时，杆上不得有人。

5）紧绳用的钢丝绳，应能承受全部拉力，与电线连接必须牢固。紧线时导线下方不得有人。终端紧线时反方向应设置临时拉线。

6）遇大雨、大雪及六级以上强风天，应停止登杆作业。

(13) 架空线路和电缆线路敷设、使用、维护必须符合《施工现场临时用电安全技术规范》JGJ 46—2005 的要求。

(14) 工程竣工后，临时用电工程拆除，应按顺序先断电源，后拆除。不得留有隐患。

2. 安装电工

(1) 设备安装

1）电气设备安装电工必须持证上岗；不得带病和酒后作业。

2）安装高压油开关、自动空气开关等有返回弹簧的开关设备时，应将开关置于断开位置。

3）搬运配电柜时，应有专人指挥，步调一致。多台配电盘（箱）并列安装时，手指不得放在两盘（箱）的接合部位，不得触摸连接螺孔及螺栓。

4）露天使用的电气设备，应有良好的防雨性能或有可靠的防雨设施。配电箱必须牢固、完整、严密。使用中的配电箱内禁止放置杂物。成品配电箱必须具有生产许可证（3C认证件）、产品合格证、箱内电器接线图和使用说明书。

5）剔槽、打洞时，必须戴防护眼镜，锤子柄不得松动，錾子不得卷边、裂纹。打过墙、楼板透眼时，墙体后面、楼板下面不得有人靠近。

(2) 内线安装

1）电气线路安装电工必须持证上岗；不得带病和酒后作业。

2）安装照明线路时，不得直接在板条顶棚或隔声板上行走或堆放材料；因作业需要行走时，必须在大楞上铺设脚手板；顶棚内照明应采用36V低压电源。

3）在脚手架上作业，脚手板必须满铺，不得有空隙和探头板。使用的料具，应放入工具袋随身携带，不得投掷。

4）在平台、楼板上用人力弯管器撬弯时，应选择安全场地，四周做好防护措施。大管径管子灌砂撬管时，必须将砂子用火烘干后灌入。用机械敲打时，下面不得站人，人工敲打上下要错开；管子加热时，管口前不得有人停留。

5）管子穿带线时，不得对管口呼唤、吹气，防止带线弹出。二人穿线，应配合协调，一呼一应。高处穿线，不得用力过猛。

6）钢索吊管敷设，在断钢索及卡固时，应预防钢索头扎伤。绷紧钢索应用力适度，防止花篮螺栓折断。

7）使用套管机、电砂轮、台钻、手电钻时，应保证绝缘良好，并有可靠的接零接地，漏电保护装置灵敏有效。

（3）施工现场变配电及维修

1）高配电工及维修电工必须持证上岗；不得带病和酒后作业。

2）现场变配电高压设备，不论带电与否，单人值班严禁跨越遮栏和从事修理工作。

3）高压带电区域内部分停电工作时，人体与带电部分必须保持安全距离，并应有人监护。

4）在变配电室内，外高压部分及线路工作时，应按顺序进行。停电、验电悬挂地线，操作手柄应上锁或挂标示牌。

5）验电时必须戴绝缘手套，按电压等级使用验电器。在设备两侧各相或线路各相分别验电。验明设备或线路确实无电后，即将检修设备或线路做短路接地。

6）装设接地线，应由两人进行。先接接地端，后接导体端，拆除时顺序相反。拆接时均应穿戴绝缘防护用品。设备或线路检修完毕，必须全面检查无误后，方可拆除接地线。

7）接地线应使用截面不小于 $25mm^2$ 的多股软裸铜线和专用线夹。严禁使用缠绕的方法进行接地和短路。

8）用绝缘棒或传统机构拉、合高压开关，应戴绝缘手套。雨天室外操作时，除穿戴绝缘防护用品外，绝缘棒应有防雨罩，应专人监护。严禁带负荷拉、合开关。

9）电气设备的金属外壳必须接地或接零。同一供电系统不允许一部分设备采用接零，另一部分采用接地保护。

10）电气设备所用的保险丝（片）的额定电流应与其负荷量相适应。严禁用其他金属线代替保险丝（片）。

二、焊工

1. 电焊工

（1）一般要求

1）金属焊接作业人员，必须经专业安全技术培训，考试合格，持《特种作业人员操作证》方准上岗独立操作。非电焊工严禁进行电焊作业。明火作业应有动火审批手续和防火措施、监护人员。

2）操作时应穿电焊工作服、绝缘鞋和戴电焊手套、防护面罩等安全防护用品，高处作业时系安全带。

3）电焊作业现场周围 10m 范围内不得堆放易燃易爆物品。

4）雨、雪、风力六级以上（含六级）天气不得露天作业。雨、雪后应清除积水、积雪后方可作业。

5）操作前应首先检查焊机和工具，如焊钳和焊接电缆的绝缘、焊机外壳保护接地和焊机的各接线点等，确认安全合格后方可作业。

6）严禁在易燃易爆气体或液体扩散区域内、运行中的压力管道和装有易燃易爆物品的容器内以及受力构件上焊接和切割。

7）焊接曾经储存易燃、易爆物品的容器时，应根据介质进行多次置换及清洗，并打开所有孔口，经检测确认安全后方可施焊。

8）在密封容器内施焊时，应采取通风措施。间歇作业时焊工应到外面休息。容器内照明电压不得超过12V。焊工身体应用绝缘材料与焊件隔离。焊接时必须设专人监护，监护人应熟知焊接操作规程和抢救方法。

9）焊接铜、铝、铅、锌合金金属时，必须穿戴防护用品，在通风良好的地方作业。在有害介质场所进行焊接时，应采取防毒措施，必要时进行强制通风。

10）施焊地点潮湿或焊工身体出汗后致使衣服潮湿时，严禁靠在带电钢板或工件上，焊工应在干燥的绝缘板或胶垫上作业，配合人员应穿绝缘鞋或站在绝缘板上。

11）焊接过程中临时接地线头严禁浮搭，必须固定、压紧，用胶布包严。

12）操作时遇下列情况必须切断电源：

① 改变电焊机接头时；

② 更换焊件需要改接二次回路时；

③ 转移工作地点搬动焊机时；

④ 焊机发生故障需进行检修时；

⑤ 更换保险装置时；

⑥ 工作完毕或临时离开操作现场时。

13）焊工高处作业必须遵守下列规定：

① 必须使用标准的防火安全带，并系在可靠的构架上。

② 必须在作业点正下方5m外设置护栏，并设专人监护。必须清除作业点下方区域易燃、易爆物品。

③ 必须戴盔式面罩。焊接电缆应绑紧在固定处，严禁绕在身上或搭在背上作业。

④ 焊工必须站在稳固的操作平台上作业，焊机必须放置平稳、牢固，设有良好的接地保护装置。

14）操作时严禁焊钳夹在腋下去搬被焊工件或将焊接电缆挂在脖颈上。

15）焊接时二次线必须双线到位，严禁借用金属管道、金属脚手架、轨道及结构钢筋作回路地线。焊把线无破损、绝缘良好。焊把线必须加装电焊机触电保护器。

16）焊接电缆通过道路时，必须架高或采取其他保护措施。

17）焊把线不得放在电弧附近或炽热的焊缝旁，不得碾轧焊把线。应采取防止焊把线被尖利器物损伤的措施。

18）清除焊渣时应佩戴防护眼镜或面罩。焊条头应集中堆放。

19）下班后必须拉闸断电，必须将地线和把线分开，并确认工作场所安全后方可离开现场。

（2）电焊设备安全使用

1）电焊机必须安放在通风良好、干燥、无腐蚀介质、远离高温高湿和多粉尘的地方。露天使用的焊机应搭设防雨棚，焊机应用绝缘物垫起，垫起高度不得小于20cm，按规定配备消防器材。

2）电焊机使用前，必须检查绝缘及接线情况，接线部分必须使用绝缘胶布缠严，不得腐蚀、受潮及松动。

3）电焊机必须设单独的电源开关、自动断电装置。一次线电源线长度应不大于5m，二次线焊把线长度应不大于30m。两侧接线应压接牢固，必须安装可靠防护罩。

4）电焊机的外壳必须设可靠的接零或接地保护。

5）电焊机焊接电缆线必须使用多股细铜线电缆，其截面应根据电焊机使用规定选用。电缆外皮应完好、柔软，其绝缘电阻不小于1MΩ。

6）电焊机内部应保持清洁，定期吹净尘土，清扫时必须切断电源。

7）电焊机启动后，必须空载运行一段时间。调节焊接电流及极性开关应在空载下进行。直流焊机空载电压不得超过90V，交流焊机空载电压不得超过80V。

8）使用氩弧焊机作业应遵守下列规定：

① 工作前应检查管路、气管、水管，不得受压、泄漏。

② 氩气减压阀、管接头不得沾有油脂。安装后应试验，管路应无障碍、不漏气。

③ 水冷型焊机冷却水应保持清洁，焊接中水流量应正常，严禁断水施焊。

④ 高频氩弧焊机，必须保证高频防护装置良好，不得发生短路。

⑤ 更换钨极时，必须切断电源。磨削钨极必须戴手套和口罩。磨削下来的粉尘应及时清除。钍、铈钨极必须放置在密闭的铅盒内保存，不得随身携带。

⑥ 氩气瓶内氩气不得用完，应保留98～226kPa。氩气瓶应直立、固定放置，不得倒放。

⑦ 作业后切断电源，关闭水源和气源。焊接人员必须及时脱去工作服，清洗手脸和外露的皮肤。

⑧ 使用二氧化碳气体保护焊机作业应遵守下列规定：

A. 作业前预热15min，开气时，操作人员必须站在瓶嘴的侧面，导体不得外露。

B. 焊钳弹簧失效，应立即更换。钳口处应经常保持清洁。

C. 焊接电缆应具有良好的导电能力。

D. 二氧化碳气体预热器端的电压不得高于36V，二氧化碳气瓶应放在阴凉处，不得靠近热源。最高温度不得超过30℃，并应放置牢靠。

E. 作业前应进行检查焊丝的进给机构、电源的连接部分、二氧化碳气体的供应系统以及冷却水循环系统，其均应符合要求。

⑨ 使用埋弧自动、半自动焊机作业应遵守下列规定：

A. 作业前应进行检查，送丝滚轮的沟槽及齿纹应完好，滚轮、导电嘴（块）必须接触良好，减速箱油槽中的润滑油应充量合格。

B. 软管式送丝机构的软管槽孔应保持清洁，定期吹洗。

⑩ 焊钳和焊接电缆应符合下列规定：

A. 焊钳应保证任何斜度都能夹紧焊条，且便于更换焊条。

B. 焊钳必须具有良好的绝缘、隔热能力。手柄绝热性能应良好。

C. 焊钳与电缆的连接应简便可靠和绝缘外层。

D. 焊接电缆的选择应根据焊接电流的大小和电缆长度，按规定选用较大的截面积。

E. 焊接电缆接头应采用铜导体，且接触良好，安装牢固可靠。

（3）不锈钢焊接

1）不锈钢焊接的焊工除应具备电焊工的安全操作技能外，还必须熟练地掌握氩弧焊接、等离子切割、不锈钢酸洗钝化等方面的安全防护和安全操作技能。

2）使用直流焊机应遵守以下规定：

① 操作前应检查焊机外壳的接地保护、一次电源线接线柱的绝缘、防护罩、电压表、

电流表的接线、焊机旋转方向与机身指示标志和接线螺栓等，均合格、齐全、灵敏、牢固方可操作。

② 焊机应垫平、放稳。多台焊机在一起应留有间距 500mm 以上，必须一机一闸，一次电源线不得大于 5m。

③ 旋转直流弧焊机应有补偿器和"启动"、"运转"、"停止"的标记。合闸前应确认手柄是否在"停止"位置上。启动时，辨别转子是否旋转，旋转正常再将手柄扳到"运转"位置。焊接时突然停电，必须立即将手柄扳到"停止"位置。

④ 不锈钢焊接采用"反接极"，即工件接负极。如焊机正负标记不清或转换钮与标记不符，必须用万能表测量出正负极性，确认后方可操作。

⑤ 不锈钢焊条药皮易脱落，停机前必须将焊条头取下或将焊机把挂好，严禁乱放。

⑥ 一般不锈钢设备用于贮存或输送有腐蚀性、有毒性的液体或气体物质，不得在带压运行中的不锈钢容器或管道上施焊。不得借路设备管道做焊接导线。

⑦ 焊接或修理贮存过化学物品或有毒物质的容器或管道，必须采取蒸汽清扫、苏打水清洗等措施。置换后，经检测分析合格，打开孔口或注满水再进行焊接。严禁盲目动火。

⑧ 不锈钢的制作和焊接过程中，焊前对坡口的修整和焊缝的清理使用砂轮打磨时，必须检查砂轮片和紧固，确认安全可靠，戴上护目镜后，方可打磨。

⑨ 在容器内或室内焊接时，必须有良好的通风换气措施或戴焊接专用的防尘面罩。

(4) 氩弧焊应遵守以下规定：

1) 手工钨极氩弧焊接不锈钢，电源采用直流正接，工件接正，钨极接负。

2) 用交流钨极氩弧焊机焊接不锈钢，应采用高频为稳弧措施，将焊枪和焊接导线用金属纺织线进行屏蔽。预防高频电磁场对握焊枪和焊丝的双手的刺激。

3) 手工氩弧焊的操作人员必须穿工作服，扣齐纽扣、穿绝缘鞋、戴柔软的皮手套。在容器内施焊应戴送风式头盔、送风式口罩或防毒口罩等个人防护用品。

4) 氩弧焊操作场所应有良好自然通风或用换气装置将有害气体和烟尘及时排出，确保操作现场空气流通。操作人员应位于上风处，并应采取间歇作业法。

5) 凡患有中枢神经系统器质性疾病、植物神经功能紊乱、活动性肺结核、肺气肿、精神病或神经官能症者，不宜从事氩弧焊不锈钢焊接作业。

(5) 不锈钢焊工酸洗和钝化应遵守以下规定：

1) 不锈钢酸洗钝化使用不锈钢丝刷子刷焊缝时，应由里向外推刷子，不得来回刷。从事不锈钢酸洗时，必须穿防酸工作服，戴口罩、防护眼镜、乳胶手套穿胶鞋。

2) 凡患有呼吸系统疾病者，不宜从事酸洗操作。

3) 化学物品，特别是氢氟酸必须妥善保管，必须有严格领用手续。

4) 酸洗钝化后的废液必须经专门处理，严禁乱倒。

不锈钢等金属在用等离子切割过程中，必须遵守氩弧焊接的安全操作规定。焊接时由于电弧作用所传导的高温，有色金属受热膨胀，当电弧停止时，不得立即去查看焊缝。

2. 气焊工

气焊工应遵守以下规定：

(1) 点燃焊（割）炬时，应先开乙炔阀点火，然后开氧气阀调整火焰。关闭时应先关闭乙炔阀，再关氧气阀。

（2）点火时，焊炬不得对着人，不得将正在燃烧的焊炬放在工件或地面上。焊炬带有乙炔气和氧气时，不得放在金属容器内。

（3）作业中发现气路或气阀漏气时，必须立即停止作业。

（4）作业中若氧气管着火应立即关闭氧气阀门，不得折弯胶管断气；若乙炔管着火，应先关熄炬火，可用弯折前面一段软管的办法止火。

（5）高处作业时，氧气瓶、乙炔瓶、液化气瓶不得放在作业区域正下方，应与作业点正下方保持 10m 以上的距离。必须清除作业区域下方的易燃物。

（6）不得将橡胶软管背在背上操作。

（7）作业后应卸下减压器，拧上气瓶安全帽，将软管盘起捆好，挂在室内干燥处；检查操作场地，确认无着火危险后方可离开。

（8）冬天露天作业时，如减压阀软管和流量计冻结，应使用热水（热水袋）、蒸汽或暖气设备化冻，严禁用火烘烤。

（9）使用氧气瓶应遵守下列规定：

1）氧气瓶在运输时应平放，并加以固定，其高度不得超过车厢槽帮。

2）严禁用自行车、叉车或起重设备吊运高压钢瓶。

3）氧气瓶应设有防振圈和安全帽，搬运和使用时严禁撞击。

4）氧气瓶阀不得沾有油脂、灰土。不得用带油脂的工具、手套或工作服接触氧气瓶阀。

5）氧气瓶不得在强烈阳光下暴晒，夏季露天工作时，应搭设防晒罩、棚。

6）开启氧气瓶阀门时，操作人员不得面对减压器，应用专用工具。开启动作要缓慢，压力表指针应灵敏、正常。氧气瓶中的氧气不得全部用尽，必须保持不小于 49kPa 的压强。

7）严禁使用无减压器的氧气瓶作业。

8）安装减压器时，应首先检查氧气瓶阀门，接头不得有油脂，并略开阀门清除油垢，然后安装减压器。作业人员不得正对氧气瓶阀门出气口。关闭氧气阀门时，必须先松开减压器的活门螺栓。

9）作业中，如发现氧气瓶阀门失灵或损坏不能关闭时，应待瓶内的氧气自动逸尽后，再行拆卸修理。

10）检查瓶口是否漏气时，应使用肥皂水涂在瓶口上观察，不得用明火试验。

（10）使用乙炔瓶应遵守下列规定：

1）现场乙炔瓶储存量不得超过 5 瓶，5 瓶以上时应放在储存间。储存间与明火的距离不得小于 15m，并应通风良好，设有降温设施、消防设施和通道，避免阳光直射。

2）储存乙炔瓶时，乙炔瓶应直立，并必须采取防止倾斜的措施。严禁与氯气瓶、氧气瓶及其他易燃、易爆物同间储存。

3）储存间必须设专人管理，应在醒目的地方设安全标志。

4）应使用专用小车运送乙炔瓶。装卸乙炔瓶的动作应轻，不得抛、滑、滚、碰。严禁剧烈振动和撞击。

5）汽车运输乙炔瓶时，乙炔瓶应妥善固定。气瓶宜横向放置，头向一方。直立放置时，车厢高度不得低于瓶高的 2/3。

　6）乙炔瓶在使用时必须直立放置。

　7）乙炔瓶与热源的距离不得小于 10m。乙炔瓶表面温度不得超过 40℃。

　8）乙炔瓶使用时必须装设专用减压器，减压器与瓶阀的连接应可靠，不得漏气。

　9）乙炔瓶内气体不得用尽，必须保留不小于 98kPa 的压强。

　10）严禁铜、银、汞等及其制品与乙炔接触。

　（11）使用液化石油气瓶应遵守下列规定：

　1）液化石油气瓶必须放置在室内通风良好处，室内严禁烟火，并按规定配备消防器材。

　2）气瓶冬季加温时，可使用 40℃ 以下温水，严禁火烤或用沸水加温。

　3）气瓶在运输、存储时必须直立放置，并加以固定，搬运时不得碰撞。

　4）气瓶不得倒置，严禁倒出残液。

　5）瓶阀管子不得漏气，丝堵、角阀丝扣不得锈蚀。

　6）气瓶不得充满液体，应留出 10%～15% 的汽化空间。

　7）胶管和衬垫材料应采用耐油性材料。

　8）使用时应先点火，后开气，使用后关闭全部阀门。

　（12）使用减压器应遵守下列规定：

　1）不同气体的减压器严禁混用。

　2）减压器出口接头与胶管应扎紧。

　3）减压器冻结时应采用热水或蒸汽加热解冻，严禁用火烤。

　4）安装减压器前，应略开氧气阀门，吹除污物。

　5）安装减压器前应进行检查，减压器不得沾有油脂。

　6）打开氧气阀门时，必须慢慢开启，不得用力过猛。

　7）减压器发生自流现象或漏气时，必须迅速关闭氧气瓶气阀，卸下减压器进行修理。

　（13）使用焊具和割具应遵守下列规定：

　1）使用焊具和割具前必须检查射吸情况，射吸不正常时，必须修理，正常后方可使用。

　2）焊具和割具点火前，应检查连接处和各气阀的严密性，连接处和气阀不得漏气；焊嘴、割嘴不得漏气、堵塞。使用过程中，如发现焊具、割具气体通路和气阀有漏气现象，应立即停止作业，修好后再使用。

　3）严禁在氧气阀门和乙炔阀门同时开启时用手或其他物体堵住焊嘴或割嘴。

　4）焊嘴或割嘴不得过分受热，温度过高时，应放入水中冷却。

　5）焊具、割具的气体通路均不得沾有油脂。

　（14）橡胶软管应遵守下列规定：

　1）橡胶软管必须能承受气体压力；不同种类的气体软管不得混用。

　2）胶管的长度不得小于 5m，以 10～15m 为宜，氧气软管接头必须扎紧。

　3）使用中，氧气软管和乙炔软管不得沾有油脂，不得触及灼热金属或尖刃物体。

　三、架子工

　架子工应遵守以下规定：

（1）建筑登高作业架子工，必须经专业安全技术培训，考试合格，持特种作业操作证上岗作业。架子工的徒工必须办理学习证，在技工带领、指导下操作，非架子工未经同意不得单独进行作业。

（2）架子工必须经过体检，凡患有高血压、心脏病、癫痫病、恐高或视力不够以及不适合于登高作业的，不得从事登高架设作业。

（3）正确使用个人安全防护用品，必须着装灵便（紧身紧袖），在高处（2m以上）作业时，必须佩戴安全带与已搭好的立、横杆挂牢，穿防滑鞋。作业时精神要集中，团结协作、互相呼应、统一指挥，不得"走过档"和跳跃架子，严禁打闹斗殴、酒后上班。

（4）班组（队）接受任务后，必须组织全体人员，认真领会脚手架专项安全施工组织设计和安全技术措施交底，研讨搭设方法，明确分工，并派1名技术好、有经验的人员负责搭设技术指导和监护。

（5）风力六级以上（含六级）强风和高温、大雨、大雪、大雾等恶劣天气，应停止高处露天作业。风、雨、雪过后要进行检查，发现已搭架子倾斜下沉、松扣、崩扣要及时修复，合格后方可使用。

（6）脚手架要结合工程进度搭设，搭设未完的脚手架，在离开作业岗位时，不得留有未固定构件和安全隐患，应确保架子稳定。

（7）在带电设备附近搭、拆脚手架时，宜停电作业。在外电架空线路附近作业时，脚手架外侧边缘与外电架空线路的边线之间的最小安全操作距离不得小于表 2-1 的数值。

脚手架外侧边缘与外电架空线路边线的最小安全距离　　　　　表 2-1

外电线路电压等级（kV）	<1	1~10	35~110	220	330~500
最小安全操作距离（m）	4.0	6.0	8.0	10.0	15.0

（8）各种非标准的脚手架，高度过高、跨度过大、负载超重等超过一定规模的危险性较大的脚手架工程，模板工程及支撑体系及特殊架子或其他新型脚手架，应制定专项安全施工组织设计，经专家论证，有关责任单位和责任人批准后，按照批准的意见进行作业。

（9）脚手架搭设到高于在建建筑物顶部时，里排立杆要低于沿口 40~50mm，外排立杆高出沿口 1~1.5m，搭设两道护身栏和护脚板，并挂密目安全网。

（10）脚手架搭设、拆除、维修和升降必须由架子工负责，非架子工不准从事脚手架操作。

四、爆破工

1. 一般规定

（1）露天、地下、水下和其他爆破，必须按审批的爆破设计书（施工方案）或爆破说明书进行。

硐室爆破、蛇穴爆破、深孔爆破、金属爆破、拆除爆破以及在特殊环境下的爆破工作，都必须编制爆破安全专项施工组织设计书（施工方案），经专家论证，主管人员批准后方可实施。

裸露药包爆破和浅眼爆破应编制爆破说明书。

爆破设计书应由单位的主要负责人批准。爆破说明书由单位的总工程师或爆破工作领导人批准。按规定应有爆破安全行政受理部门（一般为公安部门）审批的，必须经其批准后，按批准的意见实施。

（2）在城镇居民区、风景名胜区、重点文物保护区和重要设施附近进行爆破，须经主管部门批准，与当地有关主管部门协商，并征得当地县（市）以上公安部门同意。

大爆破应有现场指挥。大爆破设计书的审批权限，由各主管安全部门规定。大爆破作业除报主管部门批准外，应征得当地县（市）以上公安部门书面批准同意。

（3）爆破作业地点有下列情形之一时，禁止进行爆破工作：

1）有冒顶或边坡滑落危险。

2）支护规格与支护说明书的规定有较大出入或工作面支护损坏。

3）通道不安全或通道阻塞。

4）爆破参数或施工质量不符合设计要求。

5）距工作面20m内风流中沼气含量达到或超过1%，或有沼气突出征兆。

6）工作面有涌水危险或炮眼温度异常。

7）危及设备或建筑物安全，无有效防护措施。

8）危险区边界上未设警戒。

9）光线不足或无照明。

10）未严格按本规程要求做好准备工作。

（4）禁止进行爆破器材私自加工和爆破作业的人员穿化纤衣服。

（5）在大雾天、黄昏和夜晚，禁止进行地面和水下爆破。需在夜间进行爆破时，必须采取有效的安全措施，并经主管部门批准。

遇雷雨时应停止爆破作业，并迅速撤离危险区。

（6）装药工作必须遵守下列规定：

1）装药前应对硐室、药壶和炮孔进行清理和验收。

2）大爆破装药量应根据实测资料校核修正，经爆破工作责任人批准。

3）使用木质炮棍装药。

4）装起爆药包、起爆药柱和硝化甘油炸药时，严禁投掷或冲击。

5）深孔装药出现堵塞时，在未装入雷管、起爆药柱等敏感爆破器材前，应采用铜或木制长杆处理。

6）禁止烟火。

7）禁止用明火照明。

8）禁止使用冻结的或解冻不完全的硝化甘油炸药。

（7）堵塞工作必须遵守下列规定：

1）装药后必须保证堵塞质量，硐室、深孔或浅眼爆破禁止使用无填塞爆破（扩壶爆破除外）。

2）禁止使用石块和易燃材料填塞炮孔。

3）填塞要十分小心，不得破坏起爆线路。

4）禁止捣固直接接触药包的填塞材料或用填塞材料冲击起爆药包。

5）禁止在深孔装入起爆药包后直接用木楔填塞。

（8）禁止拔出或硬拉起爆药包或药柱中的导火索、导爆索、导爆管或电雷管脚线。

（9）炮响完后，露天爆破不少于5min（不包括硐室爆破），地下爆破不少于15min（经过通风吹散炮烟后），才准爆破工作人员进入爆破作业地点。

（10）地下爆破作业点的有毒气体的浓度不得超过表 2-2 的标准。爆破工作面的有毒气体含量应每月测定一次，爆破炸药量增加或更换炸药品种，应在爆破前后进行有毒气体测定。

地下各爆破作业点的通风要求与安全措施，应由单位的安全总工程师批准。

（11）严禁在残眼上打孔。

地下爆破作业点有毒气体允许浓度　　　　　　　表 2-2

名 称	符 号	最大允许浓度	
		按体积（%）	按重量（mg/m³）
一氧化碳	CO	0.00240	30
氮氧化物（换算成二氧化氮）	NO₂	0.00025	5
二氧化硫	SO₂	0.00050	15
硫化氢	H₂S	0.00066	10
氨	NH₃	0.00400	30

2. 爆破警戒与信号

（1）爆破工作开始前，必须确定危险区的边界，并设置明显的标志。

（2）地面爆破应在危险区的边界设置岗哨，使所有通路经常处于监视之下。每个岗哨应处于相邻岗哨视线范围之内。

地下爆破应在有关的通道上设置岗哨。回风巷应使用木板交叉钉封或设支架路障，并挂上"爆破危险区，不准入内"的标志。爆破结束，巷道经过充分通风后，方可拆除回风巷的木板及标志。

（3）爆破前必须同时发出音响和视觉信号，使危险区内的人员都能清楚地听到和看到。

应使全体职工和附近居民，事先知道警戒范围、警戒标志和声响信号的意义，以及发出信号的方法和时间。

第一次信号——预告信号。所有与爆破无关人员应立即撤到危险区以外，或撤至指定的安全地点。向危险区边界派出警戒人员。

第二次信号——起爆信号。确认人员、设备全部撤离危险区，具备安全起爆条件时，方准发出起爆信号。根据这个信号准许爆破员起爆。

第三次信号——解除警戒信号。未发出解除警戒信号前，岗哨应坚守岗位。除爆破工作领导人批准的检查人员以外，不准任何人进入危险区。经检查确认安全后，方准发出解除警戒信号。

3. 爆破后的安全检查和处理

（1）爆破后，爆破员必须按规定的等待时间进入爆破地点，检查有无冒顶、危石、支护破坏和盲炮等现象。

（2）爆破员如果发现冒顶、危石、支护破坏和盲炮等现象，应及时处理，未处理前应在现场设立危险警戒或标志。

（3）只有确认爆破地点安全后，经项目经理和工地安全负责人同意后，方准人员进入爆破地点。

（4）每次爆破后，爆破员应认真填写爆破记录。

4. 起爆方法

（1）电雷管使用前，应在单独房间里（不超过六个月的野外流动爆破作业允许在室外安全地点）用专用爆破仪表逐个检测每次爆破所用的电雷管的电阻值。电阻值应符合产品证书的规定。检测雷管的电阻应在带凸缘的工作台上进行。被检测的雷管应放在防护板后面或钢管里。每个工作台上存放的雷管数不得超过100发。检查合格的雷管的两脚线必须短路连接。

（2）用于同一爆破网路的电雷管应为同厂同型号产品，康铜桥丝雷管的电阻值差不得超过 0.3Ω，镍铬桥丝雷管的电阻值差不得超过 0.8Ω。

（3）只准采用专用爆破电桥导通网路和校核电阻。专用爆破电桥的工作电流应小于30mA。必须在装药填塞完毕和无关人员撤离现场后，才准在作业面导通网路和校核电阻。

（4）爆破网路主线应设中间开关，并与其他电源线路分开敷设，应采用绝缘良好的导线，不准利用铁轨、铁管、钢丝绳、水和大地作爆破线路。

（5）必须严格检查主线、区域线、端线、电源开关和插座等的断通与绝缘情况。在连入网路前，各自的两端应短路。

（6）爆破网路的连接必须在工作面的全部炮孔（或药室）装填完毕和无关人员全部撤至安全地点之后，由工作面向起爆站依次进行。两线的接点应错开10cm，接点必须牢固，绝缘良好。

（7）爆破主线与起爆电源或起爆器连接之前，必须测全线路的总电阻值。总电阻值应与实际计算值符合（允许误差±5%）。若不符合，禁止连接。

（8）电力起爆时，流经每个雷管的电流为：一般爆破，交流电不小于2.5A，直流电不小于2A；大爆破，交流电不小于4A，直流电不小于2.5A。

（9）用动力电源或照明电源起爆时，起爆开关必须安放在上锁的专用起爆箱内。

起爆开关箱的钥匙和起爆器的钥匙在整个爆破作业时间里，必须由爆破工作责任人严加保管，不得交给他人。

（10）爆破作业场地的杂散电流值大于30mA时，禁止采用普通电雷管。

（11）地铁、隧道、地下硐室、其他地下工程的电力起爆，当采用电缆作为专用爆破线时，距装药工作面50m以外允许电气照明。

（12）各种起爆器和用于检测电雷管及爆破网路电阻的爆破专用欧姆表、爆破电桥等电气仪表，每月以及大爆破前应检查一次，电容式起爆器至少每月赋能一次。

（13）有下列情况之一者，禁止采用导火索起爆：

1）竖井、倾角大于30°的斜井和天井工作面的爆破；

2）有沼气和粉尘爆炸危险工作面的爆破；

3）借助于梯子、绳索和台架才能点火，而且较难撤至安全地点的爆破；

4）深孔爆破。

（14）导火索起爆时，应采用一次点火法点火。

单个点火时，一人连续点火的根数（或分组一次点火的组数），地下爆破不得超过5根（组），露天爆破不得超过10根（组）。

导火索的长度应保证点完导火索后，人员能撤至安全地点，但不得短于1.2m。

（15）同一工作面由一人以上同时点火时，应指定其中的一人为组长，负责协调点火工作，掌握信号管或计时导火索的燃烧情况，及时发出撤至安全地点的命令。

（16）连续点燃多根导火索时，露天爆破必须先点燃信号管，井下爆破必须先点燃计时导火索。信号管响后或计时导火索燃烧完毕，无论导火索点完与否，人员必须立即撤离。

信号管和计时导火索的长度不得超过该次被点导火索中最短导火索长度的1/3。

（17）必须用导火索或专用点火器材点火，严禁用火柴、烟头和灯火点火。严禁脚踩和挤压已点燃的导火索。

点火前，必须用快刀将导火索切掉5cm。严禁边点火边切导火索。

（18）只准用快刀切割导爆索，但禁止切割接上雷管或已插入炸药里的导爆索。

（19）导爆索起爆网路应采用搭接、水手结等方法连接。搭接时，两根导爆索重叠的长度不得小于15cm，中间不得夹有异物和炸药卷，捆绑应牢固。支线与主线传爆方向的夹角不得大于90°。

（20）导爆索网路除连接时的水手结外，禁止打结或打圈。交错敷设导爆索时，应在两根导爆索之间放一厚度不小于10cm的垫块。

硐室爆破时，导爆索与铵油炸药接触的地方应采取防渗油措施或采用塑料被覆导爆索。

（21）起爆导爆索的雷管应绑紧在距导爆索端部15cm处，雷管的集中穴应朝向导爆索的传爆方向。

（22）导爆管网路中不得有死结，孔内不得有接头，孔外传爆雷管之间应留有足够的间距。用于同一工作面的导爆管必须是同厂同批号产品。

（23）用雷管起爆导爆管网路时，应有防止雷管的集中穴炸断导爆管和秒延期雷管的气孔烧坏导爆管的措施。导爆管应均匀地敷设在雷管周围，并用胶布等捆扎牢固。

（24）在有粉尘或气体爆炸危险的地下井中爆破，禁止使用导爆管起爆。

五、起重工

1. 一般规定

（1）起重工必须经专门安全技术培训，考试合格持证上岗。严禁酒后作业。

（2）起重工应健康，两眼视力均不得低于1.0，无色盲、听力障碍、高血压、心脏病、癫痫病、眩晕、突发性昏厥及其他影响起重吊装作业的疾病与生理缺陷。

（3）作业前必须检查作业环境、起重机械（装置）吊索具、防护用品。吊装区域无闲散人员，障碍已排除。吊索具无缺陷，捆绑正确牢固，被吊物与其他物件无连接。确认安全后方可作业。

（4）轮式或履带式起重机作业时必须确定吊装区域路基及环境安全，并设警戒标志，必要时派人监护。

（5）大雨、大雪、大雾及风力六级以上（含六级）等恶劣天气，必须停止露天起重吊装作业。严禁在带电的高压线下或一侧作业。

（6）指挥信号工必须熟知下列知识和操作能力：

1）应掌握所指挥的起重机的技术性能和起重工作性能，能定期配合司机进行检查。

能熟练地运用手势、旗语、哨声和通信设备。

2）能看懂一般的工程结构施工图，能按现场平面布置图和工艺要求指挥起吊、就位构件、材料和设备等。

3）掌握常用材料的重量和吊运就位方法及构件重心位置，并能计算非标准构件和材料的重量。

4）正确地使用吊具、索具，编插各种规格的钢丝绳和绳结。

5）有防止构件装卸、运输、堆放过程中发生变形的知识。

6）掌握起重机最大起重量和各种高度、幅度时的起重量，熟知吊装、起重有关安全知识。

7）具备指挥单机、双机或多机作业的指挥能力。

（7）严格执行"十不吊"的原则：

1）被吊物重量超过机械性能允许范围；

2）信号不清；

3）吊物下方有人；

4）吊物上站人；

5）埋在地下物；

6）斜拉斜牵物；

7）散物捆绑不牢；

8）立式构件、大模板等不用卡环；

9）零碎物无容器；

10）吊装物重量不明。

（8）挂钩工必须相对固定并熟知下列知识和操作能力：

1）必须服从指挥信号的指挥；

2）熟练运用手势、旗语、哨声；

3）熟悉起重机的技术性能和工作性能；

4）熟悉常用材料重量、构件的重心位置及就位方法；

5）熟悉构件的装卸、运输、堆放的有关知识；

6）能正确使用吊、索具和各种构件的拴挂方法。

（9）作业时必须执行安全技术交底，听从统一指挥。

（10）使用起重机作业时，必须正确选择吊点的位置，合理穿挂索具，试吊。除指挥及挂钩人员外，严禁其他人员进入吊装作业区。

（11）使用两台吊车抬吊大型构件时，吊车性能应一致，单机荷载应合理分配，且不得超过额定荷载的80%。作业时必须统一指挥，动作一致。

（12）起重机吊装超过一定规模（按建设部《危险性较大的分部分项工程安全管理办法》规定确定）的起重吊装及安装拆卸工程时，必须编制专项施工安全方案，经专家论证，有关责任单位和责任人批准后，按批准意见组织实施。

2.基本操作要求

（1）穿绳。确定吊物重心，选好挂绳位置。穿绳应用铁钩，不得将手臂伸到物下面。吊运棱角坚硬或易滑的吊物，必须加衬垫，用套索。

（2）挂绳。应按顺序挂绳，吊绳不得相互挤压、交叉、扭压、绞拧。一般吊用兜挂法，必须保护吊物平衡；对于易滚、易滑或超长货物，宜采用绳索方法，卡环锁紧吊绳。

（3）试吊。吊绳套挂牢固，起重机缓慢起升，将吊绳绷紧稍停，起升不得过高。试吊中，指挥信号工、挂钩工、司机必须协调配合。如发现吊物重心偏移或其他物件粘连等情况时，必须立即停止起吊，采取措施并确认安全后方可起吊。

（4）摘绳。落绳、停稳、支稳后方可放松吊绳。对易滚、易滑、易散的吊物，摘绳要用安全钩。挂钩工不得站在吊物上面。如遇不易人工摘绳时，应选用其他机具辅助，严禁攀登吊物及绳索。

（5）抽绳。吊钩应与吊物重心保持垂直，缓慢起绳，不得斜拉、强拉，不得旋转吊臂抽绳。如遇吊绳被压，应立即停止抽绳，可采取提头试吊方法抽绳。吊运易损、易滚、易倒的吊物不得使用起重机抽绳。

（6）吊挂作业应遵守以下规定：

1）兜绳吊挂应保持吊点位置准确、兜绳不偏移、吊物平衡。

2）锁绳吊挂应便于摘绳操作。

3）卡具吊挂时应避免卡具在吊装中被碰撞。

4）扁担吊挂时，吊点应对称于吊物中心。

（7）捆绑作业应遵守以下规定：

1）捆绑必须牢固。

2）吊运集装箱等箱式吊物装车时，应使用捆绑工具将箱体与车连接牢固，并加垫防滑。

3）管材、构件等必须用紧线器紧固。

（8）新起重工具、吊具应按说明书检验，试吊后方可正式使用。

（9）长期不用的超重、吊挂机具，必须进行检验、试吊，确认安全后方可使用。

（10）钢丝绳、套索等的安全系数不得小于8～10倍。

第三章 施工现场安全管理基本要求

第一节 封闭式管理

一、现场实行封闭式管理

（1）施工现场的施工区域与现场项目部办公场所、职工生活区应划分清晰，有条件的就分开区域设置；在施工区域内设置项目部办公场所、生活区的，应采取安全隔离措施。

（2）施工现场必须实行封闭管理，设置进出口大门和门卫值班室，值班室应设在进出大门一侧。大门宜采用硬质材料，力求美观、大方，并能上锁。施工项目部应制定门卫值班制度，外来人员进入施工现场应予以登记。在值班室内配备一定数量整洁的安全帽，供相关人员进入施工作业场所使用。

（3）项目部办公场所和生活区的围墙一般高度为 2.5m，特殊情况下为 1.8m。围墙砌筑必须牢固，立柱间距不小于 3.6m。围墙四周应设置夜间照明和监控装置。

（4）公用房包括办公室、会议室、资料室、档案室、医务室等。办公用房净高不低于 2.5m，人均使用面积不小于 4m²；会议室使用面积不小于 30m²，且宜设立在底层，大门应向人员疏散方向开启。

（5）生活用房包括职工宿舍、职工活动室、餐厅、厨房、浴室、卫生间、盥洗室等。厨房、卫生间宜设立在主导风向的下风侧；餐厅、厨房应远离卫生间等污染源，其间距不小于 15m。职工宿舍应集中统一布置，室内床铺不得超过二层，居住人员不超过 8 人；宿舍应建立卫生保洁制度，居住室内人员名单应上墙公布；宿舍内严禁使用煤气灶、电饭煲、电炉、热得快、电磁灶等易燃易爆、电大功率生活用品；宿舍内夏季应有防暑降温和防蚊虫叮咬措施，冬季应有保暖防气体中毒措施。厨房内严禁住人；厨房内应配备排风扇和具备消毒、灭蝇措施。活动室兼作职工学校时，其大门应向人员疏散方向开启。

二、作业现场围栏

（1）施工作业现场应制定安全生产文明施工专项方案，并有企业总工程师和施工现场总监理工程师审查批准后，方可组织实施。凡涉及交通安全、爆破作业、废土外运、夜间施工、污水接管等事项，还必须向相关管理部门办理有关手续，获得批准后方可进行相关作业。

（2）施工作业现场应采用彩钢板等硬质材料作围栏予以外围封闭。围栏应做到坚固、稳定、整洁、美观；高度不低于 2.1m。围栏不应采用彩条布、竹笆、绳网等材料构筑。城镇道路施工围栏高度应听取交通警务管理部门的意见；应在围栏行人、行车侧设置安全电压警示红灯。

（3）应对围挡经常进行安全和卫生检查，当出现倾斜、破损等情况时，应及时予以加固、修复。围挡表面受污染严重时，应及时清洗。

（4）城镇道路地下管道施工时，对开挖的作业坑和沟槽、井口，其周边应予以安全围栏，并在明显位置设置告示牌；夜间，悬挂警示灯。

（5）施工中应采取有效措施防治大气、土体、水源、光源、噪声污染环境和影响居民生活。

（6）加强施工作业场所安全保卫工作。进入施工作业场所管理和操作人员应佩戴工作卡，工作卡上注明姓名、所属单位（部门）岗位、编号等人员识别信息。进入地下工程施工时，必须进行实名制出入口登记。非施工人员未经许可，一律不准进入作业场所。

第二节　明挖基坑要求

一、明挖深基坑工程重点和难点

1. 合理进行交通组织，确保道路畅通

（1）正式开工前深入实地调查了解拟要施工场区周边的交通、人口流量等具体情况和数据，根据现场调查取得的数据积极主动与交通主管部门协商，预先制定详细周密的交通组织方案。

（2）根据交通组织方案在各阶段工程施工前做好临时道路及相关路口的道路渠化以及交通标识、标牌和道路划线等工作。

（3）积极主动走访社区、单位和居民，做好解释与说明工作，取得他们对地铁工程建设的理解与支持，缓解社会矛盾，配合工程建设。

（4）科学布置施工场地、合理安排现场施工组织，与交通主管部门沟通，尽量做到少占或不占道，加快工程施工进度，尽量缩短占道时间，以减少对社会交通的影响。

（5）由项目部派专人负责现场施工场区门口、路口或主要交通部位的交通疏导和对外各种接口的协调工作，切实保证道路畅通。

（6）为保证道路畅通、方便周边居民出行，采用分阶段、分片区进行车站施工组织。

（7）合理安排施工场区内的交通组织，施工用的材料、大型机械设备及车辆的进出尽可能安排在夜间进入进行，尽量减少对社会交通的影响。

（8）密切配合交通疏解单位和交通管理部门，根据工程进展不断完善下阶段的交通组织方案。

2. 确保基坑稳定，控制地表沉降及做好环境保护

（1）确保围护结构及地基加固的施工质量

确保围护结构及地基加固的施工质量是保证基坑稳定的关键。施工过程中应对地下连续墙的垂直度、厚度、墙底标高、接缝质量、钢筋笼质量、混凝土密实度、主筋保护层厚度等进行严格的质量控制，确保墙体混凝土密实不渗水，接缝紧密不夹泥和不漏水。对SMW工法围护桩的水泥掺量、搅拌成桩的连续性和均匀性进行严格控制，H型钢插入的垂直度和标高的控制，保证桩间不开叉、水泥土均匀、强度符合设计要求。除此之外，在基坑开挖过程中密切关注基坑内外的水位变化情况和围护墙体表面渗漏水情况，若发现围护墙体表面出现渗漏情况，将立即停止开挖，对渗漏处及时进行注浆止水处理；若渗漏较大，则对正开挖的部位立即回填砂土，分析原因，查找渗漏点的具体位置，并在围护墙体的背后施作高压旋喷桩止水帷幕，经检查基坑内外水位无明显变化后再进行基坑土方

开挖。

重视地基加固施工质量，基坑底加固是防止地下墙踢脚和基底隆起的有效措施。地基加固施工过程严格控制浆液配合比、水泥掺量以及注浆流量和压力等环节。地基加固全部完成后并经抽样检测确认加固范围及加固体强度达到设计要求后才能进行基坑开挖。

（2）重视基坑降水管理，确保基坑降水的质量

基坑每口降水井点承担的降水面积不得过大。在基坑开挖过程中，对局部降水效果达不到土方开挖要求的，采用轻型井点辅助降水，以确保降水效果。降水井待基坑开挖到底后将底板面以上井管割除，改做泄水孔，待结构施工完成并且顶板覆土完成后再进行封堵。

降水井施工紧跟在基底加固后进行，降水开始后定期对观测孔进行监测，检查降水效果，确保基坑土体达到预期的效果。

（3）处理好开挖和支撑架设的关系

"时空效应"原理组织基坑开挖，处理好开挖和支撑架设的关系，严格控制地表沉降。

在开挖过程中掌握好"分层、分步、对称、平衡、限时"五个要点，遵循"竖向分层、纵向分区分段、先支后挖、随挖随撑、快速封底，做好一段底板才能进行下一段土方开挖"的原则，处理好开挖和支撑的关系。在开挖过程中加强对支撑轴力变化的监测和分析判断，及时对轴力松弛的支撑复加轴力，防止围护结构变形过大，严格控制地表沉降。

（4）充分做好基坑排水工作，保持坑底干燥

为保证基坑开挖面不浸水，在坡顶外设置截水沟或挡水堤，防止地表水冲刷坡面和基坑外排水回流渗入坑内，在坑基内及时设置排水沟和集水井，防止基坑内积水；在基坑开挖前，在基坑外侧设置排泄水沟，排除地面明水，防止地面明水流入基坑内。

（5）及时施作垫层和底板混凝土

基坑开挖到底后应及时施作垫层混凝土封底，不允许长时间暴露，在最短的时间内将结构底板施作完毕，只有当结构底板混凝土有了一定的强度后，基坑安全才真正有了保障。

（6）处理好拆支撑和结构混凝土施工的关系

结构钢筋混凝土浇筑按照底板──▶下边墙（中板）──▶上边墙（顶板）的顺序从下至上逐层施工，为配合结构施工支撑也需从下至上逐层拆除或换撑，此时应处理好拆支撑、换支撑和结构混凝土施工的关系，施工中应注意：必须待结构混凝土有了足够的强度后才能拆除或替换支撑。

（7）加强监测，及时反馈信息指导施工

"监测是施工的眼睛"，深基坑施工的全过程都必须在严密的监测下进行，以便及时发现问题及时处理，将事故制止在萌芽状态。通过支撑轴力、墙体位移、土体位移、地下水位、地表沉降、周围管线及建筑物的沉降和变形等多项监测，确保基坑和周边环境的安全。

（8）编制"基坑施工应急预案"，备好应急物资，做到有备无患

为了确保基坑施工的安全，做到万无一失，在基坑开挖施工前编制详尽的"基坑施工应急预案"，备好各种应急物资，成立抢险应急分队，时常组织抢险演练，做到有备无患。一旦发生险情时可以做到"发现早，反应快，处理及时"，把损失降低到最小。

3. 开挖过程中有害气体的防治

（1）在作业前必须将作业方案对所有作业人员进行交底，明确作业程序、危险源、管理者、作业者和监护者的责任等。

（2）施工作业前要配置相应的气体检测仪器、氧气袋、救护带等安全器具。

（3）现场必须严格控制明火、电火花，如发现有沼气产生，施工过程中严格执行明火动火制度，对可能存在危险的地区严禁烟火进入。

（4）施工现场保持通风顺畅。

4. 降承压水处理

（1）选择经验丰富的专业降承压水施工队伍进行降承压水。

（2）高度重视降承压水过程控制，确保降水质量和安全，对降水用电、设备故障以及其他风险编制应急预案。

二、安全保证措施

（1）所有进入施工现场的人员必须戴好安全帽，并按规定佩戴劳动保护用品或安全带等安全工具。

（2）在基坑边设可靠护栏（网）。进出基坑施工的人员经扶梯上下，不准攀登模板、脚手架或绳索上下。

（3）施工作业搭设的扶梯、工作台、脚手架、护身栏、安全网等，必须牢固可靠，并经专职安全员验收合格后方可使用。架子工应符合《建筑施工高处作业安全技术规范》JGJ 80—1991 和《建筑安装工人安全技术操作规程》的规定要求。

（4）施工前，根据设计文件复查地下构造物（如地下电缆、给水排水管道等）的埋设位置及走向，对周围的建筑物（尤其是隐蔽部分）要复核其位置，并采取防护措施。施工中如发现危及地下构造物、地面建筑物或有危险品、文物时，立即停止施工，待处理完毕后方可施工。

（5）基坑开挖期间每段施工段设置 1.5m 的逃生通道，并不定期组织作业人员进行逃生应急演练（图 3-1）。

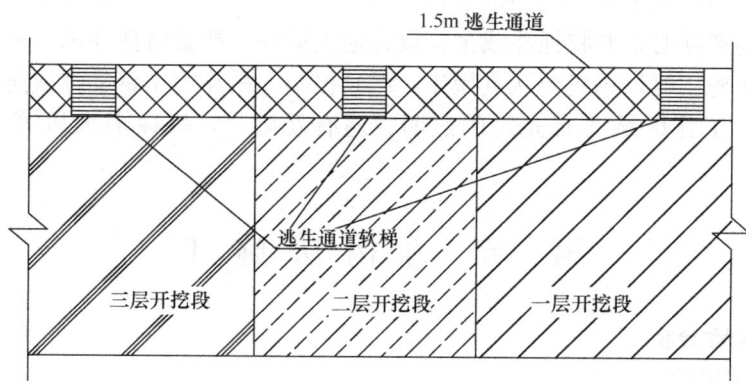

图 3-1 逃生通道示意图

（6）施工前，技术人员应认真复核地质资料以及地下构造物的位置、走向、坑深和地面可能影响邻近建筑物的基础的埋设深度并做好记录。

（7）技术人员根据核实后的资料，编制施工方案和技术措施，确定正确的施工顺序，选择合理的施工方法和相应的安全技术措施。

（8）采取分段开挖，开挖顺序按批准的施工组织设计进行，严禁随意开挖。

（9）在基坑的周边设置排水沟，防止雨水倒灌到基坑内。

（10）在分段开挖的区段内，采取分层分段开挖，并按规定放出一定的坡度，对地下水采取降水措施，提高边坡稳定。

（11）钢支撑安装安全技术措施

钢支撑安装前要进行检算，要满足支撑连续墙的强度、刚度要求。参加钢支撑安装的人员要进行安全技术培训。

钢支撑必须在开挖到设计位置后立即安装，架设时间不超过 8h，并按设计要求及时施加预应力。

钢支撑的吊装应符合《建筑安装工人安全技术操作规程》中第三十一章和第三十五章的规定。

钢支撑安装时，先在连续墙上标出支撑点位置，从挖土面量出支撑轴线位置，放出管槽边界线，然后从中间向两侧挖出钢管槽，并进行清理、平整，将支撑端部与连续墙面垂直密贴，使之受力均匀，并在端部采取固定支托措施，防止支撑滑落。

在挖土或吊装下一道钢支撑时，严格禁止撞击已安装好的支撑。

设专人对支护结构和钢支撑的变形、位移，进行观测、监控，以便采取措施，确保结构和人员安全。

钢支撑拆除时，应经技术人员同意，组织专人拆除。要采取支护、降落等可靠措施，并由安全员进行检查。

（12）土方吊运安全技术措施

各种设备，要置于基坑安全距离外稳定的地基上。

吊装口设防护平台，使用前要对钢丝绳、卡具等进行检查验收，符合要求时才能使用。

提、放吊斗时，上下要有统一信号，有专人指挥，下部人员要避在安全处，吊斗或抓斗上粘有泥块需铲除时，要将抓斗或吊斗放在地上清除。严禁将抓斗吊空铲泥。

在吊、抓土施工时，司机要认真操作，严禁抓斗、吊斗撞击钢支撑或防护平台。

夜间施工，工作区域要有充足的照明。遇有暴雨、六级以上大风等情况时，停止施工。

第三节　盾 构 法 施 工

一、工程风险分析

1. 自然灾害风险

必须充分考虑工程所在地的自然环境带来的各种不利因素。暴雨、台风等自然等不可抗力事件，会直接造成工程本身破坏和人员伤亡，以及给第三者带来财产损失和人员伤亡。

2. 不良地质和地下障碍物的风险

由于地质勘探的局限性，遇到未勘测到的不良地质情况和地下障碍物的风险较大，如暗塘、古河道等，对盾构掘进施工控制有较大影响，可能引起盾构机整体下沉；工作面前方可能会出现各类障碍物，如堤坝、抛石、旧桩基等，容易造成盾构机较严重的损坏，甚至无法正常推进。

3. 盾构始发及到达施工风险

盾构始发与到达的安全是盾构法隧道施工一个非常重要的环节，目前，国内盾构法隧道多起事故均发生在盾构始发与到达上，主要表现在盾构始发与到达端头地层的加固、盾构始发与到达盾构姿态的控制、洞口密封破坏等方面。

盾构始发与到达时的主要风险为：盾构始发与到达端头地层处理不当，盾构在始发与到达时工作面可能产生突然涌水、涌砂，大幅度地面沉陷，盾构机被掩埋。始发基座定位不够准确、反力架刚度不够，可能使盾构机一始发就偏离设计轴线。

4. 盾尾密封失效

盾尾密封主要是防止地下水、泥水和壁后注浆浆液渗入盾壳后部，确保开挖面的稳定和盾构的正常掘进。由于盾尾密封装置随盾构机移动而向前滑动，当其配置不合理或受力后被磨损和撕拉损坏时，就会使密封失效，隧道涌水涌泥，从而造成开挖面失稳引起严重后果：注浆浆液、地层中水、砂流入隧道，造成地表过大沉陷（河中段严重时还可能产生冒顶），从而危及地表正上方及周边建（构）筑物、地下管线的安全。

5. 渣土喷涌

在盾构掘进扰动和压力差作用下，螺旋输送机出渣口处产生渣土喷涌，容易造成地层损失，盾构正面塌方；导致隧道线路位移或地面建筑物、管线的沉降过大，致使地面建筑物或管线不同程度的破坏。

6. 联络通道施工风险

在联络通道开挖支护过程中，由于加固盲区或加固效果不好，开挖面失稳或流砂涌入通道，导致联络通道地表正上方及周边建（构）筑物、路面塌陷或地下管线破裂等灾害情况。

7. 其他突发风险

盾构施工是一个系统工程，突发事件较多，风险较大，突发的风险也应充分考虑机械设备、人员及水电等风险。

二、分项施工安全保证措施

1. 区间隧道施工准备

（1）为确保施工的安全，在各作业点之间设有便捷可靠的通信设备。

（2）地下障碍物调查报告中，对施工地区有无相遇阻碍物各种设施进行详细调查，其内容包括：地下构筑物的结构形式、基础形式及其埋深，以及与隧道的相对位置等；煤气管道、上下水池电力和通信电缆等位置，管道材质及接头形式，被侵蚀程度；地下废弃构筑物、管道及临时工程残留物等。

（3）施工前由工程技术负责人和生产负责人向施工管理人员、分队队长、作业班班长、盾构机操作工等做全面的安全、技术交底。

（4）箱变、配电间设有两路电源，且相互切换迅速、方便、安全。若施工地区无两路电源时，配备适当容量的自备电源，以供照明及连续使用的施工设备用电。

2. 盾构始发、推进、注浆

(1) 端头地层加固后土体无侧限抗压强度和渗透系数达到设计要求后，方可开凿洞壁混凝土。

(2) 在负环管片开口段必须有足够的开口尺寸和稳固的支撑系统。

(3) 洞口封门拆除后尽快将盾构推入洞内，使盾构切口环切入土层，以缩短正面土体暴露时间。

(4) 根据工程对隧道变形及地表变形的控制要求选用同步注浆、二次补强注浆甚至三次注浆的工艺，注入的浆液必须按地层性质、地面超载条件、变形控制要求合理选定。

(5) 注浆安全要求：注浆人员必须经过专门培训，并熟练掌握有关作业规程；严禁在不停泵的情况下进行任何修理；注浆泵及管路内压力未降至零时，不准拆除管路或松开管路接头，以免浆液喷出伤人；注浆泵由专人负责操作，未经同意其他人不得操作；注浆人员在拆管路、操作注浆泵时戴防护眼镜，以防浆液溅入眼睛；保持机械及隧道内整洁，工作结束后必须对设备清洗保养，并清理周围环境。

3. 起重作业

(1) 起重吊车司机由经过培训和规程教育、考试合格的人员担任，工作时持证上岗；起重工熟悉施工方法、起重设备的性能、所起重物的特点和确切重量以及施工安全的要求。

(2) 起重机械起吊前进行试吊，确保施工安全。

(3) 吊机指挥由对起重作业有经验的人员担任。

(4) 起吊重物时，起重扒杆下不得有人停留或行走，吊机停止作业时，安止动器，收紧吊钩和钢丝绳。

(5) 采用两台吊机同时起吊重物时，在现场施工负责人的统一指挥下进行，在起吊过程中，两台吊机均衡起落重物，使各自分担的起重量不超过其容许的负荷能力。

(6) 起吊重物时，吊具捆扎牢固，以防吊钩滑脱。

4. 电瓶车操作

(1) 电瓶车司机由经过培训和规程教育、考试合格的人员担任，工作时持证上岗。

(2) 司机交接班时，仔细检查蓄电池、砂箱制动装置、车灯、喇叭等，确认完好后试运行。

(3) 不准倒转刹车，不准用其他金属物代替机车保险丝。

(4) 电瓶车在坡度较大的隧道中行驶，接近弯道、道岔、行人较多的地点时减速行驶，并在40m外鸣喇叭，做好刹车准备。

(5) 机车鸣喇叭后方可启动，机车行驶时，司机要时刻注视前方信号、障碍物等情况，若有行人鸣喇叭并做好刹车准备。

5. 盾构操作

(1) 盾构推进前，查明地下管线及障碍物情况，对盾构穿越段上部房屋等结构物采取安全措施。

(2) 盾构反力座安装时，如发现后靠墙面不平，需调整加固后方可推进。

(3) 操作电动高压油泵必须戴绝缘手套。

（4）盾构顶进过程中，不得在反力座两边站人以防反力座崩坏伤人。

（5）盾构千斤顶绝缘良好。

（6）长距离推进过程中，要保证通风质量。

（7）当因机械原因需进入盾构密封仓时，采取防止冒顶塌方的安全措施。

6. 装卸渣与运输安全措施

（1）严格执行设备安全操作规程。

（2）弃渣场地避免因弃碴造成排水不畅与过大土压引起对建筑物的危害。渣土采用专用散装物料车夜间运输。

（3）装载料具时，严禁超出装载限界。装运大体积或超长料具时，要捆扎牢固，必要时加设保险绳和显示限界的红灯，专车运输和专人指挥。

（4）各种运输设备不得人、料混装。

（5）垂直运输设专人指挥。连接装置安全可靠，防止脱钩、溜车事故。

7. 盾构穿越河道的措施

（1）严格控制盾构正面平衡压力

盾构在穿越河流过程中根据不同土质和覆土厚度，配合监测信息的分析，及时调整平衡压力值的设定。同时也必须严格控制与切口平衡压力有关的施工参数，如出土量、推进速度、总推力、实际土压力围绕设定土压力波动的差值等。防止超挖、欠挖，尽量减少平衡压力的波动。

（2）严格控制盾构纠偏量

在施工中，严格控制盾构的设定平衡压力、注浆量、注浆压力、出土量等参数，控制好盾构的姿态，施工中隧道轴线、环面平整度或倾斜度需予以纠正时，采用专门楔料（丁腈软木片），一次纠偏量最大不超过5mm。减少对土体的扰动，防止河底的土体发生剪切破坏，造成河底漏水危害。

（3）同步注浆与二次补压浆

同步注浆采用可硬性浆液，发现沉降变化较大则进行二次注浆。二次注浆一般采用瞬凝性浆液。二次压浆时必须指派专人负责，对压入位置、压入量、压力值均做详细记录，并根据地层变形监测信息及时调整，确保压浆工序的施工质量。严格控制每环的压浆量，并确保同步注浆浆液的质量。防止注浆不足或者超量引起土体沉降。

8. 盾构穿越不同土层的措施

（1）根据地质条件计算确定此段施工土压控制理论值和目标值，严格控制开挖面土压和每环出土量，每环出土量过大时，下部淤泥质土超挖，刀盘前方土体坍塌，容易造成地表沉降过大。通过此类地段时，上部千斤顶压力适当增加，掘进速度适当增加，防止排土量过大从而影响盾构正常掘进。

（2）根据地表监测结果调节同步注浆参数，适当提高注浆压力及注浆量，必要时缩短同步注浆浆液凝胶时间。

（3）施工中严格土仓压力、推进速度的控制，通过刀盘、土仓及螺旋输送机添加泡沫、聚合物等改良渣土，防止涌水涌砂导致地表沉降异常。

（4）盾构掘进中避免一次纠偏过大及刀盘推力剧烈变化，同时尽量保持刀盘转速均匀，减小对地层的扰动。

（5）运用导向系统和分区操控推进油缸，严格控制盾构姿态，防止盾构在掘进过程中上浮。

（6）制定相应的抢险预案措施，做好各资源的保障工作。

9. 防汛、防台施工措施

（1）成立防汛、防台领导办公室、抢险突击队，设专人负责日常工作，制定工作制度，明确各成员的职责。加强防汛、防台施工的安全教育，配备必要的设备，并保持所配设备处于良好待工作状态，确保随需随用。定期对备用设施的状态进行检查，不符合要求的及时更换补充。

（2）由防汛、防洪、防台领导小组负责汛期、台风季节日常工作的调度和指挥，做到统一协调、步调一致。

（3）汛期、台风季节工地设专人负责，发现异常立即报警。

（4）准备充足的防汛、防洪、防台材料和排水机具。

（5）汛期要经常与当地气象部门取得联系，注意气象变化，早做准备，做到防患于未然。

10. 雨期施工措施

（1）成立防洪领导小组，负责安排、检查防洪工作。

（2）工地预备足够的防洪物资及设备，如草袋、篷布、大功率抽水机械等，严禁挪用防洪物资和设备。

（3）保证一定的自发电能力，以确保汛期突然停电情况下的防汛排水需要，并切实做好避雷装置和防漏电措施。

（4）在竖井、风井四周设置排水沟，并定期检查排水管网及抽水设备的可靠性，提高快速反应能力。

（5）雨季做好遮盖防水工作，使任何应避水的材料、产品、半成品免于浸泡淋湿，材料场地做好排水。

第四节　喷锚暗挖（矿山）法施工

一、隧道开挖安全技术措施

（1）建立两级出入隧道安全检查门岗，制定极为严格的出入隧道管理制度，采用感应式 IC 智能卡管理系统对出入隧道作业人员进行实名管理，准确掌握进出隧道的作业人员及其数量。

（2）隧道施工应做好施工前期准备工作，正确选用施工方法，并结合地形、地质等实际情况，编制施工技术方案，并向施工人员进行技术交底，合理安排施工。

（3）隧道施工各班组间，应建立完善的交接班制度。在交接班时，交班人应将本班组的施工情况及有关安全事宜及措施向接班人详细交代，并记载于交接班记录本上，工地值班负责人（领工员）应认真检查交接班情况。每班开工前未认真检查工作面安全状况的，不得施工。

（4）施工中应对围岩加强检查与量测。对不良地质段隧道施工，应采取弱爆破、短开挖、强支护、早衬砌、先护顶等小循环的施工方法。隧道施工要充分利用监测手段预测预报围岩位移与支护结构受力状况，量测要为生产安全服务。

（5）如发现隧道内有险情，必须在危险地段设置明显标志或派专人看守，并迅速报告施工现场负责人，及时采取措施处理，情况危险时，应将工作人员全部撤离危险区，并立即上报。

（6）所有进入隧道工地的人员，必须按规定佩戴好安全防护用品，遵章守法听从指挥。

（7）未刷好洞口仰坡或未做好洞顶防护和排水设施的洞门，不得开挖进洞。

（8）隧道掌子面钻眼

1）钻眼人员到达工作地点时，应首先检查工作面是否处于安全状态，如支护、顶板及两帮是否牢固，如有松动的岩石，应立即加以支护或处理。

2）台车和凿岩机进行钻眼时，必须采用湿式凿岩。

3）严禁在残眼中继续钻眼。

4）不在工作面拆卸修理凿岩设备。

二、隧道支护安全保证措施

（1）隧道各部开挖后要立即支护。

（2）施工期间，现场施工负责人应会同有关人员对各部支护进行定期检查。在不良地质地段，每班应责成专人检查，当发现支护变异或损坏时，应立即整修加固。

（3）当喷射混凝土尚未达到一定强度即趋失稳的围岩，或喷锚后变形量超过设计容许值以及发生突变的围岩，宜用钢架支撑进行支护。

（4）安装钢架支撑，应遵守起重和高处作业等有关安全规则，宜用小型机具进行吊装。

（5）对开挖后自稳程度很差的围岩，应采用超前锚杆和挂网喷射混凝土的办法进行临时支护。

（6）应把喷层的异常裂缝作为主要安全检查内容之一，经常进行观察与检查，并作为施工危险信号引起警惕。

（7）喷混凝土及注浆作业，要按规定带好防护用品。

三、隧道衬砌安全技术措施

（1）衬砌工作台上应搭设不低于1m的栏杆，跳板设防滑条，梯子应安装牢固，不得有钉子露头和突出尖角。

（2）工作台、跳板、脚手架的承重量，不得超负荷，并应在现场挂牌标明。脚手架与工作台的底板应铺设严密，木板的端头必须搭在支点上。

（3）吊装拱架、模板时，工作地段应有专人监护。

（4）在隧道内作业地段倾卸衬砌材料时，人员与车辆不得穿行。

（5）在2m以上高处工作时，应符合高处作业的有关规定。

（6）检查、修理压浆机械及管路，应停机并切断风源与电源。

（7）拆除混凝土输送软管或管道，必须停止混凝土泵的运转。

四、竖井施工安全措施

（1）竖井开挖过程中，做好地质描述、监控量测，提出对策和措施，每个开挖工班配一名工程师跟班，确保各种措施、技术交底的落实，保证标准化作业。

（2）锁口处工程施工符合下列规定：

竖井锁口自上而下开挖，一次将土石方工程做完，开挖人员不得上下重叠作业。在高于2m作业时上下两层中间用密铺棚板隔离或采用其他隔离设施。

竖井壁上有松动危石应及时清除干净；施工中应经常检查，特别是在雨雪之后，以保证施工安全。

地质不良地段应进行全部支护后，方可继续施工，以保证人员及机械的安全。

（3）喷锚支护应符合下列规定：

1）在渣堆上作业时，应避免踩踏活动的岩块。

2）在梯、架上作业时，安置应稳妥，应有专人监护。

3）清除开挖面上的松动岩体、开裂的混凝土时，人员不得处于被清除物的正下方。

4）作业中如发生风、水、输料管路堵塞或爆破时，必须依次停止风、水、料的输送。

5）钢架及钢筋网的安装，作业人员之间应协调动作，在本排钢架或本片钢筋网未安装完毕，并与相邻的钢架和锚杆连接稳妥之前，不得擅自取消临时支撑。

6）对锚喷支护体系的监控量测中发现支护体系变形、开裂等险情时，应采取补救措施。当险情危急时，应将人员撤出危险区。

五、爆破施工安全保证措施

（1）洞内爆破作业做到统一指挥信号，人员撤离到安全距离外，不受有害气体冲击。其安全距离为：掘进坑道内不少于200m；相邻的平行坑道内不少于100m。

（2）隧道施工放炮，由取得"安全技术合格证"的爆破工担任，严格防护距离和爆破警戒。放炮后要经过10min才准许人员进入工作面，经找顶清除危石、锚喷支护后方能继续施工。

（3）每日放炮时间及次数根据施工条件明确规定，装药离放炮时间不应过久。爆破前爆破人员严格检查爆破网络，确保一次起爆。

（4）遇到下列情况严禁装药爆破：照明不足；工作面岩石破碎尚未支护；发现可能有大量岩溶、岩爆及高压水涌出地段。

（5）爆破后必须经过通风排烟，且其相隔时间不少于15min，并经过以下各项检查和妥善处理后，其他工作人员才准进入工作面：即有无瞎炮及可疑现象，有瞎炮必须由原爆破人员按规定处理；有无残余炸药或雷管；顶板两帮有无松动石块；支护有无损坏与变形。

（6）装炮时严禁火种，严禁明火点炮，严禁装药与打眼同时进行。

（7）两端工作面接近贯通时，加强两端的联系与统一指挥。当两端工作面距离余留八倍循环进尺时，停止一端作业，并将人员机具撤走，在安全距离处设立警告标志。

（8）抓好现场管理，搞好文明施工，经常保持现场管线整齐。灯明、路平、无积水，对易燃、易爆等危险品按规定保存和堆放，并注明标志，严格发放制度。切实做好防洪、防火、防中毒、防淹亡等工作。杜绝重大伤亡，减少一般性事故。

六、装渣与运输安全技术措施

1. 装渣作业安全技术措施

汽车司机和装渣机司机应经过严格培训，持证上岗。各种运输设备不得人料混装，摘挂作业须专人负责，装载料具不得超出装载限界，超长料具应捆扎牢固。

装渣作业应符合下列规定：

（1）装渣机械在操作中，其回转范围内不得有人通过。

（2）装渣机械上如果有电缆及高压胶管，应有专人收放。

（3）机械装渣的辅助人员，应随时留心装渣和运输机械的运行情况，防止挤碰。

2. 运输作业安全技术措施

（1）运输车辆严禁人、料混装。

（2）机械装渣时，坑道断面尺寸必须满足装渣机械安全运转，并符合下列要求：装渣不准高于车厢；装渣机与运渣车之间不准有人；为确保运渣车就位良好和安全进出，派专人指挥。

（3）运输车辆限制速度见表 3-1 所列。

运输车辆限制速度规定

表 3-1

项目	作业地段	非作业地段	成洞地段
正常行车	10km/h	20km/h	20km/h
会　车	5km/h	10km/h	10km/h

（4）洞口、平交道口和狭窄的施工场地，设置"缓行"标志，必要时安排人员指挥交通。

（5）车辆行驶遵守下列规定：严禁超车；同向行驶车辆保持 20m 的距离，洞内能见度较差时，加大距离；车辆启动前必须瞭望与鸣笛；驾驶室不得搭载其他人员；车辆不得带故障运行。

（6）车辆在洞内行驶时，施工人员必须遵守下列规定：不准与车辆机械抢道；不准扒车、追车和强行搭车。

（7）洞内倒车与转向，必须开灯、鸣笛并派专人指挥。

七、竖井通风与防尘及水电供应

加强竖井施工通风，设计完善的通风系统，采用双电路的风机通电，保证通风系统工作的稳定、连续和有效。竖井通风符合设计和施工规范要求，<u>竖井通风每个作业工班设专职人员管理。</u>

竖井内的空气成分每月至少取样分析两次，风量、含尘量每月至少监测两次，个别地段做不定期的抽检。

凿岩和装渣时，设置专用喷雾器，采取有效的防尘措施。

（1）施工通风应符合下列规定：

1）导坑开挖面风流中，按体积计氧气不得低于 20%，二氧化碳不得超过 0.5%。

2）竖井内空气中，有毒有害物质的浓度必须符合国家规定标准。

3）作业开挖面复工时，必须进行通风和分析空气中有害气体浓度，确认符合标准后方可进入。

4）人员严禁在风管的进出口停留。

（2）防尘防毒应符合下列规定：

1）井内施工应采取综合防尘防毒措施，并定期检查粉尘及有害气体浓度。

2）装渣作业在出碴前应用水淋湿碴堆。

3）喷射混凝土粉尘浓度达不到标准时，应采取防尘措施。

（3）施工供风应符合下列规定：

1）风动机械与软管连接必须牢固；拆卸连接风管应在停机关机后进行。

2）风管网路中应分段设控制闸阀；检修风管时，应先关闭控制该部分管路的闸阀。

3）供风系统在使用期间应有专人检查养护，保护供风管路不得损坏。

4）空压机风罐是压力容器，在使用前必须向当地劳动局特种设备管理部门登记备案，取得使用许可证后再投入使用，并对安全装置定期检查。

（4）施工用水应符合下列规定：

1）供水水池位置不宜设在井边，应根据机械及管路的要求控制过高水压。

2）机械抽水应有专人负责，水池与机房之间应有信号联系。

3）供水管路铺设宜避开交通繁忙地区，管路铺设不宜采用高架的形式。

4）检修供水管路前，应先关闭控制该段管路供水的闸阀。

（5）施工用电应满足用电有关要求外，电力线路还应符合下列有关规定：

1）施工中应由两路独立的电源供电。当一路电源停电时，另一路电源能保证全部负荷的供电。

2）井下配电变电器不得采用中性点直接接地的方式。照明用采取安全电压，人行梯应增加专用照明系统。

八、隧道防坍塌措施

（1）做好超前地质预报工作。尤其是施工开挖接近设计探明的富水、富泥及断层破碎带时，要认真及时地分析和观察开挖工作面岩性变化，遇有探孔突水、涌泥、渗水增大和整体性变差等现象，及时改变施工方案。

（2）加强围岩量测工作。通过对量测数据分析处理，按照时间—位移曲线规律，及时调整和加强初期支护，同时重视混凝土衬砌及时施作。

（3）严格控制爆破装药量，尽量减小对软弱破碎围岩的扰动。

（4）保证施工质量，超前预注浆固结止水、钢架制作、初期支护和混凝土衬砌混凝土质量必须符合设计及验标要求。

（5）严格控制开挖工序，尤其是一次开挖进尺，杜绝各种违章施工。

（6）施工期间，洞口应常备一定数量的塌方抢险材料，如方木、钢架等，以备急用。

九、洞内通风与防尘安全保证措施

（1）隧道施工的通风设专人管理。

（2）通风机运转时，严禁人员在风管的进出口附近停留。

（3）通风机停止运转时，任何人不准靠近通风软管行走和在软管旁边停留，不准将任何物品放在通风管或管口上。

（4）风管与掌子面距离不得大于50m。

（5）喷射混凝土采用湿喷，严禁在隧道中使用干式凿岩机。

十、洞内防火与防水安全保证措施

（1）施工区域设置有效而足够的消防器材，放在易取的位置并且设立明显标志。各种器材做到定期检查补充和更换，不得挪用。

（2）洞内严禁明火作业与取暖。

（3）在雨季前进行防洪及洞顶地表水检查，防止洪水灌入洞内。

（4）对地表水丰富和地质条件复杂的地层，在施工时制定妥善的防排水措施，备足排水设备。

十一、洞内电气设备安全保证措施

（1）洞内电气设备的操作，必须符合下列规定：非专职电工不得操作电气设备；手持式电气设备的操作手柄和工作中接触的部位，设有良好的绝缘。使用前进行绝缘检查。

（2）电器（气）设备外露和传动部分，必须加装遮拦或防护罩。

（3）36V以上的供电设备和由于绝缘损坏可能带有危险电压的设备的金属外壳、构架等，必须有接地保护。

（4）直接向洞内供电的馈线上，严禁设自动重合闸，手动合闸时必须与洞内值班人员联系。

第五节　临边及洞口

一、"四口"的安全防护要求

（1）"四口"是指楼梯口、电梯井口、预留洞口、通道口。

（2）1.5m×1.5m以下的孔洞，用坚实盖板盖住，有防止挪动、位移的措施。1.5m×1.5m以上的孔洞，四周设两道防护栏杆，中间支搭水平安全网。结构施工中伸缩缝和后浇带处加固定盖板防护。

（3）电梯井口必须设高度不低于1.2m的金属防护门。电梯井内首层和首层以上每隔四层设一道水平安全网，安全网应封闭严密。

（4）管道井和烟道口必须采取有效防护措施，防止人员、物体坠落。墙面等处的竖向洞口必须设置固定式防护门并有警示标志。结构施工中电梯井和管道竖井不得作为垂直运输通道和垃圾通道。

（5）楼梯踏步及休息平台处，必须设两道牢固防护栏杆或立挂安全网。回转式楼梯间支设首层水平安全网。

（6）阳台栏板应随层安装，不能随层安装的，必须在阳台临边处设一道防护栏杆，防护栏杆设上下两道水平杆，并立挂密目安全网。两道防护栏杆，用密目网密封。

（7）建筑物楼层邻边四周，未砌筑、未安装围护结构时，必须设一道防护栏杆，防护栏杆设上下两道水平杆，并立挂密目安全网。

（8）建筑物出入口必须搭设宽于出入通道两侧的防护棚，建筑超过24m的棚顶应满铺不小于50mm厚度的脚手板。通道两侧用密目安全网封闭。多层建筑防护棚长度不小于3m，高层不小于6m，防护棚高度不低于3m。

二、"五临边"的安全防护要求

（1）"五临边"是指：深度超过2m的槽、坑、沟的周边；在施工程无外脚手架的屋面（作业面）和框架结构楼层的周边；井字架、龙门架、外用电梯和脚手架与建筑物的通道、上下跑道和斜侧道的两侧边；尚未安装栏板、栏杆阳台、料台、挑平台的周边；在施工程楼梯口的梯段边。

（2）五临边必须设置防护栏杆，防护栏杆由上、下两道横杆及栏杆柱组成，上横杆离地高度1.2m，下杆离地高度0.6m。坡度大于1：2的斜屋面，防护栏杆应高于1.5m，并加挂安全立网。横杆长度大于2m时，必须加设栏杆柱；给水排水沟槽、桥梁工程、泥浆池等临边危险部位应进行有效防护。

（3）各种垂直运输卸料平台临边防护必须到位，侧边设1.2m高两道防护栏杆和安全网全封闭，进料口设置防护门。或采用1.2m高定型彩钢板全封闭，平台口还应设置含踢脚防护的安全门或活动防护栏杆。卸料平台底板要求采用厚4cm以上木板、钢板等硬质板材铺设，并设有防滑条，严禁只采用毛竹脚手片。

第六节　施工监测及第三方监测

一、监测的目的及意义

（1）监视分析工程施工周围土体在施工过程中的动态变化，明确工程施工对原始地层的影响程度及可能产生失稳的薄弱环节。

（2）掌握结构体系的受力和变位状态，并对其安全稳定性进行评价。

（3）根据地质条件和施工方法，对施工影响范围内的地表沉降等监测项目预先进行估算和研究，并对隧道沿线附近的建（构）筑物、地下管线等可能受到影响的程度作出评估和提出处理方案，确保它们在施工过程中处于安全的工作状态。

（4）通过现场监测信息反馈和施工中的地质调查，及时调整施工参数和采取相应的工程措施，优化施工工艺，达到工程优质、安全施工、经济合理、施工快捷的目的，并为今后类似工程提供借鉴。

（5）通过信息反馈进行安全预测及设计优化，在加强安全控制的同时减少投资，使工程始终处于安全可控状态，从更大程度上加强业主的风险控制。

二、监测的编制原则

1. 系统性原则

（1）所设计的各种监测项目有机结合，相辅相成，测试数据能相互进行校验。

（2）发挥系统功效，对结构进行全方位、立体、实时监测，并确保监测的准确性、及时性。

（3）在施工过程中进行连续监测，保证监测数据的连续性、完整性、系统性。

（4）利用系统功效尽可能减少监测点的布设，降低成本。

2. 可靠性原则

（1）所采用的监测手段应是比较完善的或已基本成熟的方法。

（2）监测中所使用的监测仪器、元件均应事先进行检定，并在有效期内使用。

（3）监测点应采取有效的保护措施。

3. 与设计相结合原则

（1）对设计使用的关键参数进行监测，以便达到进一步优化设计的目的。

（2）对评审中有争议的工艺、原理所涉及的部位进行监测，通过监测数据的反演分析和计算对其进行校核。

（3）依据设计计算确定结构、周边环境等的警界值。

4. 关键部位优先、兼顾全局的原则

（1）对结构体敏感区域增加测点数量和项目，进行重点监测。

（2）对岩土工程勘察报告中描述的岩土层变化起伏较大的位置和施工中发现异常的部位进行重点监测。

（3）对关键部位以外的区域在系统性的基础上均匀布设监测点。

5. 与施工相结合原则

（1）结合施工工况调整监测点的布设方法和位置。

（2）结合施工工况调整测试方法或手段、监测元器件种类或型号及测点保护方式或措施。

（3）结合施工工况调整测试时间、测试频率。

6. 经济合理性原则

（1）在安全、可靠的前提下结合工程经验尽可能地采用直观、简单、有效的测试方法。

（2）在系统、安全的前提下，合理利用监测点之间的关系，减少测点布设数量，降低监测成本。

（3）坚持"因地制宜，技术可靠，经济合理"的原则。

三、监测成果保证体系

（1）成立监测管理小组，由领导及有经验的专业监测人员组成，制定实施性计划使监测按计划、有步骤地进行。

（2）成立质量责任制，确保施工监测质量。

（3）对路面、管线、建筑物及已施工结构坚持进行日常巡视，如发现异常，应立即进行重点监测并上报。

（4）各项监测的时间间隔可根据施工进程确定。当变形超过有关标准或监测结果变化速率较大时，应加密观测次数。当有事故征兆时，应连续监测，并应立即报告监理及施工单位，并报送相应的应急补救措施。

（5）观测前，对所有仪器设备必须按有关规定进行检验和校核，确保仪器的稳定可靠性和保证观测的精度。

（6）各监测项目在隧道施工前均应测得初始值，且不应少于两次。初测时采用增加测回数的措施，保证初始值的准确性。

（7）测点布置力求合理，应能反映出施工过程中的实际变形和应力情况及对周围环境的影响程度，位移观测基准点数量不应少于两点，且应设在影响范围以外。

（8）测试组件及监测仪器必须是正规厂家的合格产品，测试组件要有合格证，监测仪器要定期校核、标定。

（9）监测资料应及时整理分析，每天报送一次日报，每周五上报周报，每月25号上报月报。监测报告应包括阶段变形值、变形速率、累计值，并绘制沉降槽曲线、历时曲线等，作必要的回归分析及对监测结果进行评价。

（10）如发现监测资料异常，应立即复测，并检查监测仪器、方法及计算过程，确认无误后应及时反馈采取相应措施。

四、监测应急措施

在监测过程中，若遇监测点被破坏，应立即修复，不能修复的应在其附近位置重新布设，并重新观测初始值，变化量在原有的基础上进行叠加；在遇到监测数据异常时，应在最短的时间内通知有关方，并配合相关单位提出相应的、切实可行的应急措施建议，如地基加固、管线架空等，确保施工安全、有序地进行。在监测数据累计变化量较大时，应加密监测，在施工单位采取应急措施的同时，实行跟踪监测。

（1）出现质量安全事故后，应第一时间与监理、业主、设计等单位联系，并确定处理方案，如加密监测点、监测频率、扩大监测范围等。

（2）在整个施工阶段要从人员、设备、材料和制度做好充分的准备工作，一旦出现质量安全事故，立即召集监测人员及仪器设备赶赴事故现场实施应急监测工作。

（3）应急监测作业过程中应注意安全防护工作，确保人员及仪器设备的安全。

（4）应急监测作业过程中，应注意对事故现场采集影像（拍照或录像等）资料。

（5）应急监测时应严格按照监测方案规定的技术要求进行监测作业。

（6）应急监测作业开始后 1h，应根据流程要求将经初步评估的险情情况形成警报向有关部门发出特别警惕。

（7）应急监测作业结束后应将处理好的监测结果报项目部应急反应监测领导小组，供下一步决策用，同时采用电子邮件方式将监测结果报相关部门。

第七节 临 时 建 筑

一、临时建筑的选址

（1）临时建筑的选址应科学合理，不应布置在滑坡、洪水、泥石流、风口等地质灾害易发的危险区域，其布局应与施工组织设计的总体规划相一致；应符合安全、消防、节能、环保要求和国家有关规定。

（2）办公、生活用房搭设应考虑与施工周期相协调。临时建筑应根据当地气候条件，采取抵抗风、雪、雨、雷电、冰雹等自然灾害的措施。临时建筑地面应硬化；周边排水畅通、无积水。

二、临时建筑搭设

（1）临时建筑搭设应编制专项施工方案，确保施工和房屋质量。

（2）临时建筑搭设施工单位应具备房屋建筑施工资质；活动房供应商应具有生产许可证和产品质量保证书；活动房的装拆必须由专业生产厂家负责施工，并且签订施工承包合同。施工完毕，经验收合格才能交付使用。

（3）餐厅、厨房、资料室、会议室、民工学校应设在临时建筑的底层。

（4）临时建筑场地应设有消防车道，宽度不应小于 4.0m，净空高度不应小于 4.0m。

（5）临时建筑楼层不宜超过两层，最大允许长度不应大于 60m。安全出口应分散布置。幢与幢之间的间距不应小于 3.5m。楼梯和走廊净宽度不应小于 1.0m，楼梯扶手高度不应低于 0.9m，外廊高度不应低于 1.05m。

（6）单层临时建筑层高不宜大于 5.5m，跨度不宜大于 9.0m。二层临时建筑（活动房）层高不宜大于 3.5m，总高度不宜大于 6.5m，跨度不宜大于 9.0m。

（7）临时建筑使用中，适时进行安全检查，发现破损，及时修补；遇大风、暴雨、冰雹、冰雪等灾害天气时，必须进行相应的预防、加固工作。

三、临时建筑拆除

（1）临时建筑的拆除应由具有相应施工资质的单位承担，一般可委托原临时建筑搭设单位进行。

（2）临时建筑的拆除必须采取相关的安全、防火、防尘、降噪、清除废弃物等措施。临时建筑拆除后，场地应及时清理干净。

（3）临时建筑拆除时，需要动火作业的，应办理相关手续，动火作业时，应有安全员监护。特种作业人员应持证上岗。

（4）临时建筑使用的年限不应超过 5 年。

第八节 施 工 场 地

（1）施工现场的主要道路和加工场地必须进行硬化处理。

主通道宽度应不小于 4.0m，确保消防车通行；次要道路和施工便道视情况采取硬化措施，其路幅宽度不小于 3.0m。施工现场道路应做到畅通、平坦、整洁，无散落物。裸露的场地和集中堆放的土方应采取覆盖、固化或绿化等措施。

（2）施工现场应设置良好的排水系统，保证排水畅通，场地内不积水。

施工现场应设置防泥浆、污水、废水外溢措施。施工现场出口应设置车辆冲洗设施。场地内应设置排水沟及沉淀池。施工污水经沉淀达到国家规定标准，经市政管理部门核验合格后方可排入市政污水管网或河流。土方、渣土外运必须采用密闭式运输车或采取覆盖措施，并办理好相关手续；严禁抛洒滴漏。

（3）施工现场应制定降噪措施，强噪声设备应设置在远离居民区一侧。

运输土方、材料车辆进入施工现场严禁鸣笛。夜间施工应办理好相关手续。

（4）施工现场应设置茶（开）水供应点、吸烟休息处和医务保健箱；适当设置水冲或移动式厕所。施工作业场所禁止吸烟。

（5）施工现场严禁焚烧各类废弃物。

第九节 材 料 堆 放

（1）施工用材料、构件、料具必须按施工现场总平面布置图堆放，布置合理。材料、构配件及其他料具等必须做到安全、整齐堆放（存放），不得超高。堆料应分门别类，悬挂标牌。标牌应统一制作，标明名称、品种、规格数量以及检验状态等。

（2）施工现场应建立材料收发管理制度。仓库、工具间材料应堆放整齐。易燃易爆物品应分类堆放，配置专用灭火器，专人负责，确保安全。

（3）原材料堆场（砂石、水泥等）应建立清扫制度，落实到人，做到工完料尽、场清无积水。建筑垃圾应定点存放，及时清运，不得在现场焚烧。

（4）施工现场应采取控制扬尘措施，水泥和其他易飞扬的颗粒施工用材料应密闭存放或采取覆盖等措施。

第十节 施工现场标牌标识

一、五牌二图

（1）施工现场必须设置"五牌二图"，即工程概况牌、管理人员名单及监督电话告示牌、消防保卫（防火防盗）责任牌、安全生产牌、文明施工牌和施工现场平面图、施工现场消防平面图。标牌牢固、规格统一、字迹端正、表示明确、线条清晰、布置合理，一般固定在施工现场出入口侧。

（2）施工现场主要通道口、施工特殊部位、危险源作业点等处应设置安全警示牌。警示牌采用安全色来表示禁止、警告、指令和指示。红色表示禁止、停止、消防、危险的意思；黄色表示警告，可能发生危险，必须引起注意和重视；蓝色表示指令，必须遵守的规定；绿色表示安全，起到提示作用，一般是向人员提示安全通道、安全场所。

二、文化宣传栏

施工现场应当在适当位置（一般在项目管理部）设置文化宣传栏。文化宣传栏内容包括：企业文化、安全知识、报刊文章、政务公开、先进表彰、违章曝光等。

第四章　施工现场用电安全

第一节　施工用电线路

一、一般规定

（1）架空线和室内配线必须采用绝缘导线或电缆。

（2）架空线导线截面的选择应符合下列要求：

1）导线中的计算负荷电流不大于其长期连续负荷允许载流量。

2）线路末端电压偏移不大于其额定电压的5％。

3）三相五线制线路的N线和PE线截面不小于相线截面的50％，单相线中零线截面与相线截面相同。

4）按机械强度要求，绝缘铜线截面不小于10mm²，绝缘铝线截面不小于16mm²。

5）在跨越铁路、公路、河流、电力线路档距内，绝缘铜线截面不小于16mm²；绝缘铝线截面不小于25mm²。

（3）架空线路相序排列应符合下列规定：

1）动力、照明线在同一横担上架设时，导线相序排列是：面向负荷从左侧依次为L1、N、L2、L3、PE。

2）动力、照明线在二层横担上分别架设时，导线相序排列是：上层横担面向负荷从左侧起依次为L1、L2、L3；下层横担面向负荷从左侧起依次为L2、N、PE。

（4）架空线路宜采用钢筋混凝土杆或木杆。钢筋混凝土杆不得有露筋、裂纹和扭曲；木杆不得腐朽，其梢径不应小于140mm。

（5）电杆埋设深度宜为杆长的1/10加0.6m，回填土应分层夯实。在松软处宜加大埋入深度或采用卡盘等加固。

（6）电缆中必须包含全部工作芯线和用做保护零线或保护线的芯线。需要三相五线制配电的电缆线路必须采用五芯电缆。五芯电缆必须包含淡蓝、绿/黄两种颜色绝缘芯线。淡蓝色芯线必须用做N线；绿/黄双色芯线必须用做PE线，严禁混用。

（7）电缆线路应采用埋地或架空敷设，严禁沿地面明设，并应避免机械损伤和介质腐蚀。埋地电缆路径应设方位标志。

（8）电缆埋地敷设宜选用铠装电缆，当选用无铠装电缆时，应能防水、防腐。架空敷设宜选用无铠装电缆。

（9）埋地电缆在穿越建筑物、构筑物、道路、易受机械损伤、介质腐蚀场所及引出地面从2.0m高到地下0.2m处，必须加设防护套管，防护套管内径不应小于电缆外径的1.5倍。

（10）在建工程内的电缆线路必须采用电缆埋地引入，严禁穿越脚手架引入。

（11）潮湿场所或埋地非电缆配线必须穿管敷设，管口和管接头应密封；当采用金属管敷设时，金属管必须做等电位联结，且必须与 PE 线相连接。

（12）架空线路、电缆线路和室内配线必须有短路保护和过载保护。

1）采用熔断器做短路保护时，其熔体额定电流不应大于明敷绝缘导线长期连续负荷允许载流量的 1.5 倍。

2）采用断路器做短路保护时，其瞬动过流脱扣器脱扣电流整定值应小于线路末端单相短路电流。

3）采用熔断器或断路器做过载保护时，绝缘导线长期连续负荷允许载流量不应小于熔断器熔体额定电流或断路器长延时过流脱扣器脱扣电流整定值的 1.25 倍。

4）对钢管敷设的绝缘导线线路，其短路保护熔断器的熔体额定电流不应大于穿管绝缘导线长期连续负荷允许载流量的 2.5 倍。

二、安全检查要点

1. 架空线路

（1）架空线必须架设在专用电杆上，严禁架设在树木、脚手架及其他设施上。

（2）架空线在一个档距内，每层导线的接头数不得超过该层导线条数的 50%，且一条导线应只有一个接头。在跨越铁路、公路、河流、电力线路档距内，架空线不得有接头。

（3）架空线路的档距不得大于 35m。

（4）架空线路的线间距不得小于 0.3m，靠近电杆的两导线的间距不得小于 0.5m。

（5）架空线路横担间的最小垂直距离不得小于表 4-1 所列数值；横担宜采用角钢或方木，低压铁横担角钢应按表 4-2 选用，方木横担截面应按 80mm×80mm 选用；横担长度应按表 4-3 选用。

横担间的最小垂直距离 表 4-1

排列方式	直线杆（m）	分支或转角杆（m）
高压与低压	1.2	1.0
低压与低压	0.6	0.3

低压铁横担角钢选用 表 4-2

导线截面（mm²）	直线杆	分支或转角杆	
		二线及三线	四线及以上
16 25 35 50	L50×5	2×L50×5	2×L63×5
70 95 120	L63×5	2×L63×5	2×L70×6

二线（m）	三线、四线（m）	五线（m）
0.7	1.5	1.8

（6）架空线路与邻近线路或固定物的距离应符合表 4-4 的规定。

架空线路与邻近线路或固定物的距离　　　　　　表 4-4

项目	距离类别			
最小净空距离 （m）	架空线路的过引线、 接下线与邻线	架空线与架空线 电杆外缘	架空线与摆动最大 时树梢	
	0.13	0.05	0.50	
最小垂直距离 （m）	架空线同杆架 设下方的通信、 广播线路	架空线最大 弧垂与地面		架空线最大弧 垂与暂设工程 顶端	架空线与邻近 电力线路交叉
		施工现场	机动车道	铁路轨道		1kV 以下	1～10kV
	1.0	4.0	6.0	7.5	2.5	1.2	2.5
最小水平距离 （m）	架空线电杆与 路基边缘	架空线电杆与 铁路轨道边缘	架空线边线与建筑物凸出部分	
	1.0	杆高(m)＋3.0	1.0	

（7）直线杆和 15°以下的转角杆，可采用单横担单绝缘子，但跨越机动车道时应采用单横担双绝缘子；15°～45°的转角杆应采用双横担双绝缘子；45°以上的转角杆，应采用十字横担。

（8）电杆拉线宜采用不少于 3 根直径为 4.0mm 的镀锌钢丝。拉线与电杆的夹角应在 30°～45°之间。拉线埋设深度不得小于 1m。电杆拉线如从导线之间穿过，应在高于地面 2.5m 处装设拉线绝缘子。

（9）因受地形环境限制不能装设拉线时，可采用撑杆代替拉线，撑杆埋设深度不得小于 0.8m，其底部应垫底盘或石块。撑杆与电杆夹角宜为 30°。

（10）接户线在档距内不得有接头，进线处离地高度不得小于 2.5m。接户线最小截面应符合表 4-5 的规定。接户线线路间及与邻近线路间的距离应符合表 4-6 的要求。

接户线的最小截面　　　　　　表 4-5

接户线架设方式	接户线长度 （m）	接户线截面（mm²）	
		铜 线	铝 线
架空或沿墙敷设	10～25	6.0	10.0
	≤10	4.0	6.0

接户线线路间及与邻近线路间的距离　　　　　　表 4-6

接户线架设方式	接户线档距（m）	接户线线间距离（mm）
架空敷设	≤25	150
	＞25	200

接户线架设方式	接户线档距（m）	接户线线间距离（mm）
沿墙敷设	≤6	100
	>6	150
架空接户线与广播电话线交叉时的距离（mm）		接户线在上部：600 接户线在下部：300
架空或沿墙敷设的接户线零线和相线交叉时的距离（mm）		100

2. 电缆线路

（1）电缆直接埋地敷设的深度不应小于 0.7m，并应在电缆紧邻上、下、左、右侧均匀敷设不小于 50mm 厚的细砂，然后覆盖砖或混凝土板等硬质保护层。

（2）埋地电缆与其附近外电电缆和管沟的平行间距不得小于 2m，交叉间距不得小于 1m。

（3）埋地电缆的接头应设在地面上的接线盒内，接线盒应能防水、防尘、防机械损伤，并应远离易燃、易爆、易腐蚀场所。

（4）架空电缆应沿电杆、支架或墙壁敷设，并采用绝缘子固定，绑扎线必须采用绝缘线，固定点间距应保证电缆能承受自重所带来的荷载，敷设高度应符合《施工现场临时用电安全技术规范》JGJ 46—2005 的规定，但沿墙壁敷设时最大弧垂距地不得小于 2.0m。

（5）架空电缆严禁沿脚手架、树木或其他设施敷设。

3. 室内配线

（1）室内明敷主干线距地面高度不得小于 2.5m。

（2）架空进户线的室外端应采用绝缘子固定，过墙处应穿管保护，距地面高度不得小于 2.5m，并应采取防雨措施。

（3）室内配线所用导线或电缆的截面应根据用电设备或线路的计算负荷确定，但铜线截面不应小于 1.5mm²，铝线截面不应小于 2.5mm²。

（4）室内吊顶内的配线应穿保护套管，套管内不得有接头，导线联结处应设置接线盒。

三、变压器

变压器在运行中，值班人员应定期进行检查，以便了解和掌握变压器的运行情况，如发现问题应及时解决，力争把故障消除在萌芽状态。在巡视检查过程中，一般可以通过仪表、保护装置及各种指示信号等设备了解变压器的运行情况。同时还要依靠运行值班人员的各种感官去观察、监听，及时发现仪表所不能反映的问题，如运行环境的变化、变压器声响的异常等。即使是仪表装置反映的情况也需要通过检查、分析才能作出结论。因此，运行值班人员对变压器的巡视检查是十分必要的。

由于施工现场的专用变压器由电力专业人员进行架设及维护，故施工企业人员不得擅自移动变压器及其配套装置；也不得在变压器上搭设焊接任何物件；不得拆除变压器的围栏和警示标志。如发现变压器运行异常，应及时告知电力部门，同时及时切断施工现场的总配电箱内总电力负荷开关。

四、配电箱和开关箱

1. 一般规定

（1）配电箱、开关箱应装设在干燥、通风及常温场所，不得装设在有严重损伤作用的瓦斯、烟气、潮湿及其他有害介质中，也不得装设在易受外来固体物撞击、强烈振动、液体浸溅及热源烘烤场所。否则，应予清除或做防护处理。

（2）配电箱、开关箱周围应有足够2人同时工作的空间和安全通道。其周围不得堆放任何妨碍操作、维修的物品，不得有灌木、杂草。

（3）总配电箱应设在靠近电源的区域，分配电箱应设在用电设备或负荷相对集中的区域。

（4）动力配电箱与照明配电箱若合并设置为同一配电箱时，动力和照明应分路配电；动力开关箱与照明开关箱必须分设。

（5）配电箱、开关箱箱体和内部电器应符合相关规定；应具有低压电器产品的生产许可认证，即3C认证。不得自行制作配电箱。

（6）配电箱、开关箱内的连接线必须采用铜芯绝缘导线。导线绝缘的颜色标志应按要求配置并排列整齐；导线分支接头不得采用螺栓压接，应采用焊接并做绝缘包扎，不得有外露带电部分。

（7）配电箱、开关箱的金属箱体、金属电器安装板以及电器正常不带电的金属底座、外壳等必须通过PE线端子板与PE线做电气联结，金属箱门与金属箱体必须采用编织软铜线做电气联结。

（8）配电箱、开关箱中导线的进线口和出线口应设在箱体的下底面。

（9）配电箱、开关箱的进、出线口应配置固定线卡，进出线应加绝缘护套并成束卡固在箱体上，不得与箱体直接接触。移动式配电箱、开关箱的进、出线应采用橡皮护套绝缘电缆，不得有接头。

（10）室外配电箱、开关箱外形结构应能防雨、防尘。

（11）配电箱门的内侧，应粘贴电气接线图和电工安全检查表。

2. 安全检查要点

（1）每台用电设备必须有各自专用的开关箱，严禁用同一个开关箱直接控制2台及2台以上用电设备（含插座）。

（2）配电箱、开关箱应装设端正、牢固。固定式配电箱、开关箱的中心点与地面的垂直距离应为1.4～1.6m。移动式配电箱、开关箱应装设在坚固、稳定的支架上。其中心点与地面的垂直距离宜为0.8～1.6m。

（3）配电箱、开关箱内的电器（含插座）应先安装在金属或非木质阻燃绝缘电器安装板上，然后方可整体紧固在配电箱、开关箱箱体内。金属电器安装板与金属箱体应做电气联结。

（4）配电箱、开关箱内的电器（含插座）应按其规定位置紧固在电器安装板上，不得歪斜或松动。

（5）配电箱的电器安装板上必须分设N线端子板和PE线端子板。N线端子板必须与金属电器安装板绝缘；PE线端子板必须与金属电器安装板做电气联结。

进出线中的N线必须通过N线端子板连接；PE线必须通过PE线端子板连接。

（6）配电箱、开关箱的箱体尺寸应与箱内电器的数量和尺寸相适应，箱内安装板板面电器安装尺寸可按照表4-7确定。

配电箱、开关箱内电器安装尺寸选择值 表 4-7

间距名称	最小净距（mm）	间距名称	最小净距（mm）
并列电器（含单极熔断器）间	30	上、下排电器进出线瓷管（塑胶管）孔间	25
电器进、出线瓷管（塑胶管）孔与电器边沿间	15A：30 20～30A：50 60A 及以上：80	电器进、出线瓷管（塑胶管）孔至板边	40
		电器至板边	40

第二节　小型用电机具的用电安全

一、电动机

为了保证电动机的正常运行，延长使用寿命，电动机日常运行中的监视和维护很重要，它可以防微杜渐，把事故消灭在萌芽之中。

（1）新安装或长期停用的电动机，起动前应做如下检查：

1）电动机基础是否稳固，螺栓是否拧紧，轴承是否缺油，油是否合格，电动机接线是否符合要求，绝缘电阻是否合格等。

2）熔丝安装是否符合要求；起动设备接线是否正确；起动装置是否灵活，有没有卡住现象；油浸自耦降压起动设备的油是否变质，油量是否合适；触头接触是否良好。

3）电动机和起动设备的金属外壳是否可靠接地或接零。

（2）正常运行的电动机，起动前应做如下检查：

1）检查三相电源是否有电，电压是否过低，熔丝有无损坏，安装是否可靠。

2）连接器的螺栓和销子是否紧固；皮带连接是否良好，松紧程度是否合适；机组转动是否灵活，有无摩擦、卡住、串动和不正常声响。

3）电动机周围是否有妨碍运行的杂物和易燃品等。

（3）起动电动机时应注意的事项

1）起动电动机时近旁不应有人，拉合开关时操作人员应站在一侧，防止电弧烧伤；使用双闸刀起动、星角起动或自耦降压起动，必须遵守操作顺序。

2）几台电动机共用一台变压器时，应由大到小，一台一台地起动。一台电动机连续多次起动时，应按有关规定保留适当间隔时间，防止过热，连续起动不宜超过 3～5 次。

3）合上开关后如电动机不转或转速很慢，声音不正常时，应迅速断电检查，找出原因后，再行起动。

（4）电动机的日常检查

1）关注电动机发热情况

电动机在运行中发热情况十分重要，如不注意，容易烧毁电动机或减少其使用寿命。电动机温度超过其允许值时，即便不烧毁电动机，也会损坏绝缘，使电动机寿命缩短。

2）注意电源电压的变化

电源电压增高过高，则电动机电流增大，发热增加，电源电压过低，当电动机负荷不变时，则电流又要增大，定子线圈也会增加发热，因此电动机运行中电源电压要求稳定在一个范围内。一般在电动机负荷不变的情况下，允许电源电压在−5%～+10%范围内变化。如果电源电压变化过大要及时通知电力部门进行调整。

3）注意三相电压和三相电流的不平衡程度

三相电压的不平衡也会引起电动机的额外发热。电动机在运行中，应检查其三相电压是否平衡。三相电压的不平衡程度在额定功率下，允许相间电压差不大于5%；电动机的三相电压不平衡，电流也要出现相应的不平衡；或者由于定子绕组三相阻抗的不相等，也会造成电流的不平衡。一般情况下，电动机三相电流的不平衡不是由三相电源电压引起的，而是表明电动机有故障或定子绕组有层间短路现象。一般三相电流的不平衡程度不允许大于10%，严重的三相电流不平衡一般是由一相保险丝熔断造成电动机单相运行所致。

4）注意电动机的振动

电动机振动过大，必须详细检查基础是否牢固，地脚螺栓是否松动，皮带轮或联轴器是否松动等。有时振动是由转子不正常而引起的，也有因短路等引起的，应详细查找原因，设法消除。

5）注意电动机的声音和气味

电动机正常运行时声音应均匀，无杂声和特殊声。如声音不正常，可能有下述几种情况：

特大嗡嗡声，说明电流过量，可能是超负荷或三相电流不平衡引起的，特别是电动机单相运行时，嗡嗡声更大。

咕碌咕碌声，可能是轴承滚珠损坏而产生的声音。

不均匀的碰擦声，往往是由于转子与定子相擦发出的异音，即扫膛声。应立即判断处理。

在电动机运行中，有时因超负荷时间过久，以致绕组发生绝缘损坏，就可以嗅到特殊的绝缘漆烧焦气味。当发现电动机有异音和异味时，应停机检查，找出原因，消除故障，才能继续运行。

除了上述各项外，电动机在运行中还应注意其通风程度和周围环境的清洁，以及电刷轴承的工作状况和发热情况等。

（5）电动机的事故停机

运行中电动机有下列情况之一时，应立即切断电源，停机检查：

1）运行中发生人身事故。

2）电动机发响发热的同时，转速急速下降。

3）电动机起动设备冒烟起火，电动机所拖动的机械发生故障；所带机械的传动装置机构折断（断轴等）。

4）电动机轴承超过规定的高热；电流超过铭牌规定或运行中电流猛增。

5）电动机发生强烈振动。

（6）电动机的定期维护

电动机除了做好运行中的维护监视外，经过一定时间运行后，还应进行定期检查和维护保养，这样才能保证电动机的安全运行并延长使用寿命。

在日常维护保养中，一般规定电动机的检修有：大修每1～2年1次；中修每年进行2次；小修是对主要电动机或者环境不良情况下（潮湿、粉尘、腐蚀等处所）运行的电动机，每年 4 次，其他电动机可酌减，每年 2 次。

二、电焊机

1. 交流电焊机用电安全

（1）应注意初、次级线，不可接错，输入电压必须符合电焊机的铭牌规定。带电部分不得外露，严禁接触初级线路的带电部分。

（2）次级抽头连接铜板必须压紧，其他部件应无松动或损坏。

（3）移动电焊机时，应切断电源。

（4）多台焊机接线时三相负载应平衡，初级线上必须有开关及熔断保护器、漏电保护装置。

（5）电焊机应绝缘良好。焊接变压器的一次线圈绕组与二次线圈绕组之间、绕组与外壳之间的绝缘电阻不得小于 1MΩ。

（6）电焊机的工作负荷应依照设计规定，不得超载运行。

2. 直流电焊机用电安全

（1）旋转式电焊机

1）接线柱应有垫圈。合闸前详细检查接线螺母，不得用拖拉电缆的方法移动焊机。

2）新机使用前，应将换向器上的污物擦干净，使换向器与电刷接触良好。

3）启动时，检查转子的旋转方向应符合焊机标志的箭头方向。

4）启动后，应检查电刷和换向器，如有大量火花时，应停机查原因，经排除后方可使用。

5）数台焊机在同一场地作业时，应逐台启动，并使三相载负荷平衡。

（2）硅整流电焊机

1）电焊机应在原厂使用说明书要求的条件下工作。

2）检查减速箱油槽中的润滑油，不足时应添加同类润滑油。

3）软管式送丝机构的软管槽孔应保持清洁，定期吹洗。

4）使用硅整流电焊机时，必须开启风扇，运转中应无异响，电压表指示值应正常。

5）应经常清洁硅整流器及各部件，清洁工作必须在停机断电后进行。

三、手持式电动工具

1. 一般规定

（1）施工现场中手持式电动工具的选购、使用、检查和维修应遵守下列规定：

1）选购的手持式电动工具及其用电安全装置符合相应的国家现行有关强制性标准的规定，且具有产品合格证和使用说明书。

2）建立和执行专人专机负责制，并定期检查和维修保养。

3）接地和漏电保护符合要求。操作人员应戴防护手套和穿绝缘鞋。

4）按使用说明书使用、检查、维修。

（2）手持式电动工具中的塑料外壳Ⅱ类工具和一般场所手持式电动工具中的Ⅲ类工具可不连接 PE 线。

（3）手持式电动工具的负荷线应按其计算负荷选用无接头的橡皮护套铜芯软电缆。

（4）电缆芯线数应根据负荷及其控制电器的相数和线数确定：三相四线时，应选用五芯电缆；三相三线时，应选用四芯电缆；当三相用电设备中配置有单相用电器具时，应选用五芯电缆；单相二线时，应选用三芯电缆。其中 PE 线应采用绿/黄双色绝缘导线。

（5）手持式电动工具的开关箱内，除应装设过载、短路、漏电保护电器外，还应装设隔离开关或具有可见分断点的断路器和控制装置。正、反向运转控制装置中的控制电器应采用接触器、继电器等自动控制电器，不得采用手动双向转换开关作为控制电器。

2. 安全检查要点

（1）空气湿度小于 75％的一般场所可选用Ⅰ类或Ⅱ类手持式电动工具，工作时产生剧烈振动的金属外壳与 PE 线的连接点不得少于两处；除塑料外壳Ⅱ类工具外，相关开关箱中漏电保护器的额定漏电动作电流不应大于 15mA，额定漏电动作时间不应大于 0.1s，其负荷线插头应具备专用的保护触头。所用插座和插头在结构上应保持一致，避免导电触头和保护触头混用。

（2）在潮湿场所或金属构架上操作时，必须选用Ⅱ类或由安全隔离变压器供电的Ⅲ类手持式电动工具。金属外壳Ⅱ类手持式电动工具使用时，开关箱和控制箱应设置在作业场所外面。在潮湿场所或金属构架上严禁使用Ⅰ类手持式电动工具。

（3）狭窄场所必须选用由安全隔离变压器供电的Ⅲ类手持式电动工具，其开关箱和安全隔离变压器均应设置在狭窄场所外面，并连接 PE 线。漏电保护器的选择应符合使用于潮湿或有腐蚀介质场所漏电保护器的要求。操作过程中，应有人在外面监护。

（4）手持式电动工具的负荷线应采用耐气候型的橡皮护套铜芯软电缆，并不得有接头。

（5）手持式电动工具的外壳、手柄、插头、开关、负荷线等必须完好无损，使用前必须做绝缘检查和空载检查，在绝缘合格、空载运转正常后方可使用。绝缘电阻不应小于表 4-8 规定的数值。

手持式电动工具绝缘电阻限值 表 4-8

测量部位	绝缘电阻（MΩ）		
	Ⅰ类	Ⅱ类	Ⅲ类
带电零件与外壳之间	2	1	1

注：绝缘电阻用 500V 兆欧表测量。

（6）使用手持式电动工具时，必须按规定穿、戴绝缘防护用品。

四、排水机具

1. 离心水泵

（1）水泵放置地点应坚实，安装应牢固、平稳，并应有防雨设施。多级水泵的高压软管接头应牢固可靠，放置宜平直，转弯处应固定牢靠。数台水泵并列安装时，其扬程宜相同，每台之间应有 0.8～1.0m 的距离；串联安装时，应有相同的流量。

（2）冬季运转时，应做好管路、泵房的防冻、保温工作。

（3）启动前检查项目应符合下列要求：

1）电动机与水泵的连接同心，联轴节的螺栓紧固，联轴节的转动部分有防护装置，泵的周围无障碍物。

2）管路支架牢固，密封可靠，泵体、泵轴、填料和压盖严密，吸水管底阀无堵塞或漏水。

3）排气阀畅通，进、出水管接头严密不漏，泵轴与泵体之间不漏水。

（4）启动时应加足引水，并将出水阀关闭；当水泵达到额定转速时，旋开真空表和压力表的阀门，待指针位置正常后，方可逐步打开出水阀。

（5）运转中发现下列情况，应立即停机检修：

1）漏水、漏气、填料部分发热。

2）底阀滤网堵塞，运转声音异常。

3）电动机温升过高，电流突然增大。

4）机械零件松动或其他故障。

（6）升降吸水管时，应在有护栏的平台上操作。

（7）运转时，严禁人员从机上跨越。

（8）水泵停止作业时，应先关闭压力表，再关闭出水阀，然后切断电源。冬季使用时，应将各部放水阀打开，放净水泵和水管中积水。

2. 潜水泵

（1）潜水泵宜先装在坚固的篮筐里再放入水中，也可在水中将泵的四周设立坚固的防护围网。泵应直立于水中，水深不得小于0.5m，不得在含泥砂的水中使用。

（2）潜水泵放入水中或提出水面时，应先切断电源。严禁拉拽电缆或出水管。

（3）潜水泵应装设保护接零或漏电保护装置，工作时泵周围30m以内水面，不得有人、畜进入。

（4）接通电源后，应先试运转，检查并确认旋转方向正确，在水外运转时间不得超过5min。

（5）应经常观察水位变化，叶轮中心至水平距离应在0.5～3.0m之间，泵体不得陷入污泥或露出水面。电缆不得与井壁、池壁相擦。

（6）新泵或新换密封圈，在使用50h后，应旋开放水封口塞，检查水、油的泄漏量。当泄漏量超过5mL时，应进行0.2MPa的气压试验，查出原因，予以排除，以后应每月检查一次；当泄漏量不超过25mL时，可继续使用。检查后应换上规定的润滑油。

（7）当气温降到0℃以下时，停止运转后，应从水中提出潜水泵擦干后存放室内。

3. 深井泵

（1）深井泵应使用于含砂量低于0.01%的清水源，泵房内设预润水箱，可满足一次启动所需的预润水量。

（2）新装或经过大修的深井泵，应调整泵壳与叶轮的间隙，防止叶轮在运转中与壳体摩擦。

（3）深井泵在运转前应将清水通入轴与轴承的壳体内进行预润。

（4）深井泵不得在无水情况下空转。水泵的一、二级叶轮应浸入水位1m以下。运转中应经常观察井中水位的变化情况。

（5）运转中，当发现基础周围有较大振动时，应检查水泵的轴承或电动机填料处磨损情况；当磨损过多而漏水时，应更换新件。

（6）已吸、排过含有泥砂的深井泵，在停泵前，应用清水冲洗干净。

（7）停泵前，应先关闭出水阀，切断电源，锁好开关箱。冬季停用时，应放净泵中积水。

4. 泥浆泵

（1）泥浆泵应安装在稳固的基础架或地基上，不得松动。

（2）启动前，吸水管、底阀及泵体内应注满引水，压力表缓冲器上端应注满油。

（3）启动前应使活塞往复两次，无阻梗时方可空载启动。启动后，应待运转正常，再逐步增加载荷。

（4）运转中，应经常测试泥浆含砂量。泥浆含砂量不得超过10%。

（5）有多挡速度的泥浆泵，在每班运转中应将几挡速度分别运转，运转时间均不得少于30min。

（6）运转中不得变速；当需要变速时，应停泵进行换挡。

（7）运转中，当出现异响或水量、压力不正常，或有明显高温时，应停泵检查。

（8）在正常情况下，应在空载时停泵。停泵时间较长时，应全部打开放水孔，并松开缸盖，提起底阀放水杆，放尽泵体及管道中的全部泥砂。

（9）长期停用时，应清洗各部位泥砂、油垢，将曲轴箱内润滑油放尽，并应采取防锈、防腐措施。

第三节 施 工 照 明

一、一般规定

（1）现场照明宜选用额定电压为220V的照明器，采用高光效、长寿命的照明光源。对需大面积照明的场所，应采用高压汞灯、高压钠灯或混光用的卤钨灯等。

（2）照明变压器必须使用双绕组型安全隔离变压器，严禁使用自耦变压器。

（3）照明系统宜使三相平衡负荷，其中每一单相回路上，灯具和插座数量不宜超过25个，负荷电流不宜超过15A。

（4）路灯的每个灯具应单独装设熔断器保护。灯头线应做防水弯。

（5）荧光灯管应采用管座固定或用吊链悬挂。荧光灯的镇流器不得安装在易燃的结构物上。

（6）投光灯的底座应安装牢固，应按需要的光轴方向将枢轴拧紧固定。

（7）灯具内的接线必须牢固，灯具外的接线必须做可靠的防水绝缘包扎。

（8）灯具的相线必须经开关控制，不得将相线直接引入灯具。

（9）对夜间影响飞机或车辆通行的在建工程及机械设备，必须设置醒目的红色信号灯，其电源应设在施工现场总电源开关的前侧，并应设置外电线路停止供电时的应急自备电源。

（10）无自然采光的地下大空间施工场所，应编制单项照明用电方案。

二、安全检查要点

（1）室外220V灯具距地面不得低于3m，室内220V灯具距地面不得低于2.5m。

（2）普通灯具与易燃物距离不宜小于300mm；聚光灯、碘钨灯等高热灯具与易燃物距离不宜小于500mm，且不得直接照射易燃物。达不到规定安全距离时，应采取隔热措施。

（3）碘钨灯及钠、铊、铟等金属卤化物灯具的安装高度宜在 3m 以上，灯线应固定在接线柱上，不得靠近灯具表面。

（4）螺口灯头及其接线应符合下列要求：

1）灯头的绝缘外壳无损伤、无漏电。

2）相线接在与中心触头相连的一端，零线接在与螺纹口相连的一端。

（5）暂设工程的照明灯具宜采用拉线开关控制，开关安装位置宜符合下列要求：

1）拉线开关距地面高度为 2~3m，与出入口的水平距离为 0.15~0.2m，拉线的出口向下。

2）其他开关距地面高度为 1.3m，与出入口的水平距离为 0.15~0.2m。

（6）携带式变压器的一次侧电源线应采用橡皮护套或塑料护套铜芯软电缆，中间不得有接头，长度不宜超过 3m，其中绿/黄双色线只可作 PE 线使用，电源插销应有保护触头。

（7）下列特殊场所应使用安全特低电压照明器：

1）隧道、人防工程、高温、有导电灰尘、比较潮湿或灯具离地面高度低于 2.5m 等场所的照明，电源电压不应大于 36V。

2）潮湿和易触及带电体场所的照明，电源电压不得大于 24V。

3）特别潮湿场所、导电良好的地面、锅炉或金属容器内的照明，电源电压不得大于 12V。

（8）使用行灯应符合下列要求：

1）电源电压不大于 36V。

2）灯体与手柄应坚固、绝缘良好并耐热耐潮湿。

3）灯头与灯体结合牢固，灯头无开关。

4）灯泡外部有金属保护网。

5）金属网、反光罩、悬吊挂钩固定在灯具的绝缘部位上。

第四节　防雷和接地接零

一、雷电

1. 雷电及其危害

在电力系统中，雷击是主要的自然灾害之一。雷电可能造成设备或设施的损坏，迫使大规模停电；还可能引起火灾和爆炸，也可能危害人身安全。因此，防雷是保护人民生命财产的一项重要工作。

（1）雷电的形成

雷电是一种大气中的静电放电现象。雷电在形成过程中，某些云积累起正电荷，另一些云积累起负电荷。随着电荷的积累，电压逐渐增高。当雷云带有足够数量的电荷，又互相接近到一定程度时，将发生激烈的放电，出现耀眼的闪光。同时，由于放电时温度高达 2000℃，空气受热急剧膨胀，发出震耳的轰鸣。这就是闪电和雷鸣。由此可见，闪光和雷鸣是雷云急剧放电过程中的物理现象。一方面是发光的效应，同时也伴随着发声的效应，也就是闪电和打雷。闪电的光，有时呈曲折的条形、带形，有时呈珠串形、球形等。因为声音在空气中传播的速度是 340m/s，而光的速度是 3×10^5 km/s，所以在雷电发生的时候，我们总是先看到闪电的光芒，然后才听到雷声。

（2）雷电的破坏作用

在雷云很低，周围又没有带异性电荷的雷云时，就在地面凸出物上感应出异性电荷，造成与地面凸出物之间的放电。这种放电就是通常所说的雷击。这种对地面凸出物的直接雷击叫做直击雷。

除直击雷外，还有雷电感应（或称感应雷）。雷电感应是由于附近落雷时电磁作用的结果，分为静电感应和电磁感应两种。静电感应是由于雷云放电前在地面凸出物的顶部感应了大量异性电荷所致。在雷云与其他部位放电后，凸出物顶部的电荷顿时失去束缚，呈现很高的电压，以极高的速度沿凸出物传播。电磁感应是由于雷击后，巨大的雷电流在周围空间产生迅速变化的强大电磁场所致。这种电磁场能在附近的金属导体上感应出很高的电压。

1）直击雷的破坏作用

① 雷电流的热效应：雷电流的数值是很大的。巨大的雷电流通过导体时，会在极短的时间内，转换成大量的热能，可能造成金属熔化、飞溅而引起火灾或爆炸。如果雷击在可燃物上，更容易引起巨大的火灾。这就是所谓雷电流在热方面的破坏作用。为了预防这方面的危害，防雷导线用钢线时，其截面积应大于 16mm²；用铜线时应大于 6mm²。

② 雷电流的机械效应：雷电的机械破坏力是很大的。可分为电动力和非电动机械力两种。

电动力：电动力是雷电流的电磁作用产生的冲击性机械力。在导线的弯曲部分电动力特别大。若雷电流幅值为 100kA，导线长为 1.5m，导线直径为 5mm 时，则作用于导线上的电动力可达 5.8kN。应该注意，这个力的数值是相当大的，因此，要尽量避免采用直角或锐角的弯曲导线设计。一般金属物体和足够截面积的导体，阻抗很小，就很少见到有被雷电流机械力破坏的痕迹。但有时也发现导体的支持物被连根拔起，或导体被弯曲的。这就是这种电动力造成的事故。

非电动机械力：有些雷击现象，如树木被劈裂，烟囱和墙壁被劈倒等，属于非电动机械力的破坏作用。

非电动机械力的破坏作用包括两种情况：

一种是当雷电直接击中树木、烟囱或建筑物时，由于流过强大的雷电流，瞬时内释放出相当多的能量，内部水分受热汽化，或者分解成氢气、氧气，产生巨大的爆破能力。

另一种是雷电不直接击中对象，而在它们十分邻近的地方产生，它们遭受由于雷电通道形成的"冲击波"破坏。

我们知道，雷电通道的温度高达几千至几万摄氏度，空气受热膨胀，并以超声速度向四周扩散，四周的冷空气被强烈地压缩，形成了"冲击波"。被压缩空气层的外界称"冲击波波前"。"冲击波波前"到达的地方，空气的密度、压力和温度都会突然增加。冲击波过后，该区域内的压力又降到正常的大气压力。随后，压力会降到比大气压力还低。这种突然上升又突然下降的压力会对附近物体产生很强的冲击破坏作用。只要处于雷电通道，其树木、烟囱、建筑设施，甚至人、畜都会受雷电"冲击波"的破坏、伤害，甚至死亡。

③ 防雷装置上的高电位对建筑物设备的反击：根据运用防雷装置的经验，凡是设计正确，合理地安装了防雷装置的建筑物，很少发生雷击事故。但是有些不合理的防雷装置，不但不能保护建筑物，有时甚至使建筑更容易招致雷害事故。

防雷装置接受雷击时，在接闪器、引下线和接地体上，都产生很高的电位。如果防雷装置与建筑物内外的电气设备、电线或其他金属管线的绝缘距离不够，它们之间就会发生放电现象，这种现象称为反击。

发生反击，可能引起电气设备的绝缘被破坏、金属管道被烧穿，甚至引起火灾、爆炸及人身事故。

④ 跨步电压与接触电压的危险：跨步电压和接触电压是容易造成人畜伤亡的两种雷害因素。

A. 跨步电压的危害：当雷电流经地面雷击点或接地体流散入周围土壤时，在它周围形成了电压降落，构成了一定的电位分布。这时如果有人站在接地体附近，由于两脚所处电位不同，跨接一定的电位差，因而就有电流流过人体，通常称距离为 0.8m 时的地面电位差为跨步电压。影响跨步电压的因素很多，如接地体附近的土壤结构、土壤电阻率、电流波形和大小等。土壤电阻率小的地方，接地体周围的电位分布曲线较平滑，跨步电压的数值也较小。反之，土壤电阻大的地方，电位分布曲线的陡度较大，因而跨步电压的数值也较大。但是，不管哪种情况，跨步电压对人都有危险。如果防雷接地不得已埋设在人员活动频繁的地区，就应着重考虑防止跨步电压。

B. 接触电压的危害：当雷电流流经引下线和接地装置时，由于引下线本身和接地装置都有电阻和电抗，因而会产生较高的电压降，这种电压降有时高达几十千伏甚至几百千伏。

这时如果有人或牲畜接触引下线或接地装置，就会发生触电事故。我们称这一电压为接触电压。

必须注意，不仅在引下线和接地装置上会发生接触电压，当某些金属导体和防雷装置连通，或者这些金属体与防雷装置的绝缘距离不够，受到反击时，也会出现接触电压的危害。

2）雷电的二次破坏作用

雷电的二次破坏作用是由于雷电流的强大电场和磁场变化，产生的静电感应和电磁感应造成的。雷电的二次破坏作用能引起火花放电，因此，对易燃和易爆炸的环境特别危险。

3）引入高电位的危害

近代电气化的发展，电气用具如电灯、收音机、电视机等已广泛应用。这些用具与外界联系的架空线路和天线，是雷击时引起高电位的媒介。因此，应注意引入高电位产生的危害，在雷雨时，应暂时关闭上述电器的电压，防止高电流引入对电器具及人体的伤害。

架空线路上产生高电位的原因：

① 遭受直接雷击。架空线路遭受直接雷击的机会是很多的。因为它分布极广，一处遭受雷击，电压波就可沿线路传入用户。一般线路多用木杆，沿木杆放电电压需要 3000～5000kV。因此，沿线路传入屋内的电压极高。这种高电压进入建筑物后，将会引起电气设备的绝缘破坏，发生爆炸和火灾，也可能会伤人。收音机和电视机用的天线，由于它

的天线地位较高，遭受雷击也是常有的，而且往往招致人身伤亡。

② 由于雷击导线的附近产生的感应电压，较直击雷更为频繁。感应电压的数值约为100kV，虽较直击雷低，但对低压配电线路和人身安全有同样的危害。

③ 球雷的危害

球雷大多出现在雷雨天。它是一种紫色或灰红色的发光球形体，直径在10～20cm以上，存在的时间从百分之几秒到几分钟，一般是3～5s。

球雷通常是沿地面滚动或在空气中飘行。它能够通过烟囱、开着的窗户、门和其他缝隙进入室内。它或者无声地消失，或者发生丝丝的声音，或者发生剧烈的爆炸。球雷碰到人畜，会造成严重的烧伤或死亡事故，碰到建筑物也会造成严重的破坏。对于球雷的形成以及防护方法目前还无完善的研究成果。

2. 防雷措施

防雷包括电力系统的防雷和建筑物、构筑物的防雷两部分。电力系统的防雷主要包括发电机、变配电装置的防雷和电力线路的防雷；建筑物和构筑物的防雷分工业与民用两大类。工业与民用又按其危险程度、设施的重要性分别分成几个类型。不同类型的建筑物和构筑物对防雷的要求稍有出入。建筑施工企业，每天接触的都是建筑物或构筑物。因此，重点介绍建筑物的防雷措施以及对防雷装置的安全要求。

（1）防雷装置

避雷针、避雷线、避雷网、避雷带、避雷器都是防雷装置。一个完整的防雷装置包括接闪器、引下线和接地装置。上述针、线、网、带都是接闪器。而避雷器是一种专门的防雷设备。

1）避雷针

避雷针是防止直接雷击的有效办法。它既可用来保护露天变配电装置和电力线路，也可用来保护建筑物和构筑物。应该注意，就其本质而言，避雷针并不是避雷，而是利用其高耸空中的有利地位，把雷电引向自身，承受雷击，把雷电流入大地，从而保护其他设备不受雷击。

2）避雷线

避雷线的功用与避雷针相似，主要用来保护电力线路。这种避雷线称为架空地线。避雷线也可用来保护狭长的设施。

3）避雷网和避雷带

主要用于工业和民用建筑物防护雷击，也作为防止静电感应的安全措施。对于工业建筑物，根据防雷的重要性，可采用6m×6m、6m×10m的网格或适当距离的避雷网。对于民用建筑物，可采用6m×10m的网格。应该注意，不论什么建筑物，对其屋角、屋脊、檐角和屋檐等易受雷击的突出部位都应有适当的接闪器加以防护。

4）避雷器

避雷器有阀型避雷器、管型避雷器和保护间隙之分，主要用来保护电力设备，也用做防止高电压侵入室内的安全措施。避雷器装设在被保护物的引入端。其上端接在线路上，下端接地。正常时，避雷器的间隙保持绝缘状态，不影响系统的运行。当因雷击，有高压波沿线路来时，避雷器间隙击穿而接地，从而强行切断冲击波。当雷电流通过以后，避雷器间隙又恢复绝缘状态，以便系统正常运行。

（2）防雷措施

直击雷可采用避雷针、避雷线、避雷网、避雷带等防雷装置。独立避雷针有单设的接地装置。其接地电阻不得大于 10Ω，如因条件限制，不便装设独立避雷针时，允许将避雷针直接装在建筑物或构筑物上。并允许与电器设备采用共同的接地装置，接地装置宜沿被保护物四周敷设，接地电阻不应超过 10Ω，这时各避雷针之间应用避雷带互相连接。同一建筑物接地引下线不得少于两根，其间距离不得大于 $18\sim30m$。应当注意，如果被保护屋面有排除爆炸性物质的管口时，避雷针应保证足够的保护范围，并高出管口 3m 以上，但如装有阻火器，可直接用管子做接闪器，而不需另设避雷针。

沿建筑物和构筑物屋面装设的避雷网、避雷带或金属屋面除可用做对直击雷的接闪器外，还可作为防止静电感应的安全措施。当然也应该每 $8\sim30m$ 有一处接地，且不得少于两处。为了防止静电感应。其与电器设备的接地装置也是共用的。接地电阻不应大于 $5\sim10\Omega$。

（3）防雷装置的安全要求

接闪器、引下线和接地装置所用的材料应有足够的机械强度，还必须满足耐腐蚀的要求。一般情况下，按照这两个原则选用的材料规格是能够满足雷电流时的动态稳定性和热稳定性的要求的。所谓动态稳定性是考虑雷电流的机械破坏作用；所谓热稳定性是考虑雷电流的热破坏作用。

避雷针宜采用镀锌的圆钢或钢管制成。圆钢直径不宜小于 25mm；钢管直径不宜小于 40mm，钢管壁厚不宜小于 2.75mm。避雷针安装在烟囱上时，考虑到烟气的腐蚀性，所用材料尺寸还必须适当加大。

避雷网和避雷带宜采用镀锌圆钢或扁钢。圆钢最小直径为 8mm；扁钢最小厚度为 4mm，最小截面积为 $48mm^2$；装设在烟囱上时，应采用 12mm 以上的圆钢。

引下线最好也采用镀锌材料，所用圆钢直径不得小于 8mm，扁钢厚度不得小于 4mm，截面积不得小于 $48mm^2$；烟囱上方应采用直径 12mm 的圆钢。

引下线应取最短的途径，要尽量避免弯曲。没有特殊要求时，允许用建筑物和构筑物的金属结构作为引下线，但必须连接可靠。

易受机械损坏的地方，地上 2m 至地下 0.2m 的一段引下线应加以保护。保护材料可用竹管、角钢或钢管。采用角钢或钢管时，应与引下线可靠地连接起来，以减小通过雷电流时的电抗。

防雷接地装置所用材料的最小尺寸应稍大于其他接地装置所用材料的最小尺寸。采用圆钢的最小直径为 10mm；扁钢的最小厚度为 4mm，最小截面积为 $100mm^2$；角钢最小厚度为 4mm；钢管最小壁厚为 3.5mm。

在有腐蚀性的环境中，防雷装置所用材料除做镀锌或涂漆处理外（地下装置不能涂漆），还应加大截面，以防腐蚀和锈蚀。

为了避免跨步电压伤人，独立避雷针不应设立在人经常通行的地方。其与道路的距离不得小于 3m，并尽可能远些。

防雷装置应定期检查，确保安全可靠。10kV 以下的防雷装置每三年应检查一次，但是避雷器应在每年雨季前检查一次，雷雨后，还应注意对防雷保护装置的巡视。

检查防雷装置包括外观检查和测量两方面。外观检查主要检查接闪器、引下线等各部分的连接是否牢固可靠；检查各部分的腐蚀和锈蚀情况，若腐蚀或锈蚀超过 30％时应予以更换。当然，也应当注意各部分安装是否符合规格。对于阀型避雷器，还应检查瓷套有无裂纹、碰伤，密封是否严密，表面是否干净等。测量应检查接地电阻值以及测量阀型避雷器的绝缘电阻、泄漏电流、工频放电电压的大小等项目。

3. 防雷保护

大型市政工程，例如大型桥梁、立交桥、高架道路等施工工地应重视防雷保护。由于施工工地索塔、起重机、井字架、门式架、脚手架突出地面很高，万一遭受雷击，不但对施工人员的生命造成危害，而且容易引起火灾，造成严重的安全事故，因此必须引起充分重视。施工期间，应该注意采取如下防雷措施：

(1) 施工时应按照施工图要求，在施工现场落实防雷接地措施。

(2) 在开始架设构筑物结构骨架时，应按图纸规定，随时将混凝土构造的金属骨架与接地装置连接，防止施工期间遭到雷击使物体或人员遭受伤害。

(3) 应将暴露高空的金属构件及电力电缆外皮与防雷接地装置连接，并把电气设备的铁架及金属外壳连接于接地系统上。

(4) 在构筑物四角和四边竖立起的钢管脚手架上，做数根避雷针并接到接地系统上，针长最小应高出脚手架最高点 1～2m，避雷针之间的间距为 24m。应注意可靠连接、可靠接地，接地电阻应符合设计要求。

(5) 塔式、门式起重机最上端必须装设避雷针，其地上行走钢轨须有专用接地线可靠地接在接地体上。

二、接地和接零

由于绝缘老化、材料变形或工作方法不安全等因素，往往会发生一些意外情况，如设备损坏、短路故障、人畜触电等。为了预防万一，还要针对可能发生的事故，采取设置熔断器、漏电断路器，采用安全特低电压、保护接地、保护接零等简易有效的基本保护措施。

1. 有关接地、接零的一些基本概念和定义

(1) 低压和高压电气设备

电气设备中任何带电部分的交流单相对地电压，不论是在正常或故障接地的情况下，不超过 250V 的，则称为低压电气设备；若超过 250V 的，则称为高压电气设备。蓄电池的直流对地电压，如仅在充电时超过 250V 时，仍属低压电气设备。

接于普通 380/220V 三相四线制交流电力系统的电气设备，当系统中性点直接接地时，属于低压电气设备；当中性点不直接接地时，则属于高压电气设备。这是因为一相发生碰地的情况下，当中性点直接接地时，其他两相的对地电压仍为 220V，而当不直接接地时，会超过 250V 而接近于 380V。

从安全观点看电气设备的电压以 250V 为标准划分为高压和低压，不很恰当。因为，往往给人以错觉，误认为低压是安全的。事实上，250V 电压对人是存在着触电危险的。

(2) 接地装置

电气设备的任何部分与土壤做良好的电气连接，称为接地。与土壤直接接触的金属体或金属体组，称为接地体或接地极。连接接地体与电气设备之间的金属导线，称为接地线。接地线和接地体合称为接地装置。

71

接地线可分为接地干线与接地支线。根据规程规定几个电气设备的接地支线之间不能互相串联。

接地体按其布置方式可分为外行式接地体和环路式接地体。按其形状，则有管形、带形和环形几种基本形式。若按其结构，则有自然接地体和人工接地体之分。用来作为自然接地体的有：上下水的金属管道，与大地有可靠连接的建筑物或构筑物的金属结构；敷设于地下而其数量不少于两根的电缆金属包皮及敷设于地下的各种金属管道，但可燃液体及可燃或易爆炸的气体管道除外。用来作为人工接地体的，一般有钢管、角钢、扁钢和圆钢管钢材。如在有化学腐蚀性的土壤中，则应采用镀锌的上述几种钢材或铜质的接地体。

（3）电气上的"地"和对地电压

当电气设备发生接地短路时，电流则通过接地体向大地做半球形散开。由于半球形的球面积与半径的平方成正比，因此在距接地体越近的地方面积越小，越远的地方越大。而电阻与面积成反比，因而，在距接地体越近的地方电阻越大；距接地体越远的地方电阻越小。试验证明：在距单根接地体或碰地处 20m 以外的地方，呈半球形的球面已经很大，实际已没有什么电阻存在，不再有什么电压降。换句话说，该处的电位已近于零。电位等于零的地方，称为电气上的"地"。若接地体不是单根而由多根组成时，上述 20m 的距离可稍微增大。

电气设备的接地部分，如接地机壳、接地线、接地体等，与大地零电位点之间的电位差，称为接地时的对地电压。

（4）接地短路和接地短路电流

电气设备的带电部分，偶尔与金属构架或直接与大地发生电气连接时；或由于绝缘损坏而与其接地的金属结构部分发生的连接，都称为接地短路。

当发生接地短路时，经接地短路点流入地中的电流，称为接地短路电流或接地电流。

（5）接零

发电机、变压器、电动机和电器的绕组中以及串联电源回路中有一点，它与外部各接线端间的电压绝对值均相等，这一点称为中性点或中点。当中性点接地时，该点称为零点。由中性点引出的导线，称为中性线；由零点引出的导线，则称为零线。与这一中性点相连接，在电气系统中称之为接零。

2. 漏电断路器

在设备或线路发生漏电时，不但会损耗一部分电能，而且会使一些原来不带电的部分（如机壳）带电，从而危及人身安全。为了保证故障漏电情况下人身和电气设备安全，应尽量装置漏电断路器。当设备或线路发生漏电性质的故障时，断路器能迅速切断电源。由于人体属于导电体，所以与地面未做绝缘处理的人员触及带电体时，也会造成线路漏电，也会使一定规格的漏电断路器动作，所以有人把这种漏电断路器又称为触电保安器或漏电保护器。

漏电断路器是根据漏电时在设备或线路上产生的异常电压或电流而使开关动作的，前者称为电压型，后者称为电流型。

（1）电压型漏电断路器

电压型漏电断路器以设备外壳（或配电变压器的中性点）的对地电压的升高量作为动作信号。有些地方将这种漏电断路器接在中性线和大地之间，当人体接触某一相线而触电时，触电电流通过人体、大地、触电断路器、中性线，构成回路。当触电电流通过触电断路器时，动作元件驱动闸刀或电磁开关，切断电源，达到保安的目的。有的触电断路器由起动元件直接驱动开关，称为单级直跳式；有的是通过动作元件间接驱动的，称为两级动作式。起动元件和动作元件一般由继电器构成。图 4-1 是 HDBI 型单极直跳式触电保安器的接线示意图。

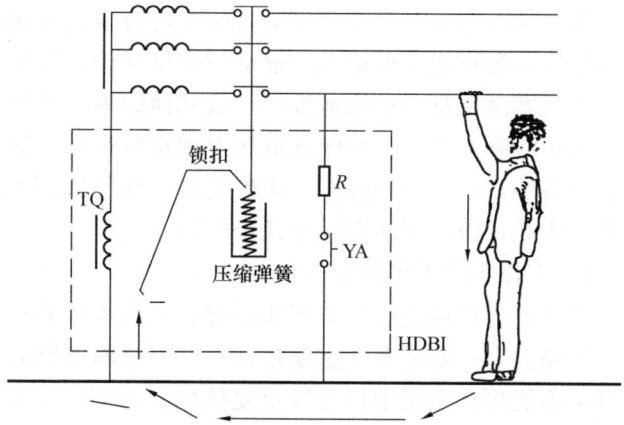

图 4-1　HDBI 型单级直跳式触电保安器接线示意图

脱扣线圈 TQ 是起动元件，兼作动作元件。当人体触及任一相线时，触电电流通过 TQ，如果触电电流大于脱扣线圈的起动电流，就会吸引衔铁，放开销扣，这时压缩弹簧驱动刀闸动作，切断电源。脱扣线圈应该有足够的灵敏度。起动电流应在人体安全电流范围以内，一般小于 15～30mA，动作时间要短于 0.1s。按钮开关 YA 和电阻 R 是为试验保安器的可靠性而设置的。R 的阻值模拟人体电阻，使试验时模拟的触电电流为 15mA。如果按 YA 时，保安器动作，弹开开关，切断电流，就说明这个保安器是良好的。

为防止雷电损坏保安器，必要时在保安器上还装有低压避雷器。

电压型漏电断路器由于误动作频繁，工作性能很不稳定，在国外 20 世纪 60 年代末已基本淘汰。目前，主要是发展电流型漏电断路器。

（2）电流型漏电断路器

电流型漏电断路器以线路上出现的非正常平衡电流为动作信号，利用人体触电时引起的电路内三相电流的不平衡而使漏电断路器动作，如图 4-2 所示。

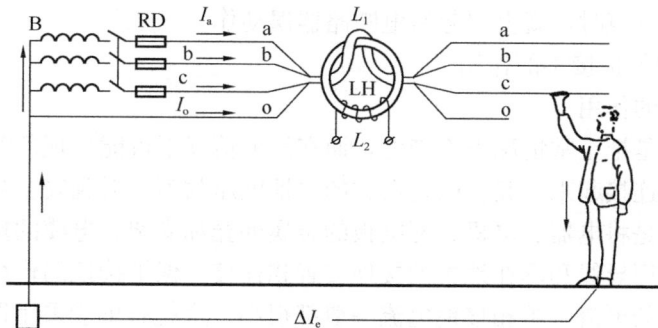

图 4-2　电流型漏电断路器动作原理

此外，电流型漏电断路器还具有管理方便、工作可靠、实际应用效果好等优点，既可以作全系统的总保护又可以分级安装，实现分路、分级保护，还装在中性点直接接地的配电系统上。

（3）漏电断路器安装接线应注意的事项

漏电断路器在保障人身安全，减少设备事故方面起到了一定作用。但是必须指出，漏电断路器一般只能在单相对地触电时提供保护，如果两相触电就不起作用了。其次，如果漏电断路器没有及时正确地维护，或其他原因，也会失灵。因此即使装了漏电断路器，思想上也不能麻痹大意。要保证低压电网正常运行，除了有合格的触电断路器及绝缘良好的用电设备外，还得合理选型、正确安装。在装置漏电断路器前，应对低压电网进行整修、整理。为此，应特别注意以下几个问题：

1）工作零线不得重复接地

中性点直接接地的配电变压器都在工作零线的首端即配电变压器中性点处接地，并在此零线路上有一处或多处重复接地。装漏电断路器后，除了保持在变压器中性点工作接地以外，不能再在系统中将零线重复接地。否则，将有可能使漏电断路器产生误动作。

2）保护支路应有各种的专用零线

分级保护或分支保护的每一分支线路必须有自己的专用零线。两相邻分支线路的零线不能相连，也不能任意就近支接，否则就会造成误动作而无法正常运行。

3）用电设备的接线应正确无误

用电设备应正确无误地连接在同一个保护支线回路内，不能将用电设备同时连接于两个保护支线回路或跨接于漏电断路器的进出线两端。

4）正确装设接地装置

安装漏电断路器和不安装漏电断路器的用电设备不要共用一个接地装置，应该用各自的接地装置，根据现场条件尽可能使两接地体间的距离离得远些。

5）正确装设接地引下线

当有两台配电变压器并列装置时，应该只装设一根共用的接地引下线。

6）单相负荷应尽可能均衡分布

在施工现场临时用电设计时，应该重视三相主干线路上单相负荷的均衡分布，否则会造成干线三相不平衡漏电电流值增大。在触电情况下，三相不平衡漏电电流会造成主干线首端漏电断路器各相动作灵敏度有差异。当三相不平衡漏电电流值增大到等于或大于漏电断路器额定动作电流值时，就会引起漏电断路器误动作。

3. 保护接地和保护接零的作用

（1）保护接地的作用

保护接地，就是把正常情况下不带电，而在故障情况下可能呈现危险的对地电压的金属部分同大地紧密连接起来。其目的是使它的对地电压数值降低到安全数值，以保护人身安全。具体做法就是将电器、电机、配电板的金属外壳和支架、电缆的接线盒，导线、电缆的金属外皮等，用导线和埋在地中的接地装置相连接。保护接地的作用是：降低接触电压和减小流经人体的电流。单相接地电流一般都很小，这就有可能采用保护接地把碰壳设备的对地电压限制在安全电压以下。同时，单相接地短路电流将同时沿着接地体和人体两条通路流过。由于流过每一条通路的电流数值与其电阻的大小成反比，若接地体的电阻愈小，流经人体的电流也愈小。通常人体的电阻比接地体电阻大数百倍，所以流经人体的电流也就比流经接地体的电流小得多。当接地电阻极为微小时，流经人体的电流几乎等于零。因而，人体就能避免触电。

对于中性点绝缘的220V、380V的装置，不管环境条件怎样，都应该在所有生产场所和室外装置中装设接地装置，并将原来和带电部分绝缘的电器、电机、配电板的金属外壳，或支架、导线和电缆的包皮、电缆的接线盒与接地装置连接。

（2）保护接零的作用

保护接零作为技术上的安全措施，其原理与保护接地完全不同。保护接零用于1000V以下三相四线制中性点直接接地电网中的电气设备。其做法是将电气设备在正常情况下不带电的金属部分与系统中的零线相连接。保护接零的目的主要不是降低接触电压和限制流经人体的电流，而是当电气设备发生碰壳或接地短路时，短路电流经零线而成闭合回路，使其变成单相短路故障，较大的单相短路电流将使保护装置准确而迅速动作，切断故障的时间，一般不超过0.1s。切断事故电源，消除隐患，以确保人身的安全。

应当着重指出，在中性点绝缘系统中决不容许采用保护接零措施。因为系统中的任何一相接地或碰壳时，都会使所有接地零线上的电气设备外壳上呈现出近于相电压的对地电压，这对人体是十分危险的。

（3）保护接零系统的零地重复接地的作用

在采用保护接零的情况下，系统中除在中性点做工作接地外，还必须在零线上的一处或多处重行接地，这种接地称为重复接地。重复接地有下列作用：

1）当系统发生零线断线时，可降低断线处后面零线的对地电压，减轻触电危险。在有重复接地时，万一零线断线，在断线后面的电气设备发生碰壳或接地故障时，事故电流经重复接地电阻、工作接地电阻构成回路。因此，电气设备外壳上的对地电压降低。若重复接地电阻等于工作接地电阻时，零线断线处后面的设备外壳上的对地电压就降低了一半，于是故障的程度就减轻了。尽管如此，这一半的电压值，对人体仍然是很不安全的。而一般情况下，重复接地电阻往往大于工作接地电阻，因而设备外壳上的对地电压往往大于一半的数值。因此应该避免零线的断裂现象。在施工时，丝毫也不能放松零线的敷设质量。在运行时，也不能疏忽对零线的检查。

2）当系统中发生碰壳或接地短路时，可以降低零线的对地电压，短路电流大部分通过零线构成回路，小部分电流通过重复接地电阻和工作接地电阻构成回路。后一部分电流在重复接地的接地电阻上的电压降即对地电压仅是零线上电压的一部分，因此降低了零线上的对地电压。

3）当三相负载不平衡而零线又断裂的情况下，能减轻和消除零线上电压的危险。在零线断裂的情况下，如果三相负载不平衡，即使没有发生设备碰壳，零线上也会呈现一定的电压，给人以危险的威胁。重复接地可减轻或消除危险。根据用电规程规定，在中性点直接接地的系统中，三相负载应均匀地分配，由负载不平衡引起的中性线电流一般不得超过变压器额定电流的25％。如果零线完好，由于零线阻抗很小，这25％的不平衡电流只在零线上产生很小的电压降，对人体没有危害；但是，如果零线断裂，断线处后面的零钱可能会呈现数十伏的电压。如果不平衡超过规定，其电压降将会更大，就更增加了触电的危险。在两相停止用电，只一相用电的极端情况下，如果零线断裂，电流将通过该相负载、人体、工作接地电阻构成回路。因为人体电阻较大，所以大部分电压降在人体上，会造成触电危险，若零线或设备上装有重复接地，则设备的对地电压变为重复接地电阻上的电压降。一般重复接地电阻不大，因而其上的电压降只是电源相电压的一小部分，从而减轻或消除了触电的危险。

4. 采用保护接地与保护接零应注意的几个问题

(1) 保护接地与保护接零的适用范围

保护接地与保护接零都是在电气设备上采取的技术安全措施。因其作用原理不同，各适用于不同的供电系统。在1000V以下中性点直接接地的三相四线制供电系统中，必须采用保护接零才能起到安全保护作用；在对地绝缘的中性点不接地供电系统中，采用保护接地作为技术上的安全措施。

(2) 一般市政工程施工现场的用电设备是接入1000V以下变压器中性点接地的三相四线制供电系统。因此，应该采用保护接零，并应重复接地。

1) 变压器接地

一般施工现场采用保护接零的低压系统，变压器低压侧中性点应直接接地，其接地电阻不大于4Ω。

在井下、矿山施工，因为工作环境恶劣，因此安全条件要求较高，一般采用中性点与地绝缘的供电系统。这种系统采用保护接地，变压器中性点应该通过击穿保险器接地，其接地电阻应不大于4Ω。

变压器的金属外壳应该可靠接地，其接地电阻不大于10Ω。

2) 施工用电动机械设备必须采用保护接零和重复接地

在施工现场内，供电体制为中性点接地系统，所有用电设备的金属外壳均应接零，同时还应重复接地，重复接地电阻不应大于10Ω。

3) 移动用电设备应接零

在施工现场使用的电动挖土机、电动空压机等移动式用电设备，除汽车式、挂车式移动电站单独供电者外，电源属于中性点接地系统，其供电电线或架空线上都应有零线，且该零线要与设备外壳做可靠连接。因为连接到设备上的一段电缆经常移动并受到拉力和弯曲，容易损坏，所以这一段电缆中的零线的截面要与相线截面相同。

4) 手持式电动工具在露天作业应接零，在室内作业不接零。在露天的施工现场使用手持电动工具应当特别注意接零。为了接零可靠，应将保护零线与工作零线分开，以避免工作零线容易断裂而酿成事故。在敷设时，保护零线不要单独敷设，而应当与电源线采取共同的防护措施。最好采用带有接零芯线的橡套软线作电源线，其专用芯线作接零线。目前，小型手持式电动工具都采取二次绝缘工艺制作，在保证安全上更得到了提高，所以在室内单相线路（220V）上使用时，通常不再做接零或接地保护。

否则，应设法使人与大地或者使人与手持电动工具的外壳隔绝开。如操作者站在干燥的木板上或者他绝缘垫上操作，戴绝缘手套等。但应注意为了防止机械伤害，禁止戴线手套使用电动工具。

5) 根据国际电工委员会（IEC）推荐的国际标准和国外先进国家的经验，从2005年开始，我国施工现场的临时用电线路采用TN-S系统。现行《施工现场临时用电安全技术规范》JGJ 46—2005中明确：建筑施工现场临时用电工程专用的电源中性点直接接电的220/380V三相四线制低压电力系统，必须符合下列规定：

① 采用三级配电系统；

② 采用TN-S接零保护系统；

③ 采用二级漏电保护系统。

TN-S 线路又称三相五线制，其结线如图 4-3 所示。

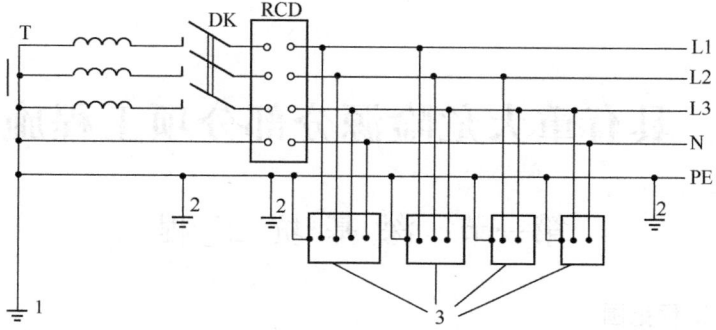

图 4-3　专用变压器供电时 TN-S 接零保护系统示意
1—工作接地；2—PE 线重复接地；3—电气设备金属外壳（正常不带电的外露可导电部分）；
L1、L2、L3—相线；N—工作零线；PE—保护零线；DK—总电源隔离开关；
RCD—总漏电保护器（兼有短路、过载、漏电保护功能断路器）；T—变压器

第五章　具有重大危险源分部分项工程施工安全

第一节　深 基 坑 工 程

一、深基坑工程范围

根据《关于印发<危险性较大的分部分项工程安全管理办法>的通知》(建质〔2009〕87号)有关规定，深度超一定规模的深基坑工程范围为：

(1) 开挖深度超过5m(含5m)的基坑(槽)的土方开挖、支护、降水工程；

(2) 开挖深度虽未超过5m，但地质条件、周围环境和地下管线复杂，或影响毗邻建筑(构筑)物安全的基坑(槽)的土方开挖、支护、降水工程。

二、安全预防措施及控制要点

(1) 对施工方案安全可靠性的评价；

(2) 对人机作业区域的确定以及对参与施工人员安全教育、劳动纪律的要求；

(3) 对安全防护设施的设置、实施、监控、检查的要求；

(4) 明确现场安全责任人，明确参加施工的各类人员的安全职责。

三、安全技术要求

(1) 基坑施工应按照经专家审查，相关责任人批准的安全专项方案。

(2) 深度超过2m的基坑应有符合规定的临边围挡防护。

(3) 坑壁支护或放坡技术措施应与设计方案相一致。

(4) 基坑应设置有效排水措施，坑外降水有防止临近建、构筑物危险沉降的措施。

(5) 坑边荷载(堆土、料具堆放，机械设备作业)与槽边距离符合规定。

(6) 设置符合要求的人员上下专用通道。

(7) 施工机械停放点应安全可靠平稳，作业半径内不得站人。

(8) 有专人负责对基坑支护结构发生位移、变形或透水进行监测。

(9) 垂直作业应有安全隔离防护措施，坑内人员应有安全立足点。

(10) 夜间施工，应保证坑内有足够照明，并加强安全措施。

四、基坑开挖

1. 一般规定

(1) 当机械开挖与人工开挖配合操作时，人员不得进入挖土机械作业半径内，必须进入时，待机械作业停止后，人员方可进行坑底清理、边坡找平等作业。

(2) 基坑周边严禁超堆荷载。软土基坑必须分层均衡开挖，层高不宜超过1m。

(3) 基坑开挖过程中，应采取措施防止碰撞支护结构、工程桩或扰动基底原状土。

(4) 基坑开挖前应做出系统开挖监控方案(重点监控：基坑、维护结构稳定性；支撑稳定性；地基变形；毗邻建筑物；地下水位变化等)，监控方案应包括监测目的、监测项目、监控报警值、监测方法及精度要求、监测点布置、监测周期、工序管理和记录制度以及信息反馈系统等。

（5）发生异常情况时，应停止挖土，立即查清原因和采取安全保障措施后，方能继续挖土。

（6）坑界周围地面应设排水沟，且应避免漏水、渗水进入坑内；放坡开挖时，应对坡顶、坡面、坡脚采取降排水措施。

（7）基坑开挖至坑底标高后坑底应及时封闭并进行基础工程施工。

（8）监测点的布置应满足监控要求，从基坑边缘以外1～2倍开挖深度范围内的需要保护物体均应作为监控对象。

2．挖土时的安全措施

（1）人工开挖时，两个人的操作间距应保持在2～3m，并应自上而下逐层挖掘，严禁采用掏洞的挖掘操作方法。

（2）挖土时要随时注意土壁的变异情况，如发生有裂纹或部分坍落现象，要及时进行支撑或改缓放坡，并注意支撑的稳固和边坡的变化。

（3）上下坑沟应先挖好阶梯或设好木梯，不得踩踏土壁及其支撑上下。

（4）用挖土机施工时，挖土机的作业范围内，不得进行其他作业；且至少保留0.3m厚不挖，最后由人工修挖至设计标高。

（5）在坑边堆弃土、材料和移动施工机械，应与坑边保持一定距离；当土质良好时，要距坑边0.8m以外，堆放高度不能超过1.5m。

3．坑槽安全支护

（1）一般规定

1）必须严格遵守先支撑后开挖的原则。

2）钢结构支撑构件在已承载的情况下，严禁进行焊接。

3）施工过程中必须保证支护设施的完好。

4）支撑拆除前应在主体结构与支护结构之间设置可靠的换撑传力构件或回填夯实。

（2）支撑体系安全施工

1）支撑结构的安装与拆除顺序，应与基坑支护结构的设计计算工况相一致。

2）支撑梁、柱穿过主体结构底板或外侧板壁部位，应采用止水构造措施。

3）钢支撑的端头与冠梁或腰梁的连接应符合设计的要求。

4）钢支撑预加压力的施工应符合设计的要求：

① 支撑安装完毕后，应及时检查各节点的连接状况，经确认符合要求后方可施加预压力，预压力的施加应在支撑的两端同步对称进行。

② 预压力应分级施加，重复进行，加至设计值时，应再次检查各连接点的情况，必要时应对节点进行加固，待额定压力稳定后锁定。

4．上下通道与作业环境

（1）基坑施工作业人员上下必须设置专用安全通道。

（2）人员专用安全通道应符合救护要求。

（3）人员作业场所必须符合安全作业要求，基坑内应排除积水。

（4）交叉作业或多层作业上下应设置隔离层和安全警示标牌。

第二节　模板工程及支撑体系

一、模板工程及支撑体系范围

根据《关于印发〈危险性较大的分部分项工程安全管理办法〉的通知》（建质［2009］87号）有关规定，危险性较大的模板工程及支撑体系范围为：

（1）工具式模板工程：包括滑模、爬模、飞模工程。

（2）混凝土模板支撑工程：搭设高度8m及以上；搭设跨度18m及以上，施工总荷载15kN/m² 及以上；集中线荷载20kN/m² 及以上。

（3）承重支撑体系：用于钢结构安装等满堂支撑体系，承受单点集中荷载700kg以上。

二、支模架施工安全

（1）支模架施工应编制安全专项方案，经相关人员审查批准后，方可实施。

（2）支模架搭设与拆除必须由专业人员持证上岗进行。

（3）模板宜采用钢质材料，内外模应采用钢制骨架支承，并用环形钢箍和内撑固定牢固。模板、支承骨架、钢箍、内撑等模板及其支承系统的结构应按照浇筑中混凝土的侧压力经计算确定。

（4）模板及其支承系统搭设完成后，必须进行检查、验收，确认合格，并形成文字记录。在使用周期内应随时进行检查，确认稳固。

发现异常应立即停止混凝土浇筑，及时处理；遇坍塌征兆必须立即停止作业，撤出人员至安全区域，并及时处理。

（5）混凝土浇筑应分层进行，每层高度以3m为宜。

（6）插入式混凝土振动器应由专人使用。使用人员应经安全技术培训，考核合格。

（7）插入式混凝土振动器的电缆线必须由电工引接与拆卸。使用前应经安全检测。使用中应保护电缆线，发现破损，必须立即停止作业，由电工进行处理。

（8）浇筑的混凝土达到设计规定的强度后，方可拆除模板。

三、模板施工安全

1. 大模板和预制构件的安全存放

（1）大模板和预制构件，应按施工组织设计的规定分区堆放，各区之间保持一定距离。存放场地必须平整夯实，不得存放在松土和坑洼不平的地方。

（2）大模板存放，必须将地脚螺栓提上去，使自稳角成70°～80°，下部应垫通长方木。长期存放的大模板，应用拉杆连接、绑牢。

（3）没有支撑或自稳角不足的大模板，要存放在专用的堆放架内或卧倒平放，不应靠在其他模板或构件上。

（4）现场搭设的堆放架，立杆埋入地下应不少于500mm，立杆中间要绑扎剪刀撑，上下水平拉杆、支撑和方垫木必须绑扎成整体，稳定牢固。

2. 大模板安装和拆除

（1）安装和拆除大模板，吊车司机与安装人员应经常检查索具，密切配合，做到稳起、稳落、稳就位，防止大模板大幅度摆动，碰撞其他物体，造成倒塌事故。

（2）模板安装和拆除时，指挥、挂钩和安装人员应经常检查吊环，对筒模要预先调整好重心。起吊时应用卡环和安全吊钩，不得斜牵起吊。严禁作业人员站立模板起落。

（3）大模板安装时，应先内后外对号就位。单面模板就位后，用钢筋三角支架插入板面螺栓眼上支撑牢固。双面模板就位后，用拉杆和螺栓固定。未就位固定前不得脱钩。

（4）大型模板拆除时，应先拆内外模拉紧螺栓和铁件等，并使模板面与混凝土构造面脱离，方可慢速起吊。

（5）拆模时操作人员应选位站在安全位置，有足够的操作面及避让处，不得站在正在拆除模板的支撑上操作。多人协同拆模时要有统一指挥。

（6）拆除模板不要硬撬、硬砸或强力振敲，禁止采取大面积同时撬落或整体拉倒模板的方法。对明显已松动的模板，拆除其支撑时要防止模板自行脱落、倾倒，造成伤害事故发生。

（7）拆模中途间歇时，要注意将已拆活动的模板、撬杠、支撑件妥善处理，防止因人员扶空、踩空而发生坠落或被物击伤事故。

（8）拆下的模板材料应及时清理，对木模上的钉子应及时处理或暂时将钉头朝下放置，以免人员被钉子扎伤。

（9）对混凝土构造上的较大预留孔洞，在拆模后必须随即进行覆盖或加栏围护。

第三节　起重吊装施工安全

一、基本要求

（1）起重吊装施工必须编制吊装专项安全施工方案，以供正确选择起重机械、吊索具和吊装方法；对于环境因素复杂、风险较大的大型构件等吊装作业，应组织专家论证，经修编后的专项方案得到企业总工程师和施工现场总监理工程师批准，方可实施。

（2）起重机械应具备有效的检测检验报告及合格证、使用说明书等技术文件。现场安装后，应经起重设备安全管理部门验收合格，方可使用。

（3）起重机械司机、指挥及司索人员必须持有效的特种操作上岗证上岗。

（4）起重吊装作业前，应有现场安全责任人对作业人员进行安全技术、操作规程及工作环境、气象、邻近架空线路、地下管线、建筑物、树木等综合情况和保护措施进行书面交底。起重机械作业区的地基承载力应符合说明书的要求；起重吊装作业所用的吊具、索具、脚手架等必须经相关人员检验合格，方可投入使用。

（5）吊装作业的区域，必须设置有效的隔离和警戒标志。涉及交通安全的起重吊装作业，应及时与交通管理部门联系，办理有关手续，并按交通管理部门的要求落实好具体安全措施。超重吊装作业的全过程，必须设专职人员进行安全监控。

（6）起重臂和被吊起的重物下面严禁有人停留或行走。钢筋、型钢、管材等细长和多根物件必须捆扎牢固，宜采取多点起吊法进行吊装。

（7）一地多机进行吊装作业时，应保证所吊重物之间距离不小于3m。

（8）在同一轨道上多机吊装作业时，无安全措施则不准吊装；钢架、大梁等吊物上站人则不准吊装；遇六级及以上强风则不准吊装；雨天不准进行吊装；斜拉重物或荷载超过机械允许值不准吊装。

二、吊装作业

（1）起重设备进行首次吊装作业时，必须按规定进行试吊，经检验符合安全要求后，方可进行正式作业。吊索与物件棱角之间应加保护垫层。

（2）高处起重吊装作业，必须设置供作业人员安全上下的登高设施以及供作业人员使用的操作平台，以及高空作业人员安全带能可靠悬挂保险钩的安全设施。

（3）起重吊装指挥人员作业时应与操作人员密切配合，执行规定的指挥信号；操作人员应按照指挥人员的信号进行作业，当信号不清或错误时，操作人员可拒绝执行。操纵室远离地面的起重机械，在指挥发生困难时，地面及作业层的指挥人员与司机应采用对讲机等通信设备进行指挥联络。

（4）悬空吊装的首件或单独的梁体等预制构件，司索人员必须站在操作平台上操作。在无法建立安全防护设施的特殊情况下，高空作业人员必须系好安全带，并扣好保险钩，或加设安全网。

（5）钢结构物的吊装，构件应尽可能在地面组装，尽可能整体就位。重物吊运时严禁从起重机驾驶室上方通过；严禁用起重机载运人员上下。

（6）起重机械的工作地基，必须按施工组织设计要求进行加固处理，达到设计要求。履带式起重机正常作业时，其坡度不得大于3°。起重机械应与基坑、沟渠保持安全距离。汽车、轮胎式起重机在作业前，必须全部伸出支腿，并在撑脚板下垫方木，支腿的定位销必须插上，调整机体时回转支承面的倾斜度在无荷载时不大于1/1000。底盘为弹性悬挂的起重机，放支腿前必须先收紧稳定器，作业中严禁扳动支腿操纵阀，调整支腿必须在无荷载时进行，并将起重臂转至正前或正后方再进行调整。

（7）起重机械的变幅指示、力矩限制器、起重量限制器以及各种行程限位开关等安全保护装置，应完好齐全、灵敏可靠，不得随意调整或拆卸，严禁利用限制器和限位装置代替操纵机构。

（8）采取二点法吊装时，吊索与吊装物件之间夹角宜采用45°~60°，且不得小于30°。

（9）严禁起吊重物长时间悬挂在空中，作业中若遇突发故障，应立即采取措施使重物降落到安全的地方，下降中严禁制动，在关闭发动机或切断电源后进行维修；在突然停电时，应立即把所有控制器拨到零位，并采取措施将重物降到地面。

第四节　盾构进出洞施工

盾构进出洞，指的是盾构机始发及达到工作井的关键节点工序，由于破除工作井洞门时，井外土压力、地下水等客观因素的影响，使得盾构进出洞成为盾构施工中存在较大风险的关键工序。

一、过程控制要点

（1）进入施工现场严格执行国家强制性标准，必须遵守有关安全生产的单项法规《中华人民共和国建筑法》，以及国家《建筑施工安全检查标准》。

（2）防止高压注浆管爆管喷浆伤人。

（3）切实做好管片拼装过程中的安全预防工作。

（4）在凿除洞门前，对凿除洞门的施工人员进行安全交底工作，严格按国家强制性标准搭设脚手架；在洞门凿除过程中杜绝安全事故隐患，确保人身安全。

（5）洞门的凿除要保证始发段加固土体具有设计的强度后进行，避免发生洞口土体塌方现象，保证安全。

（6）在施工过程中，吊运大型的机械设备、重物时配备相应的起重索具，严格禁止人员在下部交错作业。

（7）及时处理流失于地面的浆液，保持施工场地整洁。

（8）专职安全员在始发时进行全过程监控、指令人员站位安全可靠，防止物体打击及人员高空坠落，督促各安全措施落实情况，按施工技术方案实施，做好配合工作。

二、始发

1. 盾构机始发

当盾构安装、调试结束并一切正常后，进入始发掘进状态。即洞门混凝土凿除后及时推进盾构，盾构推进前，要严格检查在土仓内是否有大的混凝土块，若有要及时清理，避免卡在螺旋输送机内。为避免刀盘上的刀头损坏洞口密封装置，在刀头和密封装置上涂抹黄油以减少摩擦力。盾尾钢刷中必需充满盾尾油脂。始发过程加强观察止水装置密封效果，以防止土体从间隙中过渡流失而造成地面的沉降。

（1）盾构始发前，需检查核实各电缆、电线及管路的连接是否留有足够的供盾构机前进需要的裕量；人员组织及机具设备配备是否到位等。检查基座、反力架、洞口密封是否满足设计要求。

（2）盾构推进前，为了减小盾构机的推进阻力，在盾构的基座轨道上涂抹黄油，为避免刀盘上刀具进洞门时损坏洞门密封装置，在刀盘和刀具上涂抹黄油。

（3）为了防止始发初期从洞门预埋注浆管处注浆时浆液进入同步注浆的管路内，在注浆前需将同步注浆管路出口处用盾尾油脂加以密封。

（4）防止盾构机旋转的措施

1）在盾构机的两侧焊两组防转块，盾构中体和盾尾各一组。防转块应能承受盾构机的扭矩并能将扭矩传递给盾构基座。当盾构机推进至防转块距洞门密封 500mm 左右时，必须割除防转块，并将割除面打磨光滑。

2）减少刀盘的设定扭矩，使其值不超过最大扭矩的 40%。

（5）盾构始发姿态人工测量

始发前的负环管片拼装好并定位后，刀盘到达洞门位置里程，始发推进前必须进行盾构姿态复测，以确定盾构的平面位置、高程以及盾构中心轴线的坡度，盾构的高程与设计高程的差值应小于 ±5mm，平面位置与设计的差值应小于 ±10mm，坡度误差应小于 2%。

（6）盾构机在加固区内需注意推进参数控制，防止盾构机卡死、洞门密封及盾尾刷破坏。

2. 施工参数控制

（1）加固区内推进

正面平衡压力：$P = k_0 \gamma h + \rho_水 g h$

式中　P——平衡压力（静止土压力＋水压力）；

　　　γ——土体的平均浮重度；

　　　h——隧道埋深（m）；

k_0——土的侧向静止平衡压力系数，根据 SG2-5 经验系数初定为 0.4，实际施工中根据地面沉降进行调整。

盾构在掘进施工中参照以上方法来取得平衡压力的初始设定值。具体施工设定值根据盾构埋深、所在位置的土层状况以及监测数据进行动态调整。

盾构处于加固区域时，正面的土质较硬，为控制推进轴线、保护刀盘，在这段区域施工时，平衡压力设定值应略低于理论值，推进时，根据盾构推力及地面监测情况等相关参数作微调。推进速度不宜过快，须充分磨削始发处加固土体，使加固区土体得到充分切削。

（2）加固区后推进

盾构出加固区后，为防止正面土质变化而造成盾构突然"低头"，依据上述正面平衡土压力设置方法计算，将平衡压力值设定略高于理论值，推进时并按工况条件及时调整平衡压力的值，根据地层变形量等信息反馈对平衡压力设定值、推进速度等施工参数作及时调整，以便盾构顺利出洞。

盾构出加固区后，为了更好地掌握盾构的各类参数。将盾构始发段 100m 作为盾构推进试验段，此段施工时应注意对推进参数的设定，地面变形与施工参数之间的关系，并对推进时的各项技术数据进行采集、统计、分析，争取在较短时间内掌握盾构机械设备的操作性能，确定盾构推进的施工参数设定范围。此阶段施工重点要求做好以下的几项工作：

1）用最短的时间掌握盾构机的操作方法、机械性能，改进盾构的不完善部分。

2）了解和认识隧道穿越的土层的地质条件，掌握这种地质下的土压平衡式盾构的施工方法。

3）通过本段施工，加强对地面变形情况的监测分析，掌握盾构推进参数及同步注浆的量。

4）当推进至 20 环时，利用管片注浆孔，进行洞门注浆，一方面防止洞口漏水，另一方面为将来洞门密封创造条件。

在试推段推进期间，在确保盾构正面沉降控制良好的情况下，尽可能保证盾构匀速通过，减少盾构纠偏量和纠偏次数，以便控制盾构姿态良好。

3. 推进出土量控制

每环理论出土量＝$\pi/4 \times D^2 \times L$。

盾构推进出土量控制在 98%～100% 之间。

出土时，要注意推进速度和出土量相匹配，避免因超挖或欠挖，引起地面的较大隆沉。

4. 推进速度

加固区内的推进速度应控制在 1cm/min 以内。

正常推进时速度宜控制在 2～4cm/min 之间。

特殊区段，可根据监测数据适当加快或放慢推进速度。

5. 管片拼装

隧道衬砌由六块预制钢筋混凝土管片拼装而成，成环形式为小封顶纵向全插入式。在管片拼装过程中严格把握好衬砌环面的平整度、环面的超前量以及椭圆度等的控制。根据高程和平面的测量报表和管片间隙，及时调整管片拼装的姿态。

管片拼装控制要点：

（1）严格控制环面平整度：自负环做起，且逐环检查，每块管片不能凸出相邻管片的环面，以免邻接块接缝处管片碎裂。

（2）环面超前量控制：施工中经常检测管片圆环环面与隧道设计轴线的垂直度，当管片超前量超过控制量时，使用楔子给予纠正，从而保证管片环面与隧道设计轴线的垂直。

（3）相邻环高差控制：相邻环高差量的大小直接影响到建成隧道轴线的质量及隧道有效断面，因此必须严格控制环高差不超出允许范围内。

（4）隧道椭圆度控制：每环拼装时，及时测量隧道椭圆度，不合格的及时纠正，直到椭圆度达到要求后再进行下一环的推进。

（5）在拼装之前清除盾尾拼装部位的垃圾，并检查管片的型号、外观及密封材料的粘贴情况，如有损坏，必须修复才可拼装。第一块定位管片的拼装质量将直接影响整环管片拼装质量及其与盾构的相对位置，除保证其与前环管片无踏步、居中拼装等一般要求外，还应保证其与隧道轴线的垂直度。

（6）千斤顶按拼装管片的顺序相应缩回，拼装好后及时靠拢千斤顶，防止盾构后退。拼装结束后，伸出全部千斤顶并控制到所需的顶力，再进行下一管片的拼装，这样逐块完成每环的拼装，防止盾构姿态发生突变。

（7）纵、环向螺栓连接成环管片均有纵、环向螺栓连接，其连接的紧密度将直接影响到隧道的整体性能和质量。因此在每环衬砌拼装结束后及时拧紧连接衬砌的纵、环向螺栓；在推进下一环时，应在千斤顶顶力的作用下，复紧纵向螺栓；当成环管片推出车架后，再次复紧纵、环向螺栓。

6. 盾尾油脂压注

在拼装负环前，盾尾钢刷中必需填充满手涂型盾尾油脂。在盾构推进过程中，采用均匀压注盾尾油脂的方式，以确保盾尾的始终良好密封性，防止盾尾渗漏现象。盾构机盾尾油脂的压注是特别重要的一项工序。

7. 盾构纠偏控制

在盾构施工中根据不同土质、覆土厚度和不同曲率的曲线段，配合地面监测信息的分析，结合推力、推进速度和出土量三者的相互关系，保持推进坡度相对的平稳，控制一次纠偏的量，减少对土体的扰动。同时根据推进速度、出土量和地层变形的监测数据，及时调整注浆量，从而将轴线和地层变形控制在施工规范允许的范围内。

8. 平面控制（左右方向）

对于平面控制，通过调控左右两区域的区域油压控制左侧或右侧盾构千斤顶推出的行程差进行控制。

9. 高程控制（上下方向）

对于高程控制，通过调控上下区域的区域油压控制上侧或下侧盾构千斤顶推出的行程差。

10. 施工中为防止发生较大偏差需采取的措施

（1）合理控制区域油压

盾构的轴线控制是盾构施工中的一个重要环节，盾构依靠千斤顶的推力向前推进。为便于轴线控制，将千斤顶设置分成不同区域，推进时通过调整区域油压，实现盾构沿设计轴线方向推进。

在切口平衡压力正确设定的前提下，严格控制各区域油压，同时控制千斤顶的行程，合理纠偏，做到勤纠，减小单次纠偏量。

（2）正面平衡压力控制

由于地质条件、地面附加载荷等诸多因素不同的制约，将导致刀盘前方土压力有所差异，为此需及时调整和管理。

（3）均衡施工

盾构推进应尽可能做到连续性，减少不必要的停顿，以防止盾构下沉。

盾构始发时，一定要控制好盾构姿态，要勤测量，做足管片楔形量。防止盾构过度偏离隧道轴线和管片碎裂。

11. 同步注浆和二次注浆

盾构推进中的同步注浆是充填土体与管片圆环间的建筑间隙和减少后期变形的主要手段，也是盾构推进施工中的一道重要工序。浆液压注做到及时、均匀、足量，确保其建筑空隙得以及时和足量的充填，将地表变形和管片偏移控制到最小，并防止管片接缝渗漏水。同步浆液可以迅速、均匀地填充到盾尾间隙的各个部位，使施工对土体扰动减少到最小。

压浆量和压浆点视压浆时的压力值和地层变形监测数据而定。

当盾构推进至5环时，进行同步注浆施工。此时离洞门仍较近，为防止注浆击穿洞门密封装置，注浆量应适当减少。注浆时，派专人对洞门密封装置进行观测，避免因压浆击穿而发生渗水涌砂等。

同步注浆采用的浆液材料主要有粉煤灰、砂和膨润土等。

浆液主要性能指标：

胶凝时间：一般为3～10h，根据地层条件和掘进速度，通过现场试验加入促凝剂及变更配合比来调整胶凝时间。对于强透水地层和需要注浆提供较高的早期强度的地段，可通过现场试验进一步调整配合比和加入早强剂，进一步缩短胶凝时间，获得早期强度，保证良好的注浆效果。

推进过程中，根据地面监测情况，若有必要可采取壁后二次注浆进行补压浆，压浆量的控制根据变形信息确定。

压浆属一道重要工序，施工中指派专人负责，对压入位置、压入量、压力值做好详细记录，并根据地层变形监测信息及时调整，确保压浆工序的施工质量。

对隧道内运输车以及地面上的拌浆系统定期进行清洗，清洗时间基本控制在每班一次。由于盾构工作面的注浆管路清洗等原因将形成一定的废浆，对工作环境造成污染，所以利用土箱及时外运。

三、盾构到达

1. 技术交底、施工准备

在盾构进洞前，对参加施工的全体人员进行详细的技术交底，使施工人员全面了解施工中将可能出现的各个工程特点，并努力提高施工人员的质量和安全意识。

施工所必需的材料、设备、机具等提前准备到位，以满足本阶段施工要求，管片、连接件、洞门封堵、注浆等材料准备有足够的余量。

2. 测量放样

盾构进洞前复核盾构所处的方位，复核成果确认盾构的当前姿态、评估盾构进洞时的姿态和拟订盾构进洞段的施工轴线、推进坡度的控制值和施工方案等的重要依据，须确保盾构在此阶段的施工中始终能够按照预定的方案实施，以良好的姿态进洞，并准确就位在盾构接收基座上。

上、下行线盾构进洞时处于 0 坡段，由于盾构在加固区中很难进行纠偏，因此必须保证盾构以良好的姿态进入加固区。在进洞洞门复测完成之前，盾构应与接收井保持一定的距离，以保证盾构能顺利调整姿态，开始进洞段施工。在接收井移交后立即对两个洞门中心坐标进行复测。

在进洞段施工之前须做好接收井周围监测点的跟踪监测和记录工作。

3. 基座安装、调试

基座根据进洞洞门的复测结果就位，就位后从四面进行支撑，确保施工过程盾构基座不产生位移及变形。

基座安放过程中，由测量人员对基座轨道的标高和走向进行精确放样。盾构进洞时轴线平面为直线，设计坡度为 0‰，基座放置坡度为平坡，为防止刀盘面因偏低而铲到轨道，在基座轨道端部与洞圈之间放置两根有一定坡度的楔形轨道，轨道面尽量平直，并在上面涂抹适量油脂，便于盾构顺利滑到基座轨道上。基座轨面标高按设计标高放样。

4. 洞门凿除

在进洞凿除钢筋混凝土前，需对地基加固情况进行垂直取芯检测。加固强度需达到设计要求。同时在洞门上，开 9 个水平探孔（米字形）观察，样洞无泥砂流出等异常现象发生，确保万无一失后，方可破除洞门，破除前将各水平探孔安装注浆球阀（图 5-1）。

整个作业过程中，由专职安全员进行全过程监督，杜绝安全事故隐患，确保人身安全。洞门凿除过程中，须采取措施对洞门止水装置进行保护。

当盾构逐渐靠近洞门时，首先在洞门中心（相应盾构鼻尖）位置，凿除鼻尖范围内混凝土，以及在上、下、左、右开设 4 个观察孔。然后，将盾构机靠上井壁，观察盾构鼻尖位置，并根据盾构中心与注浆管的几何关系，确定注浆管位置，进行洞门混凝土及洞圈的凿除工作。并且可以通过观察孔，加强对其变形和土体的观测，并控制好推进时的平衡压力值。

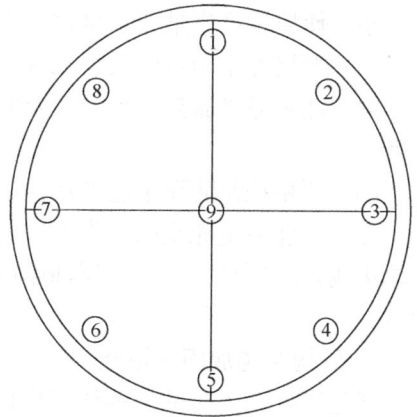

图 5-1　水平探孔开设样图

洞门凿除过程中，对成环管片连接件进行复紧，确保管片连接紧密，防止盾构进洞过程中隧道的变形。

5. 洞门圈封堵

用 3mm 花纹钢板沿着洞圈制作一道弧形挡泥板，钢板沿径向宽度为 25cm，并用三角筋板支撑牢固；位于基座轨道之间的 60°范围内弧形板采用 10mm 厚钢板，径向根据现场情况加工，焊接高度与盾构壳体接触为宜（内层钢筋剥除前焊接完成）。在盾构注浆管位置留出 30cm 左右空挡，利于盾构进洞。弧形钢板作用是：

（1）缩小盾壳与洞圈间隙，盾构进入洞圈时，弧形钢板可以少量变形，从而箍紧盾壳，有效防止水土流失。

（2）可以向盾壳与弧形钢板之间的间隙内塞填海绵等。

（3）有一个稳定的后靠使塞进去的堵塞物不至于在压力下跑出来。弧形板加工时必须根据盾构进洞前的轴线偏差值与洞门中心偏差值来计算洞圈内不同角度范围弧形板的径向宽度，尽量使弧形板内圆心与盾构切口面圆心相重合，以便弧形板能均匀箍紧盾壳。

6. 盾构参数控制

（1）严格控制盾构正面平衡压力

进洞段盾构施工过程中严格控制切口平衡土压力，尽量减少平衡压力的波动。实际施工过程中根据地面监测情况及时加以调整。进入加固区后逐步减小土仓压力。

（2）严格控制盾构的推进速度

盾构进洞段施工时，应尽量做到均衡施工，减少对周围土体的扰动，避免在途中有较长时间耽搁。

（3）严格控制盾构姿态

在确保盾构正面沉降控制良好的情况下，使盾构均衡匀速施工，盾构姿态变化不可过大。每环检查管片的超前量，推进时不急纠、不猛纠，多注意观察管片与盾壳的间隙，采用稳坡法推进，以减少盾构施工对地面的影响。根据洞门复测的结果，及时对轴线偏差进行调整，使盾构推进轴线尽量接近设计轴线。

（4）严格控制同步注浆、二次注浆

同步注浆务必做到要均匀、及时、足量压注。二次注浆量和注浆位置根据施工具体情况确定。

（5）严格控制盾尾油脂的压注

在同步注浆量充足的前提下，盾构机的盾尾密封功能就显得特别重要。为了顺利、安全地进洞，必须切实做好盾尾油脂的压注工作。每班上班时保证储桶内有充足的油脂，勤检查。

7. 盾构穿越加固区措施

通过实际施工时的里程核算出切口开始进入加固区的具体环数，此时放慢推进速度，以控制刀盘油压和推进油压在正常范围内。

（1）控制好刀盘油压和盾构总推力不得过大，以防止洞门混凝土裂缝。

（2）适当降低刀盘转速，土压力逐渐降低。

（3）盾构在穿越加固区时，要密切注意刀盘油压、螺旋机油压等参数，可根据现场情况酌情加水或加泥来改良正面土体。

（4）安排专人密切观察洞门变形和水土流失情况，加快信息反馈速度，如有异常情况立即停止推进，采取相应对策。

8. 盾构靠上洞门

按照实际测量的结果，准确计算盾构靠上连续墙的时机，并控制好推进时平衡压力值，在盾构切口距封门50cm左右时，尽可能出空平衡仓内的泥土使切口正面的平衡压力降到最低值，同时通过中盾应急孔压注聚氨酯，以确保混凝土封门凿除的施工安全。凿除必须做到快速施工，以减少盾构在加固区内的停留时间。

9. 盾构进洞

洞门混凝土清除完成和洞圈内清理干净后，盾构应尽快推进并拼装管片，尽量缩短盾构进洞时间。在进洞过程中，在盾尾进入加固区之前都要进行同步注浆。

第五节 联络通道施工

（以较为常见的冷冻加固法施工联络通道为例）

一、联络通道主要施工顺序

联络通道施工可分为冻结孔施工、冻结施工和开挖构筑施工三个主要部分，具体的施工顺序安排如图5-2所示。

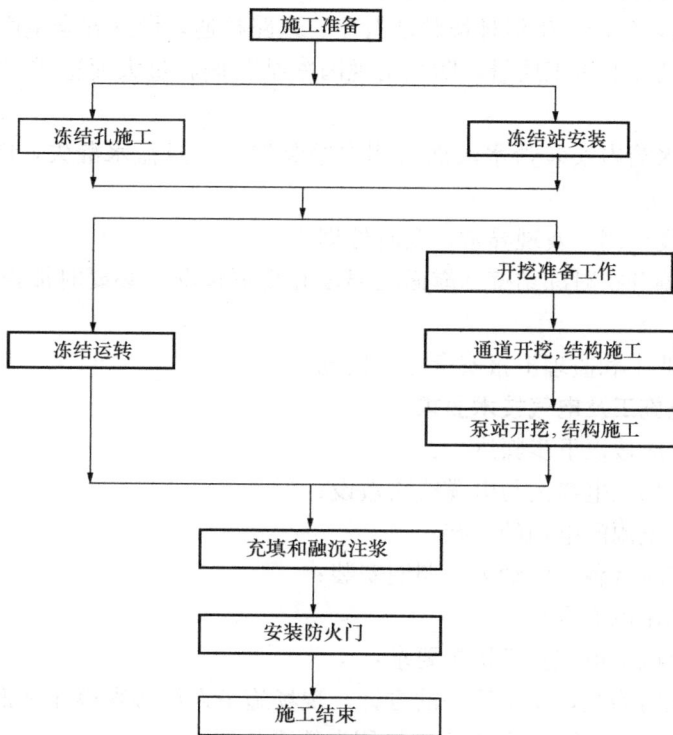

图 5-2 联络通道的施工顺序

二、安全保证体系

（1）严格遵守工程建设安全生产管理的有关规定，贯彻执行国家安全生产、劳动保护方面的方针、政策和法规，监理总部的指示和决定。

（2）建立健全项目安全生产保证体系，建立和实施安全生产责任制。项目经理是安全第一责任人，主管施工生产的项目副经理是安全生产直接责任人，项目经理部的技术负责人对劳动保护和安全生产的技术工作负责。工程项目经理部设立安全领导小组，各班组设有安全员，各作业点应有安全监督岗。工程项目经理部建立具体的安全责任制，并将安全生产责任制层层落实。

（3）组织冻结项目施工的安全教育和技术培训考核。对管理人员和施工操作人员，按其各自的安全职责范围进行教育，并建立安全生产奖惩制度，认真落实。

（4）编制和呈报安全计划、安全技术方案和安全措施，并认真贯彻落实。

（5）确保必需的安全投入。购置必备的劳动保护用品、安全设备及设施齐备，完全满足安全生产的需要。

（6）积极做好安全生产检查，发现事故隐患，要及时整改。

（7）工程施工中如发生死亡事故或其他恶性事故，应立即组织人员抢救伤员，保护现场，向主管上级、驻地监理及监理总部报告。严肃处理事故，提出预防事故重复发生和防止事故危害复延的有效措施。

（8）特殊工种作业人员如电工、电焊工必须持证上岗，进行专业技术交底。特种作业必须严格执行各种安全技术操作规程，确保安全施工。

（9）强化生产指挥系统，做到分工明确，调度指挥有力，工序衔接顺畅，设备维护完好，材料验放井然，生产、生活环境整洁有序，道路畅通，做到安全生产和文明施工。

（10）确保冻结孔的施工质量，防止出现因冻结孔偏斜过大而造成冻结壁不交圈的事故隐患。

（11）低温盐水箱内安装盐水液面监测报警装置，一旦盐水漏失，能立即自动报警，保护冷冻机组的安全。

（12）通过温度监测，发现异常，及时处理。

（13）严密监测开挖时冻结壁暴露面的温度和变形情况。必要时加强冻结，并尽快完成结构施工。

（14）及时向业主和监理汇报安全施工情况。

三、供电系统施工及电气技术要求

供电系统施工应按以下步骤进行：

第一步：施工场区电缆沟与电缆线路敷设；

第二步：进户电源配电箱的安装；

第三步：施工场区各设施动力、照明安装；

第四步：冷冻用电安全教育。

施工时应符合以下电气技术措施要求：

（1）贯彻以预防为主，安全第一的方针，现场施工人员必须遵守《施工现场临时用电安全技术规范》JGJ 46—2005及甲方现场用电管理规定。

（2）所有电气设备的金属外壳和金属支架必须可靠明显接地。

（3）用户进电必须重复接地，且重复接地电阻$\leqslant 10\Omega$。

（4）电缆敷设使用：

1）电缆通过工作井下放，每层楼板位置用瓷瓶挂住固定。

2）埋设敷设电缆应事先查明地下管线分布情况。

3）在过路和穿过井口处，对电缆进行保护，以防触电或电缆受到损坏。

（5）在没有查清跳闸原因前严禁再一次合闸。

四、现场安全用电管理

1. 施工用电安全检查和整改

（1）现场电气工作人员必须做到电气设备安装正确、拆除彻底、维修及时、使用安全。

（2）每周一次对漏电开关做动作实验，动作失灵的及时更换，并做好记录。

（3）工地现场配备电箱要编号，每周一次检查电箱的电气元件导线箱体的完好程度，检查电气设备金属外壳接地是否良好，不符合要求的及时整改并做好记录。

（4）检查和巡视施工现场的线路有无乱拖乱接现象，电器设备是否带病工作，接地是否可靠，电工人员每天都要检查，把违章的问题及时整改，把事故消除在萌芽状态。在电工值班记录上要写明当天发现的问题和整改措施。

（5）做好电工的交接班工作，把当班未解决的问题做书面形式交代。

2. 电气管理

（1）做好当班电工的维护保养工作，以"养"为主，以"修"为辅，认真做好每日、每周、每月的维护保养方能减少故障。

（2）建立电气维修卡，当电气设备出现故障或有异常情况时，电工人员在排除故障后，要及时对故障部位设卡登记，其内容为：故障点标号、图纸元器件标号，损坏零件型号、规格，损坏原因、处理结果。

（3）故障点设卡一张，写上日期、时间和维修人姓名，便于今后的故障分析和解决。

3. 安全用电

（1）绝缘、屏护与安全距离符合国家及地方的有关文件及规范、有关电工标准。

（2）电气安全用具与装置

安全用具必须根据相应电压等级、工作条件适当选用，使用完毕妥善保管。现场电工对照有关材料标准定期检查和实验。电气安全装置实现一机一闸、一箱一漏，均三级配电二级漏电保护装置。

（3）用电设备安全措施

保护电器型号、规格的选择按设备运行要求选用；各类开关的型号、规格选择按其所控制的负荷种类和负荷电流选用；各种启动电器按相应电机的规格和运行要求选用，由专职电工把关，执行验收制度。

（4）严格执行国家《施工现场临时用电安全技术规范》JGJ 46—2005标准，制定各项安全标准和安全规定。

（5）电器防火措施

灭火器由工地安全检查人员定期检查；把灭火器知识作为工地安全教育内容之一。

五、施工风险源及应急防范措施

1. 冻结孔施工过程中的防范措施

（1）施工前应根据旁通道方位和标高放位开孔，冻结孔开孔位置误差不大于50mm，应避开管片接缝、螺栓、主筋和钢管片肋板。

（2）开孔为两次开孔，第一次不开透，留5~10cm，安装好孔口管及密封装置，再二次开通。

（3）冻结孔开孔前安装好孔口密封、防喷装置，安装完毕确认无误后，再进行开孔钻进，孔口密封装置结构如图5-3所示。

（4）透孔施工：根据冻结孔的布置，在下管过程中，一旦钻头触及对面洞壁，马上改用回转钻进工艺钻进，用清水冷却钻头，开始按取芯的有关规定操作钻机。在钻具触及对面管片，提前派人到对面隧道处做好穿透面的封堵准备工作，一旦钻头穿透管片，立刻

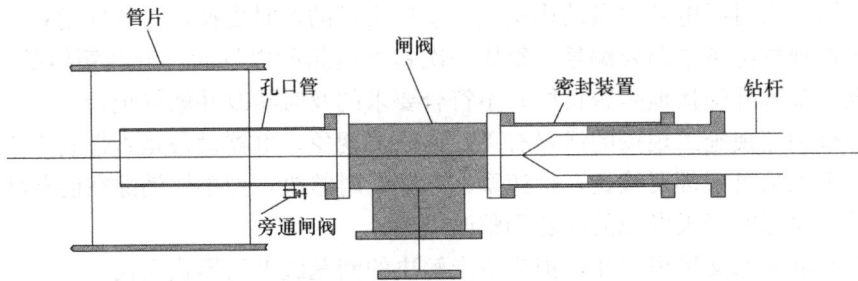

图 5-3　孔口密封装置结构

封孔。

（5）密封装置安装固定在孔口管上，利用盘根封堵冻结管与密封装置之间的缝隙。

（6）钻进水压控制，钻进过程中严格控制给进水压，防止水压过大对管片造成破坏。

（7）钻进过程中给水量与出水量的控制，钻进过程中严格控制进出水量，防止进出水量不平衡，出水砂量过多对管片造成破坏。

（8）施工冻结孔时土体流失量不得大于冻结孔体积，否则应及时进行注浆控制地层沉降。

2. 开挖施工应急安全措施

为预防开挖中停电、停水、冻结设备故障导致停工，甚至出现事故，应采取以下措施：

（1）现场冷冻设备采用双回路供电系统。为防止开挖期间因高压停电造成的冷冻机停机，在开挖前应联系供电部门，达成协议保证停电时间最长不超过 2h，并及时恢复供电。

（2）冷冻机组运转时需要冷却水给机组降温，开挖施工过程为防止隧道内管线供水不通或地面管路损坏，冻结站在安装供水系统时，在隧道内安装一个可容 40m³ 水的清水池，可保证冷冻机组 48h 不停机运转。施工人员立即查找原因及时修复管路。

（3）为了预防冷冻机机组停机，在隧道内安装了两套冷冻机组。且两机组的电路、盐水管路、清水管路安装到位。冻结值班人员发现设备因故障突然停机，冻结站值班人员通知开挖工作面的值班人员，打电话通知办公室值班人员，并通知开挖工作面人员停止掘进，将掌子面的土体进行支护和保温。通知冻结施工人员对冻结设备进行检查，经检查冷冻机机械故障，立即开启备用机组。

备用机组开启后，冻结站开机恢复冻结，联络通道恢复开挖施工。

3. 注浆安全措施

（1）严格控制注浆压力和注浆量不超过设计范围，结合监测数据，按照少注多次的原则，逐步控制隧道变形趋于稳定。

（2）注浆管端部的接头丝扣应检查完好无损，阀门密封可靠，在出现孔口喷泥水时能及时关闭。并准备一些木楔，在丝扣失灵或阀门关闭不严时能堵塞孔口。

（3）注浆时监测隧道沉降变形，保证在注浆压力作用下沉降变形量在设计允许范围内（±20mm）。

4. 开挖工作面渗水、土方塌陷风险应急措施

（1）应急安全防护门落实

联络通道开挖前，按照设计要求安装安全防护门，以备应急之用。

（2）开挖工作面渗水应急措施

1）开挖面有水渗出措施：如果开挖过程中有水渗出，立即停止施工，在第一时间由当班工长通知值班管理人员，同时对渗漏水点进行处理。若量很小，只是滴漏，并没有形成线流，可用双快水泥封堵，如果线流且量大，要用砂袋回填开挖面后商定处理方案。冷冻人员及时对渗水点进行观察，立即查找原因，调整冻结参数。

2）掘进施工人员如果发现已开挖暴露面不断有土块掉下，且影响面积较大，而周围土体有松冻现象，应立即通知冻结施工人员，由冻结施工人员根据判断情况，加强冻结，同时用保温板做好开挖面保温。

（3）开挖工作面土方塌陷风险应急措施

1）联络通道开挖过程中万一冻结壁被破坏，有涌水冒砂现象，开挖工作面土方塌陷，现场负责人立即打电话通知办公室值班人员，总指挥立即启动应急预案，现场负责人指挥施工人员搬运砂袋，充填安全门与钢管片的间隙，充填满后，及时关闭安全门，扣紧门框上的闭锁机构，并取螺栓进一步加固门框，并逐个拧紧。现场负责人汇报安全门已关闭，连接注浆管路，向安全门内注浆，成功地控制了开挖面的塌方，联络通道已进入安全状态。

2）根据冻结壁被破坏、涌水冒砂实际情况，恢复冻结帷幕也可采用液氮冻结进行抢险，考虑其液氮长时间放在施工现场，给施工人员带来安全隐患。开挖前应和供应方签订供货协议，保证紧急情况及时连续供货到现场。

5. 开挖工作面通信措施到位

在开挖施工期间保证联络通道工作面与地面联系，安装内线电话系统，及时和地面保持联系；为保证冻结开挖的正常顺利及出现问题后的及时反馈和处理，联络通道开挖期间项目管理人员采用24h值班制，对施工的各个环节要起到及时的检查和督促作用；在施工现场准备足够的备用设备和物资，以备应急之用。

第六节　脚　手　架　工　程

一、脚手架工程范围

根据《关于印发〈危险性较大的分部分项工程安全管理办法〉的通知》（建质〔2009〕87号）有关规定，危险性较大的脚手架工程范围为：

（1）搭设高度50m及以上落地式钢管脚手架工程；

（2）提升高度150m及以上附着式整体和分片提升脚手架工程；

（3）架体高度20m及以上悬挑式脚手架工程。

二、一般规定

1. 材料要求

（1）钢管

1）钢管采用外径48～51mm，壁厚3～3.5mm的管材。

2）钢管应平直光滑，无裂缝、结疤、分层、错位、硬弯、毛刺、压痕和深的划道。

3）钢管应有产品质量合格证，钢管必须涂有防锈漆并严禁打孔。

4）钢管两端截面应平直，切斜偏差不大于1.7mm。严禁有毛口、卷口和斜口等现象。

5）脚手架钢管的尺寸应按表 5-1 采用，每根钢管的最大重量不应大于 25kg。

脚手架钢管尺寸 表 5-1

截面尺寸（mm）		最大长度（mm）	
外径 ϕ	壁厚 t	横向水平杆	其他杆
48	3.5	2200	6500
51	3		

（2）扣件

1）采用可锻造铸铁制作的扣件，其材质应符合现行国家标准《钢管脚手架扣件》GB 15831—2006 的规定。

2）扣件必须有产品合格证或租赁单位的质量保证证明。

3）旧扣件使用前应进行质量检查，有裂缝、变形的严禁使用，出现滑丝的螺栓必须更换。

（3）木杆（已很少使用，仅在搭设临时设施时尚有应用）

1）木脚手架搭设一般采用剥皮杉木、落叶松或其他坚韧的硬杂木，其材质应符合现行国家标准《木结构设计规范》GB 50005—2003 的有关规定。不得采用杨木、柳木、桦木、椴木、油松等材质松脆的树种。

2）重复使用中，凡有腐朽、折裂、枯节等杆件，应认真剔除，不宜采用。

3）各种杆件具体尺寸要求见表 5-2 所列。

木杆杆件尺寸要求 表 5-2

杆件名称	梢径 D（mm）	长度 L（m）
立杆	$180 \geqslant D \geqslant 70$	$L \geqslant 6$
纵向水平杆	杉木：$D \geqslant 80$ 落叶松：$D \geqslant 70$	$L \geqslant 6$
小横杆	杉木：$D \geqslant 80$ 硬木：$D \geqslant 70$	$2.3 > L \geqslant 2.1$

（4）竹竿

1）竹脚手架搭设，应取用 4～6 年生的毛竹为宜，且没有虫蛀、白麻、黑斑和枯脆现象。

2）横向水平杆（小横杆）、顶杆等没有连通两节以上的纵向裂纹；立杆、纵向水平杆（大横杆）等没有连通四节以上的纵向裂纹。

3）各种杆件具体尺寸要求见表 5-3 所列。

竹竿杆件尺寸要求 表 5-3

杆件名称	小头有效直径 D（mm）
立杆、大横杆、斜杆	脚手架总高度 H：$H < 20m$，$D = 60$ $H \geqslant 20m$，$D = 75$
小横杆	脚手架总高度 H：$H < 20m$，$D = 75$ $H \geqslant 20m$，$D = 90$
防护栏杆	$D \geqslant 50$

（5）绑扎材料

绑扎材料根据脚手架类型选用，具体要求见表 5-4 所列。

绑扎材料要求   表 5-4

脚手架类型	材料名称	材料要求
木脚手架	镀锌钢丝、回火钢丝	（1）立杆连接必须选择 8 号镀锌钢丝或回火钢丝； （2）纵横向水平杆（大小横杆）接头可以选择 10 号镀锌钢丝或回火钢丝； （3）严禁绑扎钢丝重复使用，且不得有锈蚀斑痕
	机制麻、棕绳	（1）如使用期 3 个月以内或架体较低、施工荷载较小时，可采用直径不小于 12mm 的机制麻或棕绳； （2）凡受潮、变质发霉的绳子不得使用
竹脚手架	镀锌钢丝	（1）一般选用 18 号以上的规格； （2）如使用 18 号镀锌钢丝应双根并联进行绑扎，每个节点应缠绕 5 圈以上
	竹篾	（1）应选用新鲜竹子劈成的片条，厚度 0.6～0.8mm、宽度 5mm 左右、长度约 2.6m； （2）要求无断腰、霉点、枯脆和有六节疤或受过腐蚀； （3）每个节点应使用 2～3 根进行绑扎，使用前应隔天用水浸泡； （4）使用一个月应对脚手架的绑扎节点进行检查保养

竹脚手架在城镇建设工程中已停止使用，只有在一些零星工程中尚有所应用。

（6）脚手板

脚手板可采用钢、木、竹材料制作，每块质量不宜大于 30kg，具体材料要求见表 5-5 所列。

脚手板材料要求   表 5-5

类型		材 料 要 求
钢脚手板		（1）冲压新钢脚手板，必须有产品质量合格证； （2）板长度为 1.5～3.6m，厚 2～3mm，肋高 5cm，宽 23～25cm； （3）旧板表面锈蚀斑点直径不大于 5mm，并沿横截面方向不得多于 3 处； （4）脚手板一端应压连接卡口，以便铺设时扣住另一块的端部，板面应冲有防滑圆孔； （5）不得使用裂纹和凹陷变形严重的脚手板
木脚手板		（1）应使用厚度不小于 50mm 的杉木或松木板； （2）板宽应为 200～300mm，板长一般为 3～6m，端部还应用 10～14 号钢丝绑扎，以防开裂； （3）不得使用腐朽、虫蛀、扭曲、破裂和有大横透节的木板
竹脚手板	竹笆脚手板	（1）用平放带竹青的竹片纵横纺织而成； （2）板长一般为 2～2.5m，宽为 0.8～1.2m； （3）每根竹片宽度不小于 30mm，厚度不小于 8mm，横筋一正一反，边缘处纵横筋相交点用钢丝扎紧
	竹串片脚手板	（1）用螺栓将侧立的竹片并列连接而成； （2）板长一般为 2～2.5m，宽为 0.25m，板厚一般不小于 50mm； （3）螺栓直径 8～10mm，间距 500～600mm，首只螺栓离板端 200～250mm； （4）有虫蛀、枯脆、松散现象的竹脚手板不得使用

（7）安全网

1）必须使用维纶、锦纶、尼龙等材料制成。

2）安全网宽度不得小于 3m，长度不得大于 6m，网眼直径不得大于 10cm。

3）严禁使用损坏或腐朽的安全网和丙纶网。

4）密目安全网只准做立网使用。

2. 脚手架搭设

（1）技术要求

1）不管搭设哪种类型的脚手架，脚手架所用的材料和加工质量必须符合规定要求，绝对禁止使用不合格材料搭设脚手架，以防发生意外事故。

2）一般脚手架必须按脚手架安全技术操作规程搭设，对于高度超过 15m 以上的高层脚手架，必须有设计、有计算、有详图、有搭设方案、有上一级技术负责人审批，有书面安全技术交底，然后才能搭设。

3）对于危险性大而且特殊的吊、挑、挂、插口、堆料等脚手架必须编制单独的安全技术措施，经过审查和批准，才能搭设。

4）施工队伍接受任务后，必须组织全体人员，认真领会脚手架专项安全施工组织设计和安全技术措施交底，研讨搭设方法，并派技术好、有经验的技术人员负责搭设技术指导和监护。

（2）搭设要求

1）搭设时认真处理好地基，确保地基具有足够的承载力，垫木应铺设平稳，不能有悬空，避免脚手架发生整体或局部沉降。

2）确保脚手架整体平稳牢固，并具有足够的承载力，作业人员搭设时必须按要求与结构拉结牢固。

3）搭设时，必须按规定的间距搭设立杆、横杆、剪刀撑、栏杆等。

4）搭设时，必须按规定设连墙杆、剪刀撑和支撑。脚手架与建筑物间的连接应牢固，脚手架的整体应稳定。

5）搭设时，脚手架必须有供操作人员上下的阶梯、斜道。严禁施工人员攀爬脚手架。

6）脚手架的操作面必须满铺脚手板，不得有空隙和探头板。木脚手板有腐朽、劈裂、大横透节、活动节子的均不能使用。使用过程中严格控制荷载，确保有较大的安全储备，避免因荷载过大造成脚手架倒塌。

7）金属脚手架应设避雷装置。遇有高压线必须保持大于 5m 或相应的水平距离，搭设隔离防护架。

8）6 级以上大风、大雪、大雾天气下应暂停脚手架的搭设及在脚手架上作业。斜边板要钉防滑条，如有雨水、冰雪，要采取防滑措施。

9）脚手架搭好后，必须进行验收，合格后方可使用。使用中，遇台风、暴雨，以及使用期较长时，应定期检查、及时整改出现的安全隐患。

10）因故闲置一段时间或发生大风、大雨等灾害性天气后，重新使用脚手架时必须认真检查，加固后方可使用。

（3）防护要求

1）搭设过程中必须严格按照脚手架专项安全施工组织设计和安全技术措施交底要求

设置安全网和采取安全防护措施。

2）脚手架搭至两步及以上时，必须在脚手架外立杆内侧设置 1.2m 高的防护栏杆。

3）架体外侧必须用密目式安全网封闭，网体与操作层不应有大于 10mm 的缝隙；网间不应有 25mm 的缝隙。

4）施工操作层及以下连续三步应铺设脚手板和 180mm 高的挡脚板。

5）施工操作层以下每隔 10m 应用平网或其他措施封闭隔离。

6）施工操作层脚手架部分与建筑物之间应用平网或竹笆等实施封闭；当脚手架里立杆与建筑物之间的距离大于 200mm 时，还应自上而下做到四步一隔离。

7）操作层的脚手板应设护栏和挡脚板。脚手板必须满铺且固定，护栏高度 1.2m，挡脚高度 180mm，挡脚板应与立杆固定。

3. 脚手架拆除

（1）施工人员必须听从指挥，严格按方案和操作规程进行脚手架拆除，防止脚手架大面积倒塌和物体坠落砸伤他人。

（2）脚手架拆除时要划分作业区，周围用栏杆围护或竖立警戒标志，地面设有专人指挥，并配备良好的通信设施。警戒区内严禁非专业人员入内。

（3）拆除前检查吊运机械是否安全可靠，吊运机械不允许搭设在脚手架上。

（4）拆除过程中建筑物所有窗户必须关闭锁严，不允许向外开启或向外伸挑物件。

（5）所有高处作业人员，应严格按高处作业安全规定执行，上岗后，先检查、加固松动部分，清除各层留下的材料、物件及垃圾块。清理物品应安全输送至地面，严禁高处抛掷。

（6）运至地面的材料应按指定地点，随拆随运，分类堆放，当天拆当天清，拆下的扣件或铁丝等要集中回收处理。

（7）脚手架拆除过程中不能损伤已完工的各类构筑物和已安装好的设备、装置及装饰面。

（8）在脚手架拆除过程中，不得中途换人，如必须换人时，应将拆除情况交代清楚后方可离开。

（9）拆除时要统一指挥，上下呼应，动作协调，当解开与另一人有关的结扣时，应先通知对方，以防坠落。

（10）在大片架子拆除前应将预留的斜道、上料平台等先行加固，以便拆除后能确保其完整、安全和稳定。

（11）脚手架拆除应由上而下按层按步的拆除，先拆护身栏、脚手板和横向水平杆，再依次拆剪刀撑的上部扣件和接杆。拆除全部剪刀撑、抛撑以前，必须搭设临时加固斜支撑，以预防架子倾倒。

（12）拆脚手架杆件，必须由 2～3 人协同操作，拆纵向水平杆时，应由站在中间的人向下传递，严禁向下抛掷。

（13）拆除大片架子应加临时围栏。作业区内电线及其他设备有妨碍时，应事先与有关部门联系拆除、转移或加防护。

（14）脚手架拆至底部时，应先加临时固定措施后，再拆除。

（15）夜间拆除作业，应有良好照明。遇大风、雨、雪等特殊天气，不得进行拆除作业。

三、扣件式钢管脚手架

1. 一般要求

（1）脚手架应由立杆（冲天）、纵向水平杆（大横杆、顺水杆）、横向水平杆（小横杆）、剪刀撑（十字盖）、抛撑（压栏子）、纵、横扫地杆和拉结点等组成，脚手架必须有足够的强度、刚度和稳定性，在允许施工荷载作用下，确保不变形、不倾斜、不摇晃。

（2）脚手架搭设前应清除障碍物、平整场地、夯实基土、做好排水，根据脚手架专项安全施工组织设计（施工方案）和安全技术措施交底的要求，基础验收合格后，放线定位。

（3）垫板宜采用长度不少于 2 跨，厚度不小于 5cm 的木板，也可采用槽钢；底座应准确放在定位位置上。

（4）扣件安装应符合下列规定：

1）扣件规格必须与钢管外径（$\phi48$ 或 $\phi51$）相同。

2）螺栓拧紧力矩不应小于 40N·m，且不应大于 65N·m。

3）在主节点处固定横向水平杆、纵向水平杆、剪刀撑、横向斜撑等用的直角扣件、旋转扣件的中心点的相互距离不应大于 150mm。

4）对接扣件开口应朝上或朝内。

5）各杆件端头伸出扣件盖板边缘的长度不应小于 100mm。

（5）脚手板的铺设应符合下列规定：

1）脚手板应铺满、铺稳，离开墙面 120～150mm。

2）采用对接或搭接时均应符合《建筑施工扣件式钢管脚手架安全技术规范》JGJ 130—2011 规定；脚手板探头应用直径 3.2mm 的镀锌钢丝固定在支撑杆件上。

3）在拐角、斜道平台口处的脚手板，应与横向水平杆可靠连接，防止滑动。

4）自顶层作业层的脚手板往下计，宜每隔 12m 满铺一层脚手板。

（6）脚手架必须配合施工进度搭设，一次搭设高度不应超过相邻连墙件以上两步。

（7）每搭完一步脚手架后，应按表 5-6 的规定校正步距、纵距、横距及立杆的垂直度。

脚手架搭设的技术要求、允许偏差与检验方法　　　　　　　　　　表 5-6

序号	项目		技术要求	允许偏差 Δ（mm）	示意图	检查方法与工具
1	地基基础	表面	坚实平整	—	—	观察
		排水	不积水			
		垫板	不晃动			
		底座	不滑动			
			不沉降	—10		

序号	项目	技术要求	允许偏差 Δ（mm）	示意图	检查方法与工具
2	立杆垂直度	最后验收垂直度 20～80m	—	±100		用经纬仪或吊线和卷尺

下列脚手架允许水平偏差（mm）

搭设中检查偏差的高度（m）	总高度		
	50m	40m	20m
$H=2$	±7	±7	±7
$H=10$	±20	±25	±50
$H=20$	±40	±50	±100
$H=30$	±60	±75	
$H=40$	±80	±100	
$H=50$	±100		

中间档次用插入法

序号	项目	技术要求	允许偏差 Δ（mm）	示意图	检查方法与工具
3	间距	步距 纵距 横距	—	±20 ±50 ±20	—	钢板尺
4	纵向水平杆高差	一根杆的两端	—	±20		水平仪或水平尺
		同跨内两根纵向水平杆高差	—	±10		
5	双排脚手架横向水平杆外伸长度偏差	外伸 500mm	—	—50	—	钢板尺

99

序号	项目		技术要求	允许偏差 Δ（mm）	示意图	检查方法与工具
6	扣件安装	主节点处各扣件中心点相互距离	$a \leqslant 150mm$	—		钢板尺
		同步立杆上两个相隔对接扣件的高差	$a \geqslant 500mm$	—		钢卷尺
		立杆上的对接扣件至主节点的距离	$a \leqslant h/3$			
		纵向水平杆上的对接扣件至主节点的距离	$a \leqslant l_a/3$	—		钢卷尺
		扣件螺栓拧紧扭力矩	$40 \sim 65N \cdot m$	—	—	扭力扳手
7	剪刀撑斜杆与地面的倾角		$45° \sim 60°$	—	—	角尺
8	脚手板外伸长度	对接	$a=130 \sim 150mm$ $l \leqslant 300mm$	—		卷尺
		搭接	$a \geqslant 100mm$ $l \geqslant 200mm$	—		卷尺

注：1—立杆；2—纵向水平杆；3—横向水平杆；4—剪刀撑。

2. 搭设要求

（1）立杆搭设

1）严禁将外径 48mm 与 51mm 的钢管混合使用。

2）相邻立杆的对接扣件不得在同一高度内。

3）开始搭设立杆时，应每隔 6 跨设置一根抛撑，直至连墙件安装稳定后，方可根据情况拆除。

4）当搭至有连墙件的构造点时，在搭设完该处的立杆、纵向水平杆、横向水平杆后，应立即设置连墙件。

5）立杆接长除顶层顶步外，其余各层各步接头必须采用对接扣件连接。

6）立杆顶端宜高出构筑物顶部 1m。

（2）纵向水平杆搭设

1）纵向水平杆宜设置在立杆内侧，其长度不宜小于 3 跨。

2）纵向水平杆接长宜采用对接扣件连接，也可采用搭接。

3）纵向水平杆的对接扣件应交错布置，两根相邻纵向水平杆的接头不宜设置在同步或同跨内。

4）不同步或不同跨两个相邻接头在水平方向错开的距离不应小于 500mm；各接头中心至最近主节点的距离不宜大于纵距的 1/3。

5）搭接长度不应小于 1m，应等间距设置 3 个旋转扣件固定，端部扣件盖板边缘至搭接纵向水平杆杆端的距离不应小于 100mm。

6）当使用冲压钢脚手板、木脚手板、竹串片脚手板时，纵向水平杆应作为横向水平杆的支座，用直角扣件固定在立杆上。

7）当使用竹笆脚手板时，纵向水平杆应采用直角扣件固定在横向水平杆上，并应等间距设置，间距不应大于 400mm。

8）在封闭型脚手架的同一步中，纵向水平杆应四周交圈，用直角扣件与内外角部立杆固定。

（3）横向水平杆搭设

1）主节点处必须设置一根横向水平杆，用直角扣件扣接且严禁拆除。

2）作业层上非主节点处的横向水平杆，宜根据支撑脚手板的需要等间距设置，最大间距不应大于纵距的 1/2。

3）当使用冲压钢脚手板、木脚手板、竹串片脚手板时，双排脚手架的横向水平杆两端均应采用直角扣件固定在纵向水平杆上；单排脚手架的横向水平杆的一端，应用直角扣件固定在纵向水平杆上，另一端应插入墙内，插入长度不应小于 180mm。

4）使用竹笆脚手板时，双排脚手架的横向水平杆两端，应用直角扣件固定在立杆上；单排脚手架的横向水平杆的一端，应用直角扣件固定在立杆上，另一端应插入墙内，插入长度也不应小于 180mm。

5）双排脚手架横向水平杆的靠墙一端至墙装饰面的距离不宜大于 100mm。

6）单排脚手架的横向水平杆不应设置在下列部位：

① 设计上不允许留脚手眼的部位。

② 过梁上与过梁两端成 60°角的三角形范围内及过梁净跨度 1/2 的高度范围内。

③ 宽度小于 1m 的窗间墙。

④ 梁或梁垫下及其两侧各 500mm 的范围内。

⑤ 砖砌体的门窗洞口两侧 200mm 和转角处 450mm 的范围内；其他砌体的门窗洞口两侧 300mm 和转角处 600mm 的范围内。

⑥ 独立或附墙砖柱。

（4）纵向、横向扫地杆搭设

1）脚手架必须设置纵、横向扫地杆。

2）纵向扫地杆应采用直角扣件固定在距底座上皮不大于 200mm 处的立杆上。

3）横向扫地杆也应采用直角扣件固定在紧靠纵向扫地杆下方的立杆上。

4）当立杆基础不在同一高度上时，必须将高处的纵向扫地杆向低处延长两跨与立杆固定，高低差不应大于 1m。

5）靠边坡上方的立杆轴线到边坡的距离不应小于 500mm。

（5）连墙件搭设

1）宜靠近主节点设置，偏离主节点的距离不应大于 300mm。

2）应从底层第一步纵向水平杆处开始设置，当该处设置有困难时，应采用其他可靠措施固定。

3）宜优先采用菱形布置，也可采用方形、矩形布置。

4）一字形、开口形脚手架的两端必须设置连墙件，连墙件的垂直间距不应大于建筑物的层高，并不应大于 4m（两步）。

5）对高度在 24m 以下的单、双排脚手架，宜采用刚性连墙件与建筑物可靠连接，也可采用拉筋和顶撑配合使用的附墙连接方式。严禁使用仅有拉筋的柔性连墙件。

6）对高度 24m 以上的双排脚手架，必须采用刚性连墙件与建筑物可靠连接。

7）连墙件中的连墙杆或拉筋宜呈水平设置，当不能水平设置时，与脚手架连接的一端应下斜连接，不应采用上斜连接。

8）当脚手架下部暂不能设连墙件时可搭设抛撑。抛撑应采用通长杆件与脚手架可靠连接，与地面的倾角应在 45°～60° 之间；连接点中心至主节点的距离不应大于 300mm。抛撑应在连墙件搭设后方可拆除。

9）当脚手架施工操作层高出连墙件两步时，应采取临时稳定措施，直到上一层连墙件搭设完后方可根据情况拆除。

（6）门洞搭设

1）单、双排脚手架门洞宜采用上升斜杆、平行弦杆桁架结构形式，斜杆与地面的倾角 α 应在 45°～60° 之间。

2）单排脚手架门洞处，应在平面桁架的每一节间设置 1 根斜腹杆；双排脚手架门洞处的空间桁架，除下弦平面外，应在其余 5 个平面内设置 1 根斜腹杆。

3）斜腹杆宜采用旋转扣件固定在与之相交的横向水平杆的伸出端上，旋转扣件中心线至主节点的距离不宜大于 150mm。

4）当斜腹杆在 1 跨内跨越 2 个步距时，宜在相交的纵向水平杆处，增设 1 根横向水平杆，将斜腹杆固定在其伸出端上。

5）斜腹杆宜采用通长杆件，当必须接长使用时，宜采用对接扣件连接，也可采用搭接。

6）单排脚手架过窗洞时应增设立杆或增设 1 根纵向水平杆。

7）门洞桁架下的两侧立杆应为双管立杆，副立杆高度应高于门洞口 1～2 步。

8）门洞桁架中伸出上下弦杆的杆件端头，均应增设一个防滑扣件，该扣件宜紧靠主节点处的扣件。

（7）剪刀撑与横向斜撑搭设

1）双排脚手架应设剪刀撑与横向斜撑，单排脚手架应设剪刀撑。

2）每道剪刀撑跨越立杆的最多根数宜按表 5-7 的规定确定。

剪刀撑跨越立杆的最多根数 　　　　　　　　　　　　　　表 5-7

剪刀撑斜杆与地面的倾角 α	45°	50°	60°
剪刀撑跨越立杆的最多根数 n（根）	7	6	5

3）每道剪刀撑宽度不应小于 4 跨，且不应小于 6m，斜杆与地面的倾角宜在 45°～60° 之间。

4）高度在 24m 以下的单、双排脚手架，均必须在外侧立面的两端各设置一道剪刀撑，并应由底至顶连续设置。

5）高度在 24m 以上的双排脚手架应在外侧立面整个长度和高度上连续设置剪刀撑。

6）剪刀撑斜杆的接长宜采用搭接。

7）剪刀撑斜杆应用旋转扣件固定在与之相交的横向水平杆的伸出端或立杆上，旋转扣件中心线至主节点的距离不宜大于 150mm。

8）横向斜撑的设置应符合下列规定：

① 横向斜撑应在同一节间，由底至顶层呈之字形连续布置。

② 一字形、开口形双排脚手架的两端均必须设置横向斜撑。

③ 高度在 24m 以下的封闭型双排脚手架可不设横向斜撑，高度在 24m 以上的封闭型脚手架，除拐角应设置横向斜撑外，中间应每隔 6 跨设置 1 道。

9）剪刀撑、横向斜撑搭设应随立杆、纵向和横向水平杆等同步搭设。

（8）斜道搭设

1）人行并兼作材料运输的斜道的形式宜按下列要求确定：

① 高度不大于 6m 的脚手架，宜采用一字形斜道。

② 高度大于 6m 的脚手架，宜采用之字形斜道。

2）斜道宜附着外脚手架或建筑物设置。

3）运料斜道宽度不宜小于 1.5m，坡度宜采用 1：6；人行斜道宽度不宜小于 1m，坡度宜采用 1：（3～3.5）。

4）拐弯处应设置平台，其宽度不应小于斜道宽度。

5）斜道两侧及平台外围均应设置栏杆及挡脚板。栏杆高度应为 1.2m，在 0.6m 高度处再设一道横栏杆；挡脚板高度不应小于 180mm。

6）运料斜道两侧、平台外围和端部均应按规范规定设置连墙件；每两步应加设水平斜杆；并按规范规定设置剪刀撑和横向斜撑。

7）斜道脚手板构造应符合下列规定：

① 脚手板横铺时，应在横向水平杆下增设纵向支托杆，纵向支托杆间距不应大于500mm。

② 脚手板顺铺时，接头宜采用搭接；下面的板头应压住上面的板头，板头的凸棱处宜采用三角木填顺。

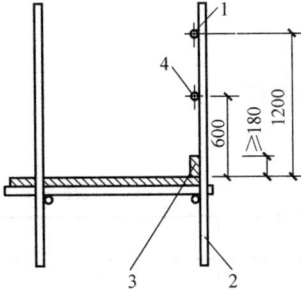

图 5-4 栏杆与挡脚板构造
1—上栏杆；2—外立杆；3—挡脚板；
4—中栏杆

③ 人行斜道和运料斜道的脚手板上应每隔250～300mm设置一根防滑木条，木条厚度宜为20～30mm。

(9) 栏杆和挡脚板搭设

栏杆和挡脚板搭设如图5-4所示。

1) 栏杆和挡脚板均应搭设在外立杆的内侧。

2) 上栏杆上皮高度应为1.2m。

3) 挡脚板高度不应小于180mm。

4) 中栏杆应居中设置（高度为0.6m）。

3. 拆除要求

(1) 拆除脚手架前应全面检查脚手架的扣件连接、连墙件、支撑体系等是否符合构造要求。

(2) 应根据检查结果补充完善施工组织设计中的拆除顺序和措施，经主管部门批准后方可实施拆除。

(3) 拆除脚手架前应由单位工程负责人进行拆除安全技术交底。

(4) 拆除脚手架前应清除脚手架上杂物及地面障碍物。

(5) 拆除作业必须由上而下逐层进行，严禁上下同时作业。

(6) 连墙件必须随脚手架逐层拆除，严禁先将连墙件整层或数层拆除后再拆脚手架；分段拆除高差不应大于两步，如高差大于两步，应增设连墙件加固。

(7) 当脚手架拆至下部最后1根长立杆的高度（约6.5m）时，应先在适当位置搭设临时抛撑加固后，再拆除连墙件。

(8) 当脚手架采取分段、分立面拆除时，对不拆除的脚手架两端，应先设置连墙件和横向斜撑加固。

(9) 拆除的各构配件严禁抛掷至地面。

(10) 运至地面的构配件应按规定及时检查、整修与保养，并按品种、规格随时码存放。

4. 检查与验收

(1) 构配件检查与验收

构配件的允许偏差应符合表5-8的规定。

构配件的允许偏差   表 5-8

序号	项 目	允许偏差 Δ（mm）	示意图	检查工具
1	焊接钢管尺寸（mm） 外径　48 壁厚　3.5 外径　51 壁厚　3.0	−0.5 −0.5 −0.5 −0.45		游标卡尺

序号	项 目		允许偏差 Δ（mm）	示意图	检查工具
2	钢管两端面切斜偏差		1.70		塞尺、拐角尺
3	钢管外表面锈蚀深度		≤0.50		游标卡尺
4	钢管弯曲	a. 各种杆件钢管的端部弯曲 $l≤1.5\text{m}$	≤5		钢板尺
		b. 立杆钢管弯曲 $3\text{m}<l≤4\text{m}$ $4\text{m}<l≤6.5\text{m}$	≤12 ≤20		
		c. 水平杆、斜杆的钢管弯曲 $l≤6.5\text{m}$	≤30		
5	冲压钢脚手板	a. 板面挠曲 $l<4\text{m}$ $l>4\text{m}$	≤12 ≤16		钢板尺
		b. 板面扭曲（任一角翘起）	≤5		

（2）脚手架检查与验收

1）脚手架及其地基基础应在下列阶段进行检查与验收：

① 基础完工后及脚手架搭设前；

② 作业层上施加荷载前；

③ 每搭设完 10～13m 高度后；

④ 达到设计高度后；

⑤ 遇有六级大风与大雨后；寒冷地区开冻后；

⑥ 停用超过 1 个月。

2）进行脚手架检查、验收时应根据下列技术文件进行：

① 《建筑施工扣件式钢管脚手架安全技术规范》JGJ 130—2011 相关规定；

② 施工组织设计及变更文件；

③ 技术交底文件。

3）脚手架使用中，应定期检查下列项目：

① 杆件的设置和连接，连墙件、支撑、门洞桁架等的构造是否符合要求。

② 地基是否积水，底座是否松动，立杆是否悬空。

③ 扣件螺栓是否松动。

④ 高度在24m以上的脚手架，其立杆的沉降与垂直度的偏差是否符合表5-6中序号1、2的规定。

⑤ 安全防护措施是否符合要求。

⑥ 是否超载。

4）脚手架搭设的技术要求、允许偏差与检验方法，应符合表5-6的规定。

5）安装后的扣件螺栓拧紧扭力矩应采用扭力扳手检查，抽样方法应按随机分布原则进行。抽样检查数目与质量判定标准，应按表5-9的规定确定。不合格的必须重新拧紧，直至合格为止。

扣件拧紧抽样检查数目及质量判定标准　　　　　　　　　　表5-9

序号	检查项目	安装扣件数量 （个）	抽检数量 （个）	允许的不合格数 （个）
1	连接立杆与纵（横）向水平杆或剪刀撑的扣件；接长立杆、纵向水平杆或剪刀撑的扣件	51～90	8	0
		91～150	5	1
		151～280	13	1
		281～500	20	2
		501～1200	32	3
		1201～3200	50	5
2	连接横向水平杆与纵向水平杆的扣件（非主节点处）	51～90	5	1
		91～150	8	2
		151～280	13	3
		281～500	20	5
		501～1200	32	7
		1201～3200	50	10

5. 安全管理

（1）脚手架搭设人员必须是按现行国家标准《特种作业人员安全技术考核管理规定》QJ 1423—1988考核合格的专业架子工。上岗人员应定期体检，合格者方可持证上岗。

（2）搭设脚手架人员必须戴安全帽、系安全带、穿防滑鞋。

（3）脚手架的构配件质量与搭设质量，应按规定进行检查验收，合格后方准使用。

（4）作业层上的施工荷载应符合设计要求，不得超载。不得将模板支架、缆风绳、泵送混凝土和砂浆的输送管等固定在脚手架上；严禁悬挂起重设备。

（5）当有六级及六级以上大风和雾、雨、雪天气时应停止脚手架搭设与拆除作业。雨、雪后上架作业应有防滑措施，并应扫除积雪。

（6）脚手架的安全检查与维护，应定期进行。安全网应按有关规定搭设或拆除。

（7）在脚手架使用期间，严禁拆除下列杆件：

1）主节点处的纵、横向水平杆，纵、横向扫地杆；

2）连墙件；

3）加固杆件，如剪刀撑。

（8）不得在脚手架基础及其邻近处进行挖掘作业，否则应采取安全措施，并报主管部门批准。

（9）临街搭设脚手架时，外侧应有防止坠物伤人的防护措施。

（10）在脚手架上进行电、气焊作业时，必须有防火措施和专人看守。

（11）工地临时用电线路的架设及脚手架接地、避雷措施等，应按现行行业标准《施工现场临时用电安全技术规范》JGJ 46—2005 的有关规定执行。

（12）搭拆脚手架时，地面应设围栏和警戒标志，并派专人看守，严禁非操作人员入内。

四、门式钢管脚手架

1. 搭设要求

（1）门架及配件搭设

1）门架跨距应符合现行行业标准《建筑施工门式钢管脚手架安全技术规范》JGJ 128—2010 的规定，并与交叉支撑规格配合。

2）门架立杆离墙面净距不宜大于 150mm；大于 150mm 时应采取内挑架板或其他离口防护的安全措施。

3）门架的内外两侧均应设置交叉支撑并应用门架立杆上的锁臂、搭钩保护。

4）上、下榀门架的组装必须设置连接棒及锁臂，连接棒直径应小于立杆内径的 1～2mm。

5）在脚手架的操作层上应连续满铺与门架配套的挂扣式脚手板，并扣紧挡板，防止脚手板脱落和松动。

6）水平架设置应符合下列规定：

① 在脚手架的顶层门架上部、连墙件设置层、防护棚设置处必须设置。

② 当脚手架搭设高度 $H \leqslant 45m$ 时，沿脚手架高度，水平架应至少两步一设；当脚手架搭设高度 $H > 45m$ 时，水平架应每步一设；不论脚手架多高，均应在脚手架的转角处、端部及间断处的一个跨距范围内每步一设。

③ 水平架在其设置层面内连续设置。

④ 当因施工需要，临时局部拆除脚手架内侧交叉支撑时，应在拆除交叉支撑的门架上方及下方设置水平架。

⑤ 水平架可由挂扣式脚手板或门架两侧设置的水平加固杆代替。

⑥ 底步门架的立杆下端应设置固定底座或可调底座。

⑦ 不配套的门架与配件不得混合使用于同一脚手架。

⑧ 门架安装应自一端向另一端延伸，并逐层改变搭设方向，不得相对进行。搭完一步架后，应按要求检查并调整其水平度与垂直度。

⑨ 交叉支撑、水平架或脚手板应紧随门架的安装及时设置。

⑩ 连接门架与配件的锁臂、搭钩必须处于锁住状态。

⑪ 水平架或脚手板应在同一步内连续设置，脚手板应满铺。

⑫ 底层钢梯的底部应加设钢管并用扣件扣紧在门架的立杆上，钢梯的两侧均应设置

扶手，每段梯可跨越两步或三步门架再行转折。

⑬ 栏板（杆）、挡脚板应设置在脚手架操作层外侧、门架立杆的内侧。

（2）加固件搭设

1）剪刀撑设置应符合下列规定：

① 脚手架高度超过 20m 时，应在脚手架外侧连续设置。

② 剪刀撑斜杆与地面的倾角宜为 45°～60°，剪刀撑宽度宜为 4～8m。

③ 剪刀撑应采用扣件与门架立杆扣紧。

④ 剪刀撑斜杆若采用搭接接长，搭接长度不宜小于 600mm，搭接处应采用两个扣件扣紧。

2）水平加固杆设置应符合以下规定：

① 当脚手架高度超过 20m 时，应在脚手架外侧每隔 4 步设置一道，并宜在有连墙件的水平层设置。

② 设置纵向水平加固杆应连续，并形成水平闭合圈。

③ 在脚手架的底步门架下端应加封口杆，门架的内、外两侧应设通长扫地杆。

④ 水平加固杆应采用扣件与门架立杆扣牢。

3）加固杆、剪刀撑必须与脚手架同步搭设。

4）水平加固杆应设于门架立杆内侧，剪刀撑应设于门架立杆外侧并连牢。

（3）连墙件搭设

1）脚手架必须采用连墙件与建筑物做到可靠连接。

2）在脚手架的转角处、不闭合（一字形、槽形）脚手架的两端应增设连墙件，其竖向间距不应大于 4.0m。

3）在脚手架外侧因设置防护棚或安全网而承受偏心荷载的部位，应增设连墙件，其水平间距不应大于 4.0m。

4）连墙件应能承受拉力与压力，其承载力标准值不应小于 10kN；连墙件与门架、建筑物的连接也应具有相应的连接强度。

5）连墙件的搭设必须随脚手架搭设同步进行，严禁滞后设置或搭设完毕后补做。

6）当脚手架操作层高出相邻连墙件以上两步时，应采用确保脚手架稳定的临时拉结措施，直到连墙件搭设完毕后方可拆除。

7）连墙件宜垂直于墙面，不得向上倾斜，连墙件埋入墙身的部分必须锚固可靠。

8）连墙件应连于上、下两榀门架的接头附近。

（4）通道洞口

1）通道洞口高不宜大于 2 个门架，宽不宜大于 1 个门架跨距。

2）当洞口宽度为一个跨距时，应在脚手架洞口上方的内外侧设置水平加固杆，在洞口两个上角加斜撑杆。

3）当洞口宽为两个及两个以上跨距时，应在洞口上方设置经专门设计和制作的托架，并加强洞口两侧的门架立杆。

（5）扣件连接

1）扣件规格应与所连钢管外径相匹配。

2）扣件螺栓拧紧扭力矩宜为 50～60N·m，并不得小于 40N·m。

3）各杆件端头伸出扣件盖板边缘长度不应小于 100mm。

脚手架搭设的垂直度与水平度允许偏差应符合表 5-10 的要求。

脚手架搭设垂直度与水平度允许偏差　　　　　　　　表 5-10

项　　目		允许偏差（mm）
垂直度	每步架	$h/1000$ 及 ± 20
	脚手架整体	$H/600$ 及 ± 50
水平度	一跨距内水平架两端高差	$\pm I/600$ 及 ± 30
	脚手架整体	$\pm L/600$ 及 ± 50

　　注：h—步距；H—脚手架高度；I—跨距；L—脚手架长度。

2. 拆除要求

（1）脚手架经单位工程负责人检查验证并确认不再需要时，方可拆除。

（2）拆除脚手架前，应清除脚手架上的材料、工具和杂物。

（3）拆除脚手架时，应设置警戒区和警戒标志，并由专职人员负责警戒。

（4）脚手架的拆除应在统一指挥下，按后装先拆、先装后拆的顺序及下列安全作业的要求进行：

1）脚手架的拆除应从一端走向另一端、自上而下逐层地进行。

2）同一层的构配件和加固件应按先上后下、先外后里的顺序进行，最后拆除连墙件。

3）在拆除过程中，脚手架的自由悬臂高度不得超过两步，当必须超过两步时，应加设临时拉结。

4）连墙杆、通长水平杆和剪刀撑等，必须在脚手架拆卸到相关的门架时方可拆除。

5）工人必须站在临时设置的脚手板上进行拆卸作业，并按规定使用安全防护用品。

6）拆除工作中，严禁使用榔头等硬物击打、撬挖，拆下的连接棒应放入袋内，锁臂应先传递至地面并放室内堆存。

7）拆卸连接部件时，应先将锁座上的锁板与卡钩上的锁片旋转至开启位置，然后开始拆除，不得硬拉，严禁敲击。

8）拆下的门架、钢管与配件，应成捆用机械吊运或由井架传送至地面，防止碰撞，严禁抛掷。

（5）施工期间不得拆除下列杆件：

1）交叉支撑，水平架；

2）连墙件；

3）加固杆件，如剪刀撑、水平加固杆、扫地杆、封口杆等；

4）栏杆。

（6）作业需要时，临时拆除交叉支撑或连墙件应经主管部门批准，并应符合下列规定：

1）交叉支撑只能在门架一侧局部拆除，临时拆除后，在拆除交叉支撑的门架上、下层面应满铺水平架或脚手板。

2）作业完成后，应立即恢复拆除的交叉支撑；拆除时间较长时，还应加设扶手或安全网。

3）只能拆除个别连墙件，在拆除前、后应采取安全措施，并应在作业完成后立即恢复；不得在竖向或水平向同时拆除两个及两个以上连墙件。

（7）对脚手架应设专人负责经常检查和保修工作。对高层脚手架应定期做门架立杆基础沉降检查，发现问题应立即采取措施。

（8）拆下的门架及配件应清除杆件及螺纹上的沾污物，并按规定分类检验和维修，按品种、规格分类整理存放，妥善保管。

五、凳式与支柱式脚手架

（1）脚手架的凳和立柱宜采用钢质材料，其构造应重心低。

（2）现场自制凳和立柱时，应根据施工荷载对其进行设计，并对原材料和加工工序进行质量检查验收，确认合格，并形成文件。

（3）搭设脚手架时，凳和立柱应水平、竖直、稳固。

（4）两排以上架子相邻设置时，应将其连接牢固。

（5）凳式脚手架应符合下列规定：

1）凳宜用直径 50mm 钢管或直径 20mm 以上钢筋焊制。

2）凳的间距不宜大于 1.5m；高度不宜大于 1.5m。

3）高度大于 1.0m 时，应在两个凳间设置斜撑。

六、悬挑式脚手架

（1）悬挑式脚手架的高度不得超过 20m。

（2）脚手架结构应根据搭设高度进行施工设计，经计算确定。

（3）采用斜架做支撑结构时，斜立杆的构造应符合下列规定：

1）斜立杆必须与构筑物连接牢固，其底部必须支撑在足够强度的构筑物结构部位上，并有可靠的固定措施。

2）斜立杆与墙面的夹角不得大于 30°，挑出墙外宽度不得大于 1.2m。

3）斜立杆间距不得大于 1.5m，底部应设扫地杆，底部以上应设纵向水平杆和相应的横向水平杆，其间距不得大于 1.5m。

4）采用型钢做支撑结构时，其节点必须采用焊接或螺栓连接，严禁采用扣件或碗扣连接。

5）支撑结构以上的脚手架应符合落地式脚手架的规定。脚手架立杆纵距不得大于 1.5m，底部必须与支撑结构连接牢固。用钢板时，应有防滑构造。

第七节　拆除、爆破工程

一、基本要求

熟悉被拆除构筑物（或建筑物）的原工程施工竣工图，了解构筑物的结构情况、附属物情况、水电管线及设备情况。组织各相关人员学习有关标准规范和安全技术文件。组织调查拆除工程周围环境、场地、道路、水电设备和地下管线等情况。编制拆除工程安全施工专项方案和应急措施，并经企业技术、安全负责人和现场总监理工程师审核批准。拆除工程项目经理是拆除工程施工现场的安全生产第一责任人，应按施工专项方案要求，确保拆除工程所需的安全设施和保护措施的落实；项目部应设专职安全员，检查督促各项安全技术措施的落实。拆除工程施工现场的安全管理由施工单位负责，从业人员应办理相关用工手续，进行安全培训，考试合格后方可上岗作业。拆除工程施工前，必须由工程技术人员对施工作业人员进行书面安全技术交底，并履行签字手续；特种作业人员必须持有效证件上岗作业。进入施工现场的人员，必须正确佩戴安全帽；凡在 2m 以上高处作业无可靠防护设施时，必须使用合格安全带。若遇恶劣气候条件（如大雨、大雪、浓雾、六级以上大风等）影响施工安全时，严禁拆除作业。施工现场临时用电必须遵守现行国家标准《施工现场临时用电安全技术规范》JGJ 46—2005 的有关规定，夜间施工必须配置足够的照明。在办妥所有相关手续后，方可拆除施工作业。拆除施工采用的脚手架、安全网，必须由专业人员搭设，由工地负责人组织验收合格后，方准投入使用；起重设备安装和操作必须由有相应资质、资格的单位和人员进行。安全防护设施验收时，应按类别逐项进行，并做好验收记录。拆除施工严禁立体交叉作业；水平作业时，各工位应有一定的安全距离；作业人员必须配备相应的劳动防护用品，并应正确使用。爆破作业现场应按现行国家标准《安全标志及其使用导则》GB 2894—2008 的规定，设置相关的安全标志，并设专人巡查。拆除工程施工中，一旦发生险情或异常情况时，应立即停止施工，查明原因，及时排除险情；若发生安全事故应立即报告和组织抢救，同时，保护好事故现场。

二、现场管理

拆除工程施工现场清运渣土的车辆应有防尘措施，在指定地点停放；车辆出入现场应有专人管理；清运渣土的作业时间和行车路线应遵守有关规定；在拆除工程施工时，派专人对被拆除部位采取洒水等降尘措施；爆破拆除时，应采用密目式安全网，将爆破范围全封闭，减少对周围环境的影响。拆除工程施工范围内地下的各类管线和井室施工单位应采取保护措施。施工单位必须落实防火安全责任，明确责任人负责施工现场的日常消防工作；根据拆除工程现场的作业环境，制定相应的消防安全措施。现场应保证充足的消防水源，消防栓控制范围不宜大于 50m；配备足够的灭火器材，每个设置点灭火器数量应为 2～5 只。施工动火作业时必须履行动火审批手续，经现场防火负责人批准取得动火证后，方可在指定时间、地点进行作业，作业时应配备专人监护，作业后必须确认无火源危险后方可离开作业地点。拆除建筑物时，当遇有易燃、可燃物及保温材料时，严禁明火作业，施工现场应设置宽度不小于 3.5m 的消防车通道，并保持畅通。

三、爆破

爆破前应清理作业范围内的设备等物资；疏通安全通道；切断被拆除物内的水、电、煤气、暖气管等设施；检查周围危旧房，必要时进行临时加固。施工前发出"安民告示"，通报施工范围、责任人和注意事项；在拆除危险区边界设置警戒区标志，并采取可靠安全防护措施。

实施爆破作业的施工单位必须具备相应专业施工资质。爆破施工专项方案应报当地公安部门审批，未经批准不得进行爆破作业。爆破现场应建立临时指挥机构，统一指挥爆破施工与爆破安全等工作。

爆破拆除应严格遵守《土方与爆破工程施工及验收规范》GB 50201—2012 的规定。在人口稠密、交通要道等地爆破作业，应采用毫秒雷管起爆，采用微量炸药的控制爆破应采取适当的防护措施。对高大构筑物爆破应设一定的安全区，避免对周围建筑物和人身的危害。爆破作业时，各道工序要认真细致的操作、检查与处理，杜绝各种不安全事故发生。

第八节 其 他

一、高空安全作业

1. 基本要求

（1）施工负责人应对工程的高处作业安全技术负责，并建立相应的责任制。施工前，应逐级进行安全技术教育及交底，落实所有安全技术措施和人身防护用品，未经落实不得进行施工。

（2）高处作业中的设施、设备，必须在施工前进行检查，确认其完好，方能投入使用。

（3）攀登和悬空作业人员，必须经过专业技术培训及考试合格，持证上岗，并必须定期进行体格检查。

（4）施工中对高处作业的安全技术设施，发现有缺陷和隐患时，必须及时解决；危及人身安全时，必须停止作业。

（5）施工作业场所有坠落可能的物件，应一律先进行撤除或加以固定。

1）高处作业中所有的物料，均应安全堆放，不得妨碍通行和装卸。

2）随手用工具应放在工具袋内，使用时应系吊绳，防止从手中失落。

3）作业中的走道内余料应及时清理干净，不得任意乱掷或向下丢弃。

4）传递物件禁止抛掷。

（6）雨天进行高处作业时，必须采取可靠的防滑措施。凡有积水均应及时清理。

（7）钢结构吊装前，应进行安全防护设施的逐项检查和验收，验收合格后，方可进行高处作业。

2. 攀高作业安全

（1）桥梁板等构件吊装时所需的直爬梯在结构构造上，必须牢固可靠。

（2）梯脚底部应垫实，不得垫高使用，梯子上端应有固定措施。

（3）钢柱安装登高时，应使用钢挂梯或设置在钢柱上的爬梯。

（4）登高安装钢梁时，应视钢梁高度，在两端设置挂梯或搭设钢管脚手架。梁面上需行走时，其一侧的临时护栏横杆可采用钢索，当改用扶手绳时，绳的自由下垂度不应大于 $L/20$，并应控制在 100mm 以内。

3. 悬空作业安全

（1）悬空作业处应有牢固的立足点，并应有安全设施。

（2）钢结构的吊装，构件应尽可能在地面组装，并搭设进行临时固定、电焊、高强度螺栓连接等工序的高空安全设施，随构件同时上吊就位。

（3）悬空作业人员，必须系好安全带。

4. 防止高空坠落和物体落下伤人

（1）为防止高处坠落，操作人员在进行高处作业时，必须正确使用安全带。安全带一般高挂低用，即将安全带绳端挂在高的地方，而人在较低处操作。

（2）在高处安装构件时，要经常使用撬杆校正构件的位置，因此必须防止因撬杆滑脱而引起的高空坠落。

（3）在雨天，构件上因潮湿容易使操作人员滑倒，应采取清扫后再安装。高空作业人员必须佩戴安全帽、安全带、穿防滑鞋方可操作。

（4）高空操作人员使用的工具及安装用的零部件，应放入随身佩戴的工具袋内，不可随便向下丢掷。

（5）在高空用气焊切割或电焊焊接时，应采取隔离措施防止割下的金属或火花落下伤人。

（6）地面操作人员必须戴好安全帽，系上帽带。尽量避免在高空作业的正下方停留或通过，也不得在起重机的吊杆和正在吊装的构件下停留或通过。

（7）构件安装后，必须检查连接质量，无误后，才能摘钩或拆除临时固定工具，以防止掉下伤人。

（8）设置吊装禁区，禁止与吊装作业的无关人员入内。

5. 防止触电

（1）电焊机的手把线质量必须符合要求，如果有破损情况，必须及时用胶布严密包扎。电焊机的外壳应该接地。

（2）起重机严禁在架空输电线路下面工作。在通过架空输电线路时，应将起重臂落下，并确保与架空输电线的安全距离。

（3）电气设备不得超铭牌运行。

（4）使用手操式电动工具应戴绝缘手套或站立在绝缘物上。

（5）严禁带电作业。

6. 防止氧乙炔瓶爆炸

（1）氧乙炔瓶放置安全距离应大于 10m。

（2）氧气瓶不应该放在太阳光下暴晒，更不可接近火源，要求与火源距离不小于 10m。

（3）氧气遇油也会引起爆炸，因此不能用油手接触氧气瓶，还要防止起重机或机械油落到氧气瓶上。

二、桥台（墩）钢套箱施工安全

（1）施工前，应根据国家现行法律法规、工程设计要求、施工合同要求、施工现场地形地貌、水文航运以及企业施工能力认真编制安全施工专项方案和应急预案，经相关责任人审查批准后组织实施。

（2）施工前，应与航道管理部门取得联系，指派专职人员负责指挥水上交通。在施工作业区上下游一定距离，按航道管理部门要求设置警示旗牌、警示灯等安全标识和告示标志。

（3）钢套箱施工人员应身体健康。施工单位应对水上作业人员进行安全技术培训，组织救生演练。在钢套箱施工期间，现场应配备救生圈、救生船；水上作业人员必须穿着救生衣。

（4）施工桥桩承台的钢套箱，必须安全、稳固地沉放在基础或支架上。基础与支架要承受浇筑水下混凝土的重量。钢套箱要具有抗浮抗倾覆能力。

（5）在钢套箱施工期间，必须设置施工安全通道，保持通道畅通，并按规定做好临边防护。

（6）施工现场用电应严格执行国家现行《施工现场临时用电安全技术规范》JGJ 46—2005。钢套箱内照明应采用 12V 安全电压。

三、围堰施工安全

（1）施工前应认真编制安全施工专项方案和应急预案，经相关责任人审查批准后，方可组织实施。对施工人员进行安全技术培训和组织，事先应征得河道管理部门的许可。必要时，由河道管理部门在施工期间派员实行安全监管。在施工区域应设置告示牌和航运安全警示标志。

（2）施工期间要密切关注气象和水文变化情况。在雨季、台风、高潮位季节期间施工，围堰必须具有足够的安全度，能承受预计台风袭击的考验，除提高围堰结构的强度、堰顶的标高高于最高水位以外，还要增加堰顶高度的安全余量（一般为 50cm）；在台风、潮汛高潮时，要设专人值班防汛；并准备充足的加固、养护材料（包括黏土），一旦发生险情立即组织加固。发现堰顶下沉，应立即恢复夯实至原标高及状态；临水面发现冲刷时，应立即加铺防冲刷材料（如加草袋等）。

（3）抽除围堰内积水时，抽水机不宜放在围堰堤坝上，更不能将水直接泄放在围堰处。当水下工程施工完成后，应尽快将围堰堤坝拆除，恢复河道原状。围堰堤坝底的土方必须挖尽，不得在水下形成"高坡"，影响航运交通安全。

四、顶管施工安全

1、顶管前，根据地下顶管法施工技术要求，按实际情况制定出符合规范、标准、规程、设计要求的专项安全技术方案。

（2）顶管施工前，应对作业人员进行安全技术培训和安全施工技术交底。

（3）工作坑内应设置作业人员上下安全梯道；下管作业过程中，工作坑内严禁有人作业。工作坑四周或坑底必须设置排水设备，及时排除坑内积水。

（4）顶管工作坑采用机械挖土方时，现场应有专人指挥。土方堆积和装运应符合安全规定，不得损坏工作坑结构和内部支撑构件。

（5）吊装顶铁或管材时，严禁吊机把杆回转半径内有人员停留；往工作坑内下管时，应穿保险钢丝绳，并缓慢地将管子送入轨道就位，以便防止滑脱坠落或冲击轨道，同时坑内作业人员应站在安全地带。

（6）垂直运输设备的操作人员，在作业前对设备各部分进行安全检查，确认无异常后方可作业；作业时精力集中，服从指挥，严格执行起重设备作业有关的安全操作规程。

（7）在拼接管段前或因设备故障停顿时，应及时通知管头操作人员停止挖进，防止因超挖造成塌方。在土质较差、土中含水量大、容易塌方的地段施工时，管前端应加一定长度的刚性管帽，管帽应先顶入土层中，再按规定的掏挖长度挖土。

（8）顶进过程中，对机头进行维修和排除障碍时，必须采取防止冒顶塌方的安全措施，严禁在运行的情况下进行检查和调整，以防伤人。顶进作业时，一切作业人员不得在顶铁上方、两侧站立操作，严禁穿行。对顶铁要有专人观察，以防发生崩铁伤人事故。

（9）顶进作业一般应连续进行，不得长期停顿，以防止地下水渗出，造成坍塌。顶进时应保持管头部有足够多的土塞；若遇土质差、因地下水渗流可能造成塌方时，则将管头部灌满以增大水压力。

（10）管道内的照明系统应采用安全电压 12V 的灯具。每班顶管作业前，电工要仔细检查各种电器和线路是否正常，确保安全施工。纠偏千斤顶应与管节绝缘良好，操作电动高压油泵应戴绝缘手套。氧气瓶与乙炔瓶（罐）不得进入坑内。

（11）顶进中应有防毒、防燃、防爆、防水淹的措施，顶进长度超过 50m 时，应随时检测坑道内空气质量和含氧量，坑道内应设有通风供氧的措施，防止作业人员发生缺氧窒息事故。

（12）在穿越公路、铁路段施工时，应对路基采取一定的保护措施，确保车辆运行安全。当有火车通行时，应停止作业，人员暂时撤离到离作业 1m 远处的安全地区。

第六章 施工机械设备安全管理

第一节 地下连续墙施工机械

（1）地下连续墙施工机械选型和功能应满足施工所处的地质条件和环境安全要求。

（2）发动机、油泵车启动时，必须将所有操作手柄放置在空挡位置，发动后检查各仪表指示值，听视发动机及油泵的运转情况，确认正常后方能工作。

（3）试车运行中应检查液压元件、油缸、油管、油马达等不得有渗漏油现象，油压正常，油管盘、电缆盘运转灵活正常，不得有卡滞现象，并与起升速度保持同步，方可正常工作。

（4）回转应平稳进行，严禁突然制动。

（5）一种动作完全停止后，再进行另一种动作，严禁同时进行两种动作。

（6）钢丝绳排列应整齐，不得有松乱现象。

（7）成槽机起重性能参数应符合主机起重性能参数，不得有超载、违章现象。

（8）安装时，成槽抓斗放置在平行把杆方向的地面上，抓斗位置应在把杆75°～78°时顶部的垂直线上，起升把杆时，起升钢丝绳也随着逐渐慢速提升成槽抓斗，同时，电缆与油管也同步卷起，以防油管与电缆损坏，接油管时应保持油管的清洁。

（9）工作时，在平坦坚实场地的松软地面作业时，应在履带下铺设30mm厚钢板，间距不大于30cm，起重臂最大仰角不得超过78°，同时应勤检查钢丝绳、滑轮不得有磨损严重及脱槽，传动部件、限位保险装置、油温等不得有不正常现象。

（10）工作时，成槽机行走履带应平行槽边，尽可能使主机远离槽边，以防槽段塌方。

（11）工作时，把杆下严禁人员通过和站人，严禁用手触摸钢丝绳及滑轮。

（12）工作时，应密切注意成槽机成槽的垂直度，并及时进行纠偏。

（13）工作完毕，成槽机应尽可能远离槽边，并使抓斗着地。清洁设备，使设备保持整洁。

（14）拆卸时，把杆在75°～78°位置将抓斗着地，逐渐变幅把杆同步下放起升钢丝绳、电缆与油管，以防电缆、油管拉断。

（15）运输时，电缆及油管应卷绕整齐，且有电缆盘和油管盘一节的把杆运输时，用道木垫高，使油管盘和电缆盘腾空，以防运输过程中造成电缆盘和油管盘损坏。

第二节 成 桩 机 械

一、基本要求

（1）打桩机类型应根据桩的类型、桩长、桩径、地质条件、施工工艺等综合考虑选择。打桩作业前，应由施工技术人员向机组人员进行安全技术交底。

（2）打桩机作业区内应无高压线路。作业区应有明显标志或围栏，非工作人员不得进入。桩锤在施打过程中，操作人员必须在距离桩锤中心 5m 以外监视。

（3）机组人员做登高检查或维修时，必须系安全带；工具和其他物件应放在工具包内，高空人员不得向下随意抛物。

（4）严禁吊桩、吊锤、回转或行走等动作同时进行。打桩机在吊有桩和锤的情况下，操作人员不得离开岗位。

（5）作业中，当停机时间较长时，应将桩锤落下垫好。检修时不得悬吊桩锤。

（6）遇有雷雨、大雾和六级及以上大风等恶劣气候时，应停止一切作业。当风力超过七级或有风暴警报时，应将打桩机顺风向停置，并应增加缆风绳，或将桩立柱放倒在地面上。立柱长度在 27m 及以上时，应提前放倒。

（7）作业后，应将打桩机停放在坚实平整的地面上，将桩锤落下垫实，并切断动力电源。

二、钻孔灌注桩施工机械

1. 旋挖钻机施工要点

施工场地要求：由于桩机重量大，故要求场地平整且结实。

护筒埋设：护筒直径大于设计桩径 100～150mm。防止钻筒提升与下落时碰撞护筒及发生卡钻现象，护筒要高出地面至少 300mm，防止地面杂物与地表泥水等流入桩孔。

护壁泥浆：旋挖成孔主要靠泥浆来护壁的，它主要抑制孔壁坍塌、地下水渗透。成孔过程中要随时检查泥浆的相对密度与稠度。

泥浆面要求：成孔过程中泥浆面始终不低于护筒底标高，以保证孔壁的稳定性。

钻筒壁的要求：为防止旋挖钻机在提升钻筒时，在钻筒下部产生瞬间真空而引起淤泥等软弱下卧层发生颈缩现象，一般在钻筒四周加焊导流板，使得钻筒提升时钻筒上部的泥浆通过钻筒导流板间空隙流入钻筒下部，以减小钻筒下部真空度，减少颈缩现象的发生。导流板的大小、厚度与提钻速度、泥浆稠度有关。

钻筒钻进、提升速度：一次钻进尺寸过大容易发生埋钻与卡钻事故。埋钻与卡钻较轻时直接提起钻筒；埋钻、卡钻较重时钻筒反向旋转打开仓门再边旋转边提起钻筒。钻筒提起速度过快容易产生钻筒下部瞬间真空，加上钻筒对孔壁反复冲刷，极易造成颈缩与塌孔现象。在通过有流动性淤泥层及松散砂质地层时尽量放慢提钻速度，不良地质下提钻速度不宜超过 0.50m/s。

2. 冲击钻机施工要点

冲击锤要求：根据设计桩径与地质条件来选择冲击锤，冲击锤直径一般小于设计桩径 20～30mm，一般选用 3～10t 十字形铸铁冲击锤，冲击锤顶部焊接多道铁环并围绕多道钢丝绳，便于掉锤时打捞冲击锤。

护筒埋设：由于冲击锤下落时容易发生偏移，一般护筒直径大于设计桩径 300～400mm。单级护筒取小值，多级护筒取大值，护筒要高出地面至少 200～300mm，防止地面杂物与地表泥水等流入桩孔。间隔跳打要求：冲击成孔时对周围振动较大，为减少对周围孔壁及已经浇筑灌注桩的影响，宜采用跳打方法进行施工。

三线合一要求：冲击锤中心、桩位中心与护筒中心线要合一，其偏差不大于 20mm，防止桩偏位及打坏护筒。

起打落距的要求：在开始冲击成孔时由于桩孔周围土层约束力比较小，大冲程冲击容易造成塌孔，故地表 2～3m 范围内，宜采用小冲程冲击成孔，一般落程不超过 3m。正常后方可按全冲程落距冲击成孔。

冲孔时间要求：冲孔宜一次完成，防止塌孔，必须停止冲孔时宜将冲击锤提出孔洞外，桩孔要加盖木板，防止异物与人员掉落孔中。

冲击锤提升要求：提升冲击锤不宜过快，防止因提升过快冲击锤下部产生负压或发生碰撞孔壁、护筒引起塌孔。

泥浆要求：冲孔成孔泥浆不仅起护壁的作用，同时由泥浆将小颗粒的石屑带出孔外，所以其泥浆相对密度一般高达 1.4。

护孔要求：冲击成孔过程中宜往桩孔中加入一定量的黏土、小石块。借助冲击力将黏土浆与小石块挤入周围孔壁中，达到减小孔壁空隙率，减少混凝土渗入孔壁发生断桩与颈缩现象的发生。

3. 回旋钻机施工要点

钻头选择要求：钻头直径一般不宜小于设计桩径，主要考虑到桩下部老土区域桩的充盈系数较小，甚至为 1.0。

护筒埋设：一般护筒直径大于设计桩径 100～150mm，护筒下端不可埋设太浅，防止护筒下端孔壁坍塌。

钻进速度要求：在流砂或砂性土等松散地质条件下施工时，严格控制钻进速度，采用低速钻进，同时使用优质泥浆，保证有足够的泥浆挤入孔壁的土体中，保证孔壁的稳定性。

地质变化处施工要求：在硬、软土质交接处容易发生桩位倾斜，故硬、软土质交接处应吊住钻杆控制进尺速度，低速钻进。在发生钻杆倾斜时要求吊住钻杆后上下反复扫孔，使孔校直，如倾斜严重时回填黏土重新钻进。

泥浆要求：泥浆不仅起护壁作用同时由泥浆将石屑带出孔外，所以其泥浆相对密度一般为 1.05～1.20 为宜。

三、咬合灌注桩施工机械

（1）作业人员进入施工现场必须戴好安全帽，不准赤脚或穿拖鞋作业。

（2）移动机架不准碰触高低压电线，不得在高低压电线下抓土和吊放钢筋等施工作业。电源线路、电箱接线正确，绝缘可靠，接地牢固，触电保护器灵敏有效，电源容量和导线截面符合桩机说明书和安全用电规范的要求。

（3）桩机就位后，要将底架垫平、压实，立架时要有专人指挥。

（4）桩机作业前要检查各传动箱润滑油是否足量，各连接处是否牢固，各传动系统是否正常，确认各部件性能良好后，才开始作业。

（5）施工前要检查履带吊钢丝绳有无断丝、腐蚀、生锈等，断丝超过 10% 应报废。检查钢丝绳锁扣是否牢固，螺母是否松动。

（6）机架上电箱电器完好，电动机接地不少于两处，接保护零线牢固可靠，触电保护器动作灵敏。不准带负荷启动电动机，严禁用脚代手进行操作。

（7）抓土时应对准桩位，确保桩机套筒与导墙重合，操作人员爬上套筒保养清理时，需系安全带，注意脚不要粘泥浆，以免打滑摔下来。

（8）操作期间，操作人员不得擅自离开工作岗位或做其他的事。咬合桩施工过程中，如遇机架摇晃、移动、偏斜或其他不正常的状况时，应立即停止作业，经处理后，方可继续施工。

（9）桩机移位时，要先切断电源后才能移动桩机。移动期间要有专人指挥和专人看管电缆线以防桩机压坏电缆。如遇桩机不能正常运转时，应立即切断电源，停止咬合桩作业，未查明原因排除故障前，不准强行启动机械设备。

（10）咬合桩施工抓土期间，非施工人员不得进入施工现场。已挖好的桩孔，在未浇筑混凝土期间，要将桩孔围起来或用夹板将桩孔盖上，以防闲杂人员或小孩掉到桩孔内。

（11）严禁在高低压架空电线下方冲、抓土，移动桩机时，履带吊必须保持与高压电线的安全距离。

（12）遇大雨、大雪、大雾和六级以上大风，应停止咬合桩作业，当风力超过六级时，应将履带吊机架、套管等放倒在地面上。暴风雨雪后，必须进行一次全面检查，发现问题，及时处理。

（13）操作人员要遵守履带吊、磨桩机安全操作规程，严禁违章作业。

四、SMW 工法桩施工机械

（1）开机前将施工场地事先平整、探明和清除一切地下障碍物，遇到人防工程和房屋地基，应挖除所有砖混结构，用黏土分层回填密实，确保桩机行驶轨道平衡，桩机钻进时不倾斜，桩机的垂直度不大于 1%。

（2）按设计要求严格控制水灰比，水泥浆搅拌时间不少于 2～3min，滤浆后倒入集料池中，随后不断搅拌，防止水泥离析，压浆也要连续进行，不可中断。

（3）严格控制注浆量，搅拌头下沉钻进速度在 1m/min 以内，提升速度不大于 2m/min，施工时认真记录下钻深度、钻进速度、提升速度、注浆量、注浆压力等各项技术数据。

（4）在施工范围内开挖深沟，确认无地下管线时再开始 SMW 桩施工。

（5）桩与桩的搭接要注意下列事项：

1）桩与桩的搭接时间不大于 12h。

2）如超过 12h，则在第 2 根桩施工时，增加注浆量 20%，同时，减慢下沉速度。

3）如因相隔时间太长致使第 2 根无法搭接，则在监理工程师认可下采取局部补桩或注浆措施。

（6）设备及型钢的吊装技术要求：

1）起重安装作业前，应清除工地所经道路的障碍物，做到工地整洁，道路畅通，起重机械在使用和行走时，应有良好的道路。

2）起重作业要有专人负责指挥。

3）起吊重物时，起重扒杆下不得有人停留或行走，吊机停止作业时，拉好制动器，收紧吊钩和钢丝绳。

4）起重工必须熟悉施工方法、起重设备的性能、所起重物的特点和重量。

5）起吊重物时，吊具捆扎应牢固，以防吊钩滑脱。

6）尽可能在搅拌桩施工完成后 30min 内插入 H 型钢，若水灰比或水泥掺量较大时，H 型钢的插入时间可相应增加。

7）每根型钢到场时，都要检验垂直度、平整度和焊缝厚度等，不符合规定要求的不得使用，检查过的型钢要与未检查过的型钢分开堆放、标识。

8）设置 H 型钢悬挂梁或其他可以将 H 型钢固定到位的悬挂装置，使 H 型钢插入到位后再下沉。

五、钢板桩施工机械

（1）向技术人员了解施工条件和任务及施工中发现的问题与本班组应注意的事项。

（2）钢板桩打桩时，非操作人员应远离，做好警示线，同时应设有专人指挥现场作业，保证人员安全。钢板桩在打桩时，应先用钢丝绳套在桩机上，待桩机将钢板桩提立竖直后再将钢板桩打入土基中，以防钢板桩滑落。

（3）当基坑开挖约 1.0m 深时，围檩及角隅撑开始安装，严禁支护未完成而进行下一层土方的开挖。

（4）围檩及角隅撑采用钢丝绳吊到需要安装的位置，在吊装过程中应防止围檩及角隅撑滑落。围檩应焊牢，焊缝宽为 6mm。

（5）焊机应采用"一机一箱一闸"的工作方式，在 6 级大风或雨天的环境下应停止作业，或采取必要的防护措施方可施工作业。

（6）在打钢板桩的过程中，桩机应距离基坑 2m。在施工的过程中应保证钢板桩的垂直度和直线度，同时保证围檩紧靠钢板桩。

（7）接桩及安桩帽时，工作人员应佩戴安全带。

（8）当钢板桩的打入完成后，应通知土方施工队将钢板桩外侧周围的土方开挖 1m 宽，以减少周围的土方施加过大的应力而造成钢板桩的变形，进而影响施工。

（9）在进行钢板桩的施工作业时，应做好施工作业面周围警示线的标注和警示牌的悬挂，以确保作业人员和非作业人员的安全。

（10）拔桩应在基坑土方回填完成后方可进行，先拆卸角隅撑，再拆卸围檩，最后进行钢板桩的拔出，在此过程中应派专人负责现场指挥协调。

（11）由于工程要求，当需要进行夜间施工作业时（夜间施工作业时间不得超过 22：30，并做好附近居民的扰民措施），施工人员应满足现场的照明、道路、设备等辅助设施的要求，以确保施工的顺利进行和施工人员的安全。

（12）由于在钢板桩的施工过程中需要较多的材料、人员和重型机械，所以一定要确保施工现场道路的通畅，以保证施工的顺利进行和人员的安全。

（13）机械工作时禁止进行机械的保养、维护工作。

（14）打桩机停止后，应立即切断电源，并对机械进行养护。

（15）作业后，应锁住安全限位装置，并保证全部制动生效。

（16）每个工作日完成之前，应将施工现场清理干净，做到工完场清。

第三节 起 重 机 械

一、履带式起重机

（1）起重机应在平坦坚实的地面上作业、行走和停放。在正常作业时，坡度不得大于 3°，并应与沟渠、基坑保持安全距离。

（2）起重机启动前重点检查项目应符合下列要求：

1）各安全防护装置及各指示仪表齐全完好。

2）钢丝绳及连接部位符合规定。

3）燃油、润滑油、液压油、冷却水等添加充足。

4）各连接件无松动。

（3）起重机启动前应将主离合器分离，各操纵杆放在空挡位置。

（4）内燃机启动后，应检查各仪表指示值，待运转正常再接合主离合器，进行空载运转，顺序检查各工作机构及其制动器，确认正常后，方可作业。

（5）作业时，起重臂的最大仰角不得超过出厂规定。当无资料可查时，不得超过78°。

（6）起重机变幅应缓慢平稳，严禁在起重臂未停稳前变换挡位；起重机载荷达到额定起重量的90%及以上时，严禁下降起重臂。

（7）在起吊载荷达到额定起重量的90%及以上时，升降动作应慢速进行，并严禁同时进行两种及以上动作。

（8）起吊重物时应先稍离地面试吊，当确认重物已挂牢，起重机的稳定性和制动器的可靠性均良好，再继续起吊。在重物升起过程中，操作人员应把脚放在制动踏板上，密切注意起升重物，防止吊钩冒顶。当起重机停止运转而重物仍悬在空中时，即使制动踏板被固定，仍应脚踩在制动踏板上。

（9）采用双机抬吊作业时，应选用起重性能相似的起重机进行。抬吊时应统一指挥，动作应配合协调，载荷应分配合理，单机的起吊载荷不得超过允许载荷的80%。在吊装过程中，两台起重机的吊钩滑轮组应保持垂直状态。

（10）当起重机带载行走时，载荷不得超过允许起重量的70%，行走道路应坚实平整，重物应在起重机正前方向，重物离地面不得大于500mm，并应拴好拉绳，缓慢行驶。严禁长距离带载行驶。

（11）起重机行走时，转弯不应过急；当转弯半径过小时，应分次转弯；当路面凹凸不平时，不得转弯。

（12）起重机上下坡道时应无载行走，上坡时应将起重臂仰角适当放小，下坡时应将起重臂仰角适当放大。严禁下坡空挡滑行。

（13）作业后，起重臂应转至顺风方向，并降至40°～60°之间，吊钩应提升到接近顶端的位置，并关停内燃机，将各操纵杆放在空挡位置，各制动器加保险固定，操纵室和机棚应关门加锁。

（14）起重机转移工地，应采用平板拖车运送。特殊情况需自行转移时，应卸去配重，拆去短起重臂，主动轮应在后面，机身、起重臂、吊钩等必须处于制动位置，并应加保险固定。每行驶500～1000m时，应对行走机构进行检查和润滑。

（15）起重机通过桥梁、水坝、排水沟等构筑物时，必须先查明允许载荷后再通过。必要时应对构筑物采取加固措施。通过铁路、地下水管、电缆等设施时，应铺设木板保护，并不得在上面转弯。

（16）用火车或平板拖车运输起重机时，所用跳板的坡度不得大于15°；起重机装上车后，应将回转、行走、变幅等机构制动，并采用三角木楔紧履带两端，再牢固绑扎；后部配重用枕木垫实；不得使吊钩悬空摆动。

二、汽车、轮胎式起重机

（1）起重机行驶和工作的场地应保持平坦坚实，并应与沟渠、基坑保持安全距离。

（2）起重机启动前重点检查项目应符合下列要求：

1）各安全保护装置和指示仪表齐全完好。

2）钢丝绳及连接部位符合规定。

3）燃油、润滑油、液压油及冷却水添加充足。

4）各连接件无松动。

5）轮胎气压符合规定。

（3）起重机启动前，应将各操纵杆放在空挡位置，手制动器应锁死，并应按照《建筑机械使用安全技术规程》JGJ 33—2012 的有关规定启动内燃机。启动后，应怠速运转，检查各仪表指示值，运转正常后接合液压泵，待压力达到规定值，油温超过 30℃时，方可开始作业。

（4）作业前，应全部伸出支腿，并在撑脚板下垫方木，调整机体使回转支撑面的倾斜度在无载荷时不大于 1/1000（水准泡居中）。支腿有定位销的必须插上。底盘为弹性悬挂的起重机，放支腿前应先收紧稳定器。

（5）作业中严禁扳动支腿操纵阀。调整支腿必须在无载荷时进行，并将起重臂转至正前或正后，方可再行调整。

（6）应根据所吊重物的重量和提升高度，调整起重臂长度和仰角，并应估计吊索和重物本身的高度，留出适当空间。

（7）起重臂伸缩时，应按规定程序进行，在伸臂的同时应相应下降吊钩。当限制器发出警报时，应立即停止伸臂。起重臂缩回时，仰角不宜太小。

（8）起重臂伸出后，出现前节臂杆的长度大于后节伸出长度时，必须进行调整，消除不正常情况后，方可作业。

（9）起重臂伸出后，或主副臂全部伸出后，变幅时不得小于各长度所规定的仰角。

（10）汽车式起重机起吊作业时，汽车驾驶室内不得有人，重物不得超越驾驶室上方，且不得在车的前方起吊。

（11）采用自由（重力）下降时，载荷不得超过该工况下额定起重量的 20%，并应使重物有控制地下降，下降停止前应逐渐减速，不得使用紧急制动。

（12）起吊重物达到额定起重量的 50% 及以上时，应使用低速挡。

（13）作业中发现起重机倾斜、支腿不稳等异常现象时，应立即使重物下降，落在安全的地方，下降中严禁制动。

（14）重物在空中需要较长时间停留时，应将起升卷筒制动锁住，操作人员不得离开操纵室。

（15）起吊重物达到额定起重量的 90% 以上时，严禁同时进行两种及以上的操作动作。

（16）起重机带载回转时，操作应平稳，避免急剧回转或停止，换向应在停稳后进行。

（17）当轮胎式起重机带载行走时，道路必须平坦坚实，载荷必须符合规定，重物离地面不得超过 500mm，并应拴好拉绳，缓慢行驶。

（18）作业后，应将起重臂全部缩回放在支架上，再收回支腿。吊钩应用专用钢丝绳挂牢；应将车架尾部两撑杆分别撑在尾部下方的支座内，并用螺母固定；应将阻止机身旋转的销式制动器插入销孔，并将取力器操纵手柄放在脱开位置，最后应锁住起重操纵室门。

（19）行驶前，应检查并确认各支腿的收存无松动，轮胎气压应符合规定。行驶时水温应在 80～90℃ 范围内，水温未达到 80℃ 时，不得高速行驶。

（20）行驶时应保持中速，不得紧急制动，过铁道口或起伏路面时应减速，下坡时严禁空挡滑行，倒车时应有人监护。

（21）行驶时，严禁人员在底盘走台上站立或蹲坐，并不得堆放物件。

三、门式、桥式起重机与电动捯链

（1）起重机路基和轨道的铺设应符合出厂规定，轨道接地电阻不应大于 4Ω，两端应设有制动装置。

（2）使用电缆的门式起重机，应设有电缆卷筒，配电箱应设置在轨道中部。

（3）用滑线供电的起重机，应在滑线两端标有鲜明的颜色，沿线应设置防护栏杆。

（4）轨道应平直，鱼尾板连接螺栓应无松动，轨道和起重机运行范围内应无障碍物。门式起重机应松开夹轨器。

（5）门式、桥式起重机作业前的重点检查项目应符合下列要求：

1）机械结构外观正常，各连接件无松动。

2）钢丝绳外表情况良好，绳卡牢固。

3）各安全限位装置齐全完好。

（6）操作室内应垫木板或绝缘板，接通电源后应采用试电笔测试金属结构部分，确认无漏电方可上机；上、下操纵室应使用专用扶梯。

（7）作业前，应进行空载运转，在确认各机构运转正常，制动可靠，各限位开关灵敏有效后，方可作业。

（8）开动前，应先发出音响信号示意，重物提升和下降操作应平稳匀速，在提大件时不得用快速，并应拴拉绳防止摆动。

（9）吊运易燃、易爆、有害等危险品时，应经安全主管部门批准，并应有相应安全措施。

（10）重物的吊运路线严禁从人上方通过，也不得从设备上面通过。空车运行时，吊钩应离地面 2m 以上。

（11）吊起重物后应慢速行驶，行驶中不得突然变速或倒退。两台起重机同时作业时，应保持 3～5m 距离。严禁用一台起重机顶推另一台起重机。

（12）起重机行走时，两侧驱动轮应同步，发现偏移应停止作业，调整好后，方可继续使用。

（13）作业中，严禁任何人从一台桥式起重机跨越到另一台桥式起重机上去。

（14）操作人员由操纵室进入桥架或进行保养检修时，应有自动断电联锁装置或事先切断电源。

（15）露天作业的门式、桥式起重机，当遇六级及六级以上大风时，应停止作业，并锁紧夹轨器。

（16）门式、桥式起重机的主梁挠度超过规定值时，必须修复后，方可使用。

（17）作业后，门式起重机应停放在停机线上，用夹轨器锁紧，并将吊钩升到上部位置；桥式起重机应将小车停放在两条轨道中间，吊钩提升到上部位置；吊钩上不得悬挂重物。

（18）作业后，应将控制器拨到零位，切断电源，关闭并锁好操纵室门窗。

（19）电动葫芦使用前应检查设备的机械部分和电气部分，钢丝绳、吊钩、限位器等应完好，电气部分应无漏电，接地装置应良好。

（20）电动葫芦应设缓冲器，轨道两端应设挡板。

（21）作业开始第一次吊重物时，应在吊离地面100mm时停止，检查电动葫芦制动情况，确认完好后方可正式作业。露天作业时，应设防雨棚。

（22）电动葫芦严禁超载起吊。起吊时，手不得握在绳索与物体之间，吊物上升时应严防冲撞。

（23）起吊物件应捆扎牢固。电动葫芦吊重物行走时，重物离地面宜超过1.5m高。工作间歇不得将重物悬挂在空中。

（24）电动葫芦作业中发生异味、高温等异常情况，应立即停机检查，排除故障后方可继续使用。

（25）使用悬挂电缆电气控制开关时，绝缘应良好，滑动应自如，人的站立位置后方应有2m²空地并应正确操作电钮。

（26）在起吊中，由于故障造成重物失控下滑时，必须采取紧急措施，向无人处下放重物。

（27）在起吊中不得急速升降。

（28）电动葫芦在额定载荷制动时，下滑位移量不应大于80mm；否则应清除油污或更换制动环。

（29）作业完毕后，应停放在指定位置，吊钩升起，并切断电源，锁好开关箱。

四、卷扬机

（1）安装时，基座应平稳牢固、周围排水畅通、地锚设置可靠，并应搭设工作棚。操作人员的位置应能看清指挥人员和拖动或起吊的物件。

（2）作业前，应检查卷扬机与地面是否固定，弹性联轴器不得松动，并应检查安全装置、防护设施、电气线路、接零或接地线、制动装置和钢丝绳等，全部合格后方可使用。

（3）使用皮带或开式齿轮传动的部分，均应设防护罩，导向滑轮不得用开口拉板式滑轮。

（4）以动力正反转的卷扬机，卷筒旋转方向应与操纵开关上指示的方向一致。

（5）从卷筒中心线到第一个导向滑轮的距离，带槽卷筒应大于卷筒宽度的15倍；无槽卷筒应大于卷筒宽度的20倍。当钢丝绳在卷筒中间位置时，滑轮的位置应与卷筒轴线垂直，其垂直度允许偏差为6°。

（6）钢丝绳应与卷筒及吊笼连接牢固，不得与机架或地面摩擦，通过道路时，应设过路保护装置。

（7）在卷扬机制动操作杆的行程范围内，不得有障碍物或阻卡现象。

（8）卷筒上的钢丝绳应排列整齐，当重叠或斜绕时，应停机重新排列，严禁在转动中用手拉脚踩钢丝绳。

（9）作业中，任何人不得跨越正在作业的卷扬钢丝绳。物件提升后，操作人员不得离开卷扬机，物件或吊笼下面严禁人员停留或通过。休息时应将物件或吊笼降至地面。

（10）作业中如发现异响、制动不灵、制动带或轴承等温度剧烈上升等异常情况时，应立即停机检查，排除故障后方可使用。

（11）作业中停电时，应切断电源，将提升物件或吊笼降至地面。

（12）作业完毕，应将提升吊笼或物件降至地面，并应切断电源，锁好开关箱。

第四节　盾　构　机

一、盾构机进出洞

盾构机进出洞必须编制安全施工专项方案，对起重吊装安全措施作出明确规定。专项方案经企业安全技术负责人审批，工程总监理工程师确认后方可施工，盾构机作业前必须经专职安全负责人检查验收合格签字后，方可作业。

二、行车

行车两轨道铺设安装保持平行，间距误差应控制在 8mm 内；两轨接头错开点大于1500mm；同轨端头间距应控制在 5mm 内。轨道压板应平整压实，紧固螺栓不得松动；轨道两端必须设置限位开关和接地装置。

三、电机车

电机车应设置探视设备，电机车探头开启正常；电机车应设有报警警示装置、制动装置，并确保正常使用。电机车司机应持有效操作证（上岗证）上岗，不得违章搭乘人员；电机车司机应做好运行交接班记录；电机车维修人员应做好维修记录；电机车运行速度应控制在 10km/h 内，靠近车架工作面 100m 距离时运行速度应控制在 5km/h 内；不得超速行驶。

四、人行走道板

人行走道板搭设应平稳、牢固、安全，其宽度不小于 450mm；人行通道与轨道间应设置刚性栏杆，高度不低于 1.2m，上下中间设置三道横向栏杆，横向栏杆中心距各600mm，立杆间距应小于 2m；人行通道应保持畅通，不得堆放各类杂物；人行通道上下间应设置安全工作梯，人员应通过安全梯上下；人行通道内应按规定设置安全警示标牌标志。

五、通道

车架段施工通道应设置拖拉式走道板，走道板应安全可靠，走道板不得堆放杂物、污泥，确保方便、顺利通行。

第五节　运　输　车　辆

（1）启动前应进行重点检查。灯光、喇叭、指示仪表等应齐全完整；燃油、润滑油、冷却水等应添加充足；各连接件不得松动；轮胎气压应符合要求，确认无误后，方可启动。燃油箱应加锁。

（2）行驶中，应随时观察仪表的指示情况，当发现机油压力低于规定值，水温过高或有异响、异味等异常情况时，应立即停车检查，排除故障后，方可继续运行。

（3）严禁超速行驶。应根据车速与前车保持适当的安全距离，选择较好路面行进，应避让石块、铁钉或其他尖锐铁器；遇有凹坑、明沟或穿越铁路时，应提前减速，缓慢通过。

（4）车辆涉水过河时，应先探明水深、流速和水底情况，水深不得超过排水管或曲轴皮带盘，并应低速直线行驶，不得在中途停车或换挡。涉水后，应缓行一段路程并轻踏制动器，使浸水的制动片上水分蒸发掉。

（5）停放时，应将内燃机熄火，拉紧手制动器，关锁车门。内燃机运转中驾驶员不得离开车辆，在离开前应熄火并锁住车门。

（6）在坡道上停放时，下坡停放应挂上倒挡，上坡停放应挂上一挡，并应使用三角木楔等塞紧轮胎。

（7）平头型驾驶室需前倾时，应清除驾驶室内物件，关紧车门，方可前倾并锁定。复位后，应确认驾驶室已锁定，方可启动。

第七章 轨道交通施工应急抢险预案

第一节 基坑防渗漏、坍塌和淹没应急预案

一、编制目的

规范深基坑施工过程中可能造成坍塌事故的事件以及坍塌事故的应急管理和应急响应程序，以便及时有效地实施应急救援工作，最大限度地避免事件恶化发展或事故扩大，避免或减少人员伤亡和财产损失。

二、应急抢险原则

（1）以人为本，安全第一，把保障人民群众的生命安全和身体健康，最大限度地预防和减少安全生产事故灾难造成的人员伤亡作为首要任务。切实加强应急救援人员的安全防护。充分发挥人的主观能动性，充分发挥专业救援力量的骨干作用和人民群众的基础作用。

（2）统一领导，分级负责。根据事件或事故的严重程度，分别启动各级应急响应。包括启动项目部级别应急响应；启动企业级别应急响应；启动政府级别应急响应。

（3）属权与属地结合。项目部级别的应急响应和企业级别的应急响应应以属权为主，事故灾难现场（紧急事件现场）应急处置的领导和指挥以项目部、公司为主；地方政府级别应急响应以属地为主，实行地方各级人民政府行政首长负责制，项目部、公司以及地方其他各有关部门应当与地方人民政府密切配合，充分发挥参谋和协调作用。

（4）依靠科学，依法规范。采用先进技术，充分发挥专家作用，实行科学民主决策。采用先进的救援装备和技术，增强应急救援能力。依法规范应急救援工作，确保应急预案的科学性、权威性和操作性。

（5）预防为主，平战结合。贯彻落实"安全第一，预防为主"的方针，坚持事故灾难应急与预防工作相结合。做好预防、预测、预警和预报工作，做好常态下的基坑安全监测、风险评估、预防预测、物资储备、队伍建设、完善装备、预案演练等工作。

三、深基坑施工重大风险源的辨识

深基坑施工重大风险源的辨识见表7-1所列。

深基坑施工重大风险源的辨识

表7-1

序号	危 险 源	事故特性
1	支撑体系的强度破坏、支撑偏心挠曲、撑点滑动、支撑预加应力变化（降低）	基坑变形至坍塌
2	无序开挖、超挖	基坑变形至坍塌
3	支撑不及时、支撑安装质量不合格	基坑变形至坍塌
4	明沟排水不到位	基坑变形至坍塌

序号	危　险　源	事故特性
5	地下水降排不到位	基坑变形至坍塌
6	基坑临边堆载过大	基坑变形至坍塌
7	基坑位移检测数据不准确、不及时，基坑位移到达报警或极限值后没有采取应对措施	基坑变形至坍塌

四、深基坑施工监测预警及信息报告

深基坑施工监测预警及信息报告见表 7-2 所列。

深基坑施工监测预警及信息报告　　　　　　　　　　　　　表 7-2

序号	坍塌事故预警	监控	措施要点
1	支撑体系的强度破坏、支撑偏心挠曲、撑点滑动、支撑预加应力变化（降低）	工程部	停止开挖，复加应力
2	无序开挖、超挖情况严重	工程部	停止开挖，进行回填
3	支撑不及时、支撑安装质量严重不合格	工程部	停止开挖，支撑加固
4	雨天时，明沟排水严重不到位	工程部	停止开挖，完善排水
5	地下水降排出现异常	工程部	停止开挖和降水
6	基坑临边堆载过大	工程部	停止开挖，转移堆载
7	基坑位移监测数据不准确、不及时，基坑位移达到报警值或极限值后没有采取应对措施	监测组	停止开挖、复测，采取对策

项目部工程部、监测组应当加强对深基坑施工的重大危险源的监控，对有可能引起的基坑失稳、坍塌的重要险情，必须立即采取有效措施消除重大危险，同时将相关信息向项目经理和项目总工报告。当险情持续发展、不能得到有效控制时项目经理应及时决策、宣布启动应急预案，同时向集团公司应急机构小组报告情况。应急状态启动后，应急状态机构各职责人员均应驻守现场，随时待命，不得擅自离开。

基坑坍塌事故发生后，应按照分级管理的程序逐级上报。坍塌现场有关人员应当立即向项目部负责人汇报，项目部负责人向集团公司负责人汇报。紧急情况下也可以越级上报。坍塌事故造成 3 人以上被掩埋的，单位负责人接到报告后，应报告建设单位，还应当立即报告当地相关行业管理部门。

五、几种可能的应急状态下预防坍塌事故的对策

几种可能的应急状态下预防坍塌事故的对策见表 7-3 所列。

几种可能的应急状态下预防坍塌事故的对策　　　　　　　　表 7-3

序号	应急状态	应对预防和救险的措施
1	支撑失稳	（1）基坑开挖过程中边开挖边架设钢支撑，支撑连接要可靠，确保支撑体系稳定。 （2）施工时严格控制钢支撑各支点的竖向标高及横向位置，确保支撑轴力方向与轴线方向一致。 （3）支撑轴力超过警戒时，立即停止开挖，加密支撑，并将有关资料反馈给有关部门，共同分析原因，制定对策。 （4）支撑失稳情况紧急或严重时（接近或已达到失控状态），首先必须保证全部人员撤离 100m 外，并警戒，禁止无关人员进入；同时立即向各级主管部门报告

序号	应急状态	应对预防和救险的措施
2	边坡失稳	（1）分层开挖，层间设台阶，每层开挖边坡坡率根据地质情况按规定放坡，必要时坡面喷射混凝土保证边坡稳定。 （2）在基坑四周及基坑内设置完善通畅的排水系统，保证雨期施工时地表水及时抽排。 （3）密切观测天气预报，暴雨或大雨来临时，停止开挖，立即对边坡进行覆盖和防护。同时，及时抽排汇入排水沟内的水，尽量减少基坑积水，确保基坑安全。 （4）边坡有明显失稳征兆时，必须暂停台阶面和台阶下方的作业，根据失稳情况，必要时撤离可能受威胁的人员和设备
3	涌水涌砂	（1）及时反馈监测信息，严格控制连续墙变形在允许范围内，必要时加密支撑，防止连续墙变形过大，遇接缝等薄弱环节错位开裂出现渗水通道时及时处理。 （2）在开挖过程中，如出现较大的渗漏水现象，则须回填部分土方，然后在该处对应的地下连续墙外侧旋喷桩处理后开挖。避免涌砂或大量漏砂。 （3）开挖过程中对连续墙接缝等薄弱部位加强巡视，若出现少量渗漏及时处理，先堵后开挖，防止渗漏点扩大。 （4）涌水涌砂的渗漏点继续扩大难以控制时，立即启动应急预案，防止恶性塌方、坍塌事故的发生
4	土层液化	（1）基坑边上不设过重堆载。 （2）雨期施工注意防止水流入基坑，基坑边上设截水沟，及时排走水流。 （3）及时将地面及基坑内积水排走，保持基坑底干爽。 （4）基坑底部如爆破开挖，采用预裂爆破的方案，减少爆破振动波对周围的影响。 （5）液化趋于严重时，应加强降水，同时减少土壤扰动，清除液化土
5	基坑涌砂、塌陷	（1）配备堵漏经验丰富的施工队伍，成立漏水涌砂救急小组，在出现险情时能立即出动，投入到抢险工作中去。 （2）配备注浆机，备有砂袋及注浆材料，一旦基坑出现涌水涌砂，立即抛填砂袋压堵，并立即用钻孔注化学浆液（双液注浆），形成固砂止水帷幕堵漏
6	暴雨、特大暴雨	（1）收集天气信息，每早于办公显眼处公布，遇恶劣暴雨、台风天气先期进入应急状态，落实应急措施。 （2）暴雨来临前，停止受暴雨影响较大的土石方开挖、防水层施作、混凝土灌注等作业，做好妥善安排，以策安全。 （3）临时增加基坑抽排水设备，排水设备应有单独供电措施，防止意外停电造成排水中断。 （4）清理基坑边截水沟保证畅通。 （5）对已开挖的台阶进行有效覆盖
7	基坑变形（内敛）过快	（1）禁止重型设备通过。 （2）立即补架临时支撑同时检查原因，根据情况采取下步方案。 （3）发现异常，立即加密支撑轴力、基坑收敛、地面沉降监测频率，24h观察基坑动态，以监测信息决定是否继续向下开挖或挖多少。 （4）准备双液注浆机械，旋喷注浆机械各一套及编织袋、短木桩等相关应急物资若干。当出现涌泥涌砂或涌水现象时，先用编织袋装砂封堵涌口，然后迅速从基坑内向围护墙背后进行双液注浆，必要时从墙后实施旋喷桩止水加固

六、应急响应

事故发生后，项目部立即启动应急响应，超出项目部应急救援处置能力时，现场总指挥及时报请上一级应急救援指挥机构，启动上一级应急预案实施救援。

1. 项目部有关部门的响应

项目部由项目经理启动并实施本应急预案，组织应急救援，并及时向上一级应急救援机构报告工作进展情况。需要调动本企业内其他单位应急力量支援时，及时提出请求。项目部各部门按照其职责和预案进行响应。

（1）项目部安全部门的响应

1）及时向上一级安全部门报告安全生产事故灾难基本情况、事态发展和救援进展情况。

2）开通与地方应急救援指挥机构、现场应急救援指挥部、相关专业应急救援指挥机构的通信联系，随时掌握事态发展情况。

3）对可能或者已经引发公共安全卫生和社会安全突发事件的，及时上报地方相关部门。

4）现场应急救援过程中，对救援过程进行安全检查和安全指导。

（2）项目部工程部门的响应

1）全力组织事故现场救援活动，综合利用项目部自身的人力、物力资源有效组织救援，防止事故扩大。

2）初期要以抢救人员为主，抢救的同时要防止次生事故的发生。

（3）后勤部门的响应

1）负责采购应急过程所需物资。

2）负责现场抢救人员的饮食供应。

3）负责应急响应期间内部与外部所投入资源的统计，以便应急结束后对外支付补偿。

4）负责处理应急过程中可能发生的其他后勤性事务。

（4）应急机构各小组响应

总指挥：宣布启动应急救援预案，立即通知各小组进入应急状态；赶赴现场，及时决策，向各救援小组下达初步指令；救援过程中恰当适宜的决策。

抢险救援组：充分调用现场可用的人力物力，第一时间组织救援人员；在抢险救援中，注意过程安全，防止发生次生事故或造成事故扩大；组织工程抢险。

伤员救护组：现场伤员急救处理；报警接警；转运伤员；随伤员到医院办理医疗手续。

现场警戒疏散组：事故现场的警戒；受影响居民（行人、车辆）的疏散；安排外来救援车辆停放和人员安全通道。

对外联络、媒体接待组：负责媒体接待；应急救援信息发布；按总指挥指令联系外援及做好各方沟通（上情下达、下情上达）。

善后工作组：负责联系通知事故伤亡人员的家属；安抚伤亡人员家属。

事故调查组：负责事故现场存照、事故救援情况记录；分析事故原因，调查处理事故。

2. 指挥和协调

在启动应急救援预案后，各救援小组立即按照预案组织相关应急救援力量，在启动更高一级应急响应后，主动配合高一级救援组织实施应急救援。

重大或特别重大的坍塌事故发生后，集团公司也应随即启动响应预案，全力调动相关资源，有效开展应急救援工作。并应成立公司级现场应急救援指挥部，负责现场应急救援的指挥，在公司级现场应急救援指挥部成立前，项目部和先期到达的应急救援队伍必须迅速、有效地实施先期处置，公司负责协调，全力控制事故灾难发展态势，防止次生、衍生和耦合事故（事件）发生，果断控制或切断事故灾害链。

现场处置主要依靠本项目部、集团公司内的应急处置力量。事故灾难发生后，项目部和公司按照应急预案迅速采取措施。当事态特别严重、本公司处置力量不足时，应报告当地人民政府应急救援机构，启动地方政府应急救援预案，此时将主要依靠地方行政区域内应急处置力量。

根据事态发展变化情况，出现急剧恶化的特殊险情时，现场应急救援指挥部在充分考虑专家和有关方面意见的基础上，依法及时采取紧急处置措施。

3. 医疗卫生救助

事故导致多人受伤的情况下，应尽可能以当地"120"急救中心现场救护为主。"120"急救中心在事发地负责组织开展紧急医疗救护和现场卫生处置工作。在"120"急救中心赶赴现场之前，现场应进行尽可能的急救，具体方式和步骤如下：

（1）尽快把压在人上面的土方、构件搬离，将受伤者抬出来并立即抢救。

（2）如伤员休克，应先处理休克。处于休克状态的伤员要让其安静、保温、平卧、少动，并将下肢抬高约20°左右，尽快送医院进行抢救治疗。遇呼吸、心跳停止者，应立即进行人工呼吸，胸外心脏挤压。

（3）出现颅脑损伤，必须维持呼吸道通畅。昏迷者应平卧、面部转向一侧，以防舌根下坠或分泌物、呕吐物吸入，发生喉阻塞。有骨折者，应初步固定后再搬运。遇有凹陷骨折，严重的颅骨及严重的脑损伤症状出现，创伤处用消毒的纱布或清洁布等覆盖伤口，用绷带或布条包扎后，及时送就近有条件的医院治疗。

（4）发现脊椎受伤者，创伤处用消毒的纱布或清洁布等覆盖伤口，用绷带或布条包扎后，搬运时，将伤者平卧放在帆布担架或硬板上，以免受伤的脊椎移位、断裂造成截瘫或导致死亡。抢救脊椎受伤者，搬运过程中，严禁只抬伤者的两肩或单肩背运。

（5）发现伤者手足骨折，不要盲目搬运伤者，应在骨折部位用夹板把伤者受伤位置临时固定，使断端不再移位或刺伤肌肉、神经或血管。固定方法：以固定骨折处上，下关节为原则，可就地取材，用木板、竹头等。无材料的情况下，上肢可固定在身侧、下肢与腱侧下肢缚在一起。

（6）遇有创伤性出血的伤员，应迅速包扎止血，使伤员保持头低脚高的卧位，并注意保暖。

4. 应急人员的安全防护

现场应急救援人员应根据需要携带相应的专业防护装备，采取安全防护措施，严格执行应急救援人员进入和离开事故现场的相关规定。

现场应急救援指挥部根据需要具体协调、调集相应的安全防护装备。

5. 群众的安全防护

现场应急救援指挥部负责组织群众的安全防护工作，主要工作内容如下：

（1）项目部与当地派出所建立应急互动机制，确定保护群众安全需要采取的防护措施。

（2）决定应急状态下群众疏散、转移和安置的方式、范围、路线、程序。

（3）应急警戒疏散小组负责实施疏散、转移。

（4）启用应急避难场所。

（5）开展思想工作和解决群众生活问题。

（6）做好治安管理。

6. 社会力量的动员与参与

超出本单位应急处置能力时，应向地方人民政府申请本行政区域内的社会力量支援，地方政府有关部门组织社会力量进行支援。社会力量统一服从现场应急救援指挥部的工作指令。

7. 信息发布

媒体接待、信息发布小组具体负责事故信息的发布工作。

8. 应急结束

当遇险人员全部得救或得到救治，坍塌事故现场得以控制或恢复，环境、安全符合有关标准，导致次生、衍生事故隐患消除后，经现场应急救援指挥部确认和批准，现场应急处置工作结束，应急救援队伍撤离现场。由现场应急救援指挥机构宣布应急结束。

七、事故报告及后期处置

在现场抢救过程中，应尽量保护原始现场，任何人不得故意破坏现场、毁灭事故起因证据。

1. 事故报告

按事故报告规定，立即逐级上报有关部门。

2. 后期处置

由项目部负责组织事故善后处置工作，集团公司应有效支持或参与。包括人员安置、事故伤亡人员补偿，征用各方物资的补偿，灾后重建，污染物收集、清理与处理等事项。尽快消除事故影响，妥善安置和慰问受害及受影响人员，保证社会稳定，尽快恢复正常秩序。

第二节　盾构进出洞防渗漏、坍塌应急预案

一、编制目的

在盾构始发施工过程中发生洞门涌水涌砂事故后的应急响应处置及程序，及时控制事故发生所可能产生的影响和损失。

二、事故报告

一旦突发事故或事件，项目部现场负责人必须在第一时间内向项目经理报告；项目经理立即组织事故现场的紧急抢险工作，同时将事故情况上报建设单位及行业管理部门。通知公安、消防、医院、人防等单位进行联动，进行事故的抢险工作。

三、组织应急处置力量

（1）根据事故特点和需要，由项目部立即组织抢险并通知相关技术专家赶赴现场。

（2）技术专家根据现场情况制定抢险方案，并按照职责分工，保证必要的抢险物资、

设备、车辆、人员，配合落实好抢险工作。

（3）当事故升级时，由建设单位向上级领导报告，并通知公安、武警、消防、卫生、人防等联动单位，分头前往现场。

四、相关监测部门工作

综合协调组负责联系各工程监测、环保监测站等单位实施监测工作，对事故发生的危害区域及危害性质利用其特有的仪器、设备进行监测，为现场应急处置指挥部、现场技术专家组的应急处置行动和抢险方案的制定，提供科学的数据。

五、保障措施

1. 应急抢险队伍

抢险队伍由项目部抢险队和预备队组成。

（1）项目部抢险队：由项目部组建，负责突发事故的抢险工作，由项目副经理任队长。

人员：具有丰富施工及抢险经验的管理人员；具有两项以上特种操作技能的工人（包括：电工、电气焊工、起重吊装工、架子工等），人员不少于 15 人；普通工人 30 人，总人数不少于 45 人。

（2）抢险预备队：也就是项目部抢险队，由工程部统一调配。当抢险队满足不了抢险要求时，预备队要服从项目部的调配，负责突发事故的抢险工作。各抢险预备队的人员、设备、物资在紧急情况下实行资源共享，由工程部统一调配。

（3）抢险队伍的到位

发生突发事故，项目部抢险队接到通知后 15min 内到达现场，立即组织抢险。

发生突发事故，本预案启动后，项目部抢险预备队接到通知后，携带抢险设备在规定时间内到达现场，参与抢险。

2. 抢险队伍的器材、设备

（1）必备的器材：发电照明器材、水泵、切割工具、气体检测仪器、排送风器材、防毒面具等。

（2）必备的设备：抢险工程车、挖掘机、汽车吊、注浆设备等。

（3）可调动设备：破碎锤、液压剪、空压机等。

（4）必备的工具：铁锹、镐、切割剪、捯链、撬棍、千斤顶、吊索具等。

（5）抢险材料：结合施工突发事件的特点，施工现场应储备与工程相适应的抢险材料，具体为：编织袋、土方、级配石等。

六、风险分析

盾构出洞时洞口土体大量流失。

1. 现象

进洞时，大量的土体从洞口流入井内，造成洞口外侧地面大量沉降。

2. 原因分析

（1）洞口土体加固质量不好，强度未达到设计或施工要求而产生塌方，或者加固不均匀，隔水效果差，造成漏水、漏泥现象。

（2）洞门密封装置安装不好，止水橡胶帘带外翻，造成水土流失。

（3）洞门密封装置强度不高，经不起较高的土压力，受挤压破坏而失效。

（4）盾构外壳上有突出的注浆管等物体，使密封受到影响。

（5）出洞时未能及时封堵洞门间隙。

3．预防措施

（1）洞口土体加固应提高施工质量，保证加固后土体强度和均匀性。

（2）洞口封门拆除前应充分做好各项进洞的准备工作。

（3）洞门密封圈安装要准确，在盾构推进的过程中要注意观察，防止盾构刀盘的周边刀割伤橡胶密封圈。密封圈可涂牛油增加润滑性；洞门的扇形钢板要及时调整，改善密封圈的受力状况。

（4）在设计、使用洞门密封时要预先考虑到盾壳上的凸出物体，在相应位置设计可调节的构造，保证密封的性能。

（5）盾构出洞时要及时调整密封钢板的位置，及时地将洞口封好。

4．治理措施

（1）将受压变形的密封圈重新压回洞口内，恢复密封性能，及时固定弧形板，改善密封橡胶带的工作状态。

（2）对洞口进行注浆堵漏，减少土体的流失。

七、应急响应

当盾构出洞发生大量的涌水涌砂现象，造成了地面的下陷，甚至工作井坍塌和盾构机的掩埋等情况，采取的应急对策为：

（1）险情现场人员疏散，同时对可能造成影响的中铁隧道建设集团的人员进行疏散，组织人员从安全通道向安全出口方向迅速疏散、撤离。

（2）遇有人员受伤，立即通知"120"急救中心，并派人至路口接应。"120"未到之前应及时对伤员进行临时救治，对轻伤人员及时进行创面清洗、包扎后送就近医院治疗；伤较重的，应用敷料或用清洁床单、被单、衣服等包扎创面，尽快送往特色医疗单位.

（3）应立即通知相关单位的人员到场监护，抢险中应对周边环境进行监控，有可能造成破坏时，及时采取安全措施。并与应急救援物资供应单位联络，保证物资供应渠道畅通。

（4）应负责做好前来指挥抢险的各级领导及专家的接待工作，安排好办公、生活、住宿、车辆等后勤保障工作。及时提供所需的技术资料，做好联络，确保信息传递畅通。

（5）应根据现场提供的各种资料，通过简短的会议决定应采取的应急措施（如临时围护、支护、注浆加固等）。

（6）应有专人负责事故现场设立警戒线，对现场通道进行封锁，疏散围观人员，劝说无关人员不要进入事故现场，并根据实际情况，及时向周边居民发布安民告示。

（7）有可能危及周围居民的安全时，应立即通知政府组织及当地居委会，组织居民安全有序的撤离。

（8）出洞前，应备好足够的草包、编织袋、双快水泥、水溶性聚氨酯等物资。同时与黄砂堆场联系好黄砂，与分包单位联系好土方，做好应急准备。洞门混凝土吊除后，洞门外土体可能受地下水影响涌入端头井内，造成地面塌陷，必须尽快吊除混凝土，使盾构机及时地靠上洞门，同时地面覆土处理。

盾构推进一段距离后，若水或泥砂从帘布橡胶板与盾构间漏出，使用草包或棉花被对间隙进行封堵，同时进行降水。若漏水比较严重，将用双快水泥对洞门进行完全封堵，封堵时预埋注浆管，并装上球阀，用于释放洞门外压力及压注浆液或聚氨酯。在＋1～＋5环的管片注浆孔注入聚氨酯，等洞圈处水流变小后，停止聚氨酯注入。用水泥和水玻璃的双液浆进行注浆填充，保证堵漏效果。

八、相关方联系电话

（1）应急处置小组立即实施救援工作，根据伤者受伤的程度，联系车辆送往就近医院，或向120急救中心求助，如已经送往医院的，则落实医院的费用，如伤势严重的由伤者所在单位通知伤者家属；保护好现场，等候当地公安交通管理部门的处理。

（2）按照事故调查处理程序组织事故调查处理，将事故调查处理结果报送相关部门。

第三节　明挖基坑防台、防汛应急预案

一、编制目的

为规范施工过程中对台风、暴雨造成事故的应急管理和应急响应程序，以便及时有效地实施应急救援工作，最大限度地避免事件恶化发展或事故扩大、避免或减少人员伤亡和财产损失，为确保事故应急救援工作高效有序进行，根据工程实际制定本预案。

二、险情发生时的应急响应

（1）紧急情况发生后，现场要做好警戒和疏散工作，保护现场，及时抢救伤员和财产，并由现场的最高级别的负责人指挥，在3分钟内电话通知值班室，主要说明紧急情况的性质、地点、发生时间、有无伤亡、是否需要派救护车和警力支援到现场实施抢救，如需要可直接拨打120、119、110等求救电话。

（2）值班人员在接到紧急情况报告后必须在2分钟内将情况报告到紧急情况领导小组组长和副组长。小组组长组织讨论后在最短时间内发出如何进行现场处置的指令。分派人员车辆到现场进行抢救、警戒、疏散和保护现场等，组长在30分钟内向上级有关部门报告。

（3）项目部接到事故报告后，应立即启动应急预案，组织有关人员、设备、设施及器材，赶赴现场采取有效措施抢救人员和财产，防止事态蔓延和扩大，与此同时还应在事故发生后，通过传真或电话立即报告至公司安质部。任何单位和个人不得瞒报、缓报、谎报或授意他人瞒报、缓报、谎报。

三、应急预防措施

应急预防措施见表7-4所列。

应急预防措施　　　　　　　　　　　　　　　　　　　　　表7-4

序号	应急状态	应对预防和救险的措施
1	台风来临之前	（1）检查简易棚架，加固棚架顶铁皮瓦。 （2）停止一切高空作业及起重作业。 （3）吊车应停靠在安全区域，并将吊臂收回或放下。 （4）对临时围挡进行加固，并安排人员巡视，禁止行人在临时挡边停靠、坐卧。 （5）强化临边的防护。各类支撑、脚手架要稳固，遇有6级以上强风等恶劣气候，要停止高空作业，并及时清除零星轻便杂物、标语、宣传牌，预防强风将物刮落地面，伤及行人及车辆

序号	应急状态	应对预防和救险的措施
2	每逢汛期、梅雨期、暴雨来临之前	（1）修整基坑边坡，确保其坡度满足设计要求，必要时采用彩条布覆盖。 （2）在基坑四周及基坑内设置完善通畅的排水系统，对场内各排水系统进行疏通检查并清洁好沉淀池，保证地下水及地表水能及时抽排。 （3）检查电线线路及各种设备，备好抽水设备，确保暴雨到来后抽水设备能正常工作。 （4）暴雨来临前，停止受暴雨影响较大的土石方开挖、防水层施作、混凝土灌注等作业，做好妥善安排，以策安全。 （5）在地下负高空、深基坑施工中，配备足够数量的排水泵，将水抽出排入地面下水道井内。对于较深的基坑应采用接力排水。为防止地表降水倒灌，在坑口四周必须设置30cm以上高度的挡水墙。 （6）各部室下班前关紧门窗和关闭电源
3	台风暴雨到来后	（1）防汛防台工作小组必须到现场值班，加强巡视，并安排好值班车辆和防汛器材，随时准备进入防汛状态。 （2）其他相关人员（电工、抽水人员）等到位并坚守岗位。 （3）抢险人员随时待命，需要时可立即到现场抢险，如垒筑砂包、加固等

四、救援物资

根据实际情况和需要配备必要的应急救援装备和物资，表7-5仅为参考。

应急响应时随时根据实际需要采购所需物资装备 表7-5

序号	备用工具、材料、人员	作用和用途	备 注
1	项目部主要领导最少有一名	现场指挥	过程进行中最少有1名领导在工地值班留守
2	经过急救培训的救援人员	现场救护、指导	常驻
3	担架2副	急救伤员	常备于工地
4	交通车辆和司机	急救伤员	工地最少常备一辆留守车
5	急救药箱	急救伤员	常备于工地
6	止血、护骨、止痛、镇定类等常用药品、急救药品、医用工具等	急救伤员	常备于工地
7	电工绝缘手套2套、绝缘鞋2双、高压电竿1套、电工钳2把	触电、漏电、停电事故等应急	常备于电工班
8	绳索	现场救护伤员	常备于工地
9	救生圈适量	打捞淹溺人员	常备于易冒水处
10	应急灯具	夜间停电时事故抢险	常备于工地
11	安全带	救护悬空人员	常备于高处作业处
12	铁铲、挖掘机、吊机	抢险用	常备于工地
13	钢管支撑	局部增加支撑用	常备于工地
14	清水泵及其管带	大雨、暴雨时加强基坑明水排放	常备于工地
15	杂木、麻袋、沙包、水泥、木板	处理冒水、渗水	常备于工地
16	警戒带、扩音筒、口哨、小旗	现场警戒人员疏散等	常备于工地

五、纠正与完善

汛情过后水灾事故处理完后，要结合水灾的救援情况，对应急预案进行分析研究，对不适应的地方进行修改、补充、完善。

第四节　基坑开挖过程中重要管线保护应急预案

一、编制目的

在施工过程中发生各类管线破坏事故后的应急响应处置及程序，及时控制事故发生所可能产生的影响和损失。

二、应急措施

（1）事故第一现场人员应立即报告应急指挥小组，并停止施工。

（2）当机立断，尽快将受伤人员脱离危险地方，防止二次受伤。

（3）立即组织职工自我救护队进行自救，并向当地120急救中心取得联系，说明事故地点和严重程度，并派人到路口接应。

（4）加强支护和支持加桩板等，对边坡薄弱环节进行加固处理。

（5）如由周边弃土、堆料或其他机械设备施工所至，则迅速运走弃土、堆料和机械设备，并派专人负责基坑土体隆起和开挖周边地与沉降变化的监测工作。

（6）项目部接到报告后，应立即指令全体成员在第一时间赶赴现场，了解和掌握事故情况。开展抢救和现场秩序的维护。

（7）指令善后人员到达事故现场，做好与当事人家属的接洽善后等工作。

（8）现场安全员对事故进行原因分析，制定相应的整改措施，认真填写事故报告和相关处理报告，并上报公司及上级机关。

三、应急准备

1. 管线事故类型

因施工不慎而导致管线破坏的事故主要有以下类型：

（1）上水管线损坏；

（2）污水管线损坏；

（3）通信、电缆损坏；

（4）煤气、天然气管线损坏；

（5）供油管线的损坏；

（6）其他各类管线损坏。

2. 建立联络

项目开工前，施工单位应会同建设监理单位召开项目协调会议，邀请施工所在地的环保、环卫、管线（水、电、煤气）、电信、交警、消防、质监、市容监察、绿化园林、街道、派出所等政府职能部门出席会议，通过协调会议的形式，与各政府主管部门建立联络渠道，会后建立《相关联络清单》，以便在紧急情况下能够及时向有关部门通报。

四、应急响应

1. 上水、污水管线

施工期间发生上水、污水管线损坏事故后，应立即用防汛材料实施堵漏，切断水源，尽可能地减小由于管线损坏造成的损失，立即向当地上水、污水管线监护人员或监护部门报告，由其监护单位指导或派专人对管线进行抢修。在抢修队伍赶到前，停止可能继续造成管线安全的作业，派专人保护好现场，防止事故扩大而影响周边单位、居民正常生活及道路交通安全。

2. 通信和供电电缆

施工期间发生通信和供电电缆损坏后，应立即向管线监护人员和监护部门报告，由其监护单位指导或派专人对管线进行抢修。在抢修队伍赶到前，应停止可能继续造成电信和供电电缆安全的作业，派专人保护好现场，防止事故扩大而影响周边单位、居民正常生活及道路交通安全。

3. 煤气、天然气管线

施工期间发生煤气、天然气等可燃气体管线损坏后，应立即向管线监护人员或管线监护单位报告，由其监护单位指导或派专人对管线进行抢修。在抢修队伍赶到前，应停止可能继续造成煤气、天然气安全的作业，现场禁止烟火，指派专人保护现场，并划定危险区域，禁止其他人员靠近发生事故的危险区域，防止事故扩大而影响周边单位、居民正常生活及道路交通安全。

4. 其他管线

施工期间发生其他类型的管线损坏后，应立即向管线监护人员或管线监护单位报告，由其监护单位指导或派专人对管线进行抢修或采取紧急措施。有关人员应确定泄漏物质的性质，根据物质的特性采取临时预防性措施，以防止泄漏物质对人员造成伤害。在抢修队伍赶到前，应停止可能继续造成管线安全的作业，指派专人保护好现场，禁止其他人员靠近现场，防止事故扩大而影响周边单位、居民正常生活及道路交通安全。

在施工的地面开挖过程中，作业人员发现有地下文物的，应及时向当地文物主管部门或公安部门通报，并派人保护好现场，防止出现哄抢、破坏文物的现象。

五、处理报告

施工过程中造成管线损坏事故后，必须向有关部门提供下列书面资料：

（1）管线损坏地点、时间及损坏记录；（2）事故调查、损失、处理结果，事故处理意见。

第五节　防火应急预案

一、编制目的

为保证全体员工在日常办公生活、施工生产过程中的安全，防止突发性火灾重大事故发生；为确保火灾重大事故应急救援工作高效有序进行，最大限度地减少火灾事故伤害。

二、应急救援预案

1. 组织机构

为加强对预案和处置火灾事故突发事故的领导，项目部成立处置突发事故应急领导小组。

2. 工作职责

（1）对工程的火灾事故的预防实行统一领导，贯彻"预防为主、防消结合、处置得当"的原则。防范工作立足现场、落实措施，处置突发性事故要把握时机、果断决策，防止事态的扩大和蔓延。

（2）实施预防火灾等事故应急预案：建立工作制度，定期分析，研究工区防火工作动态，发现火灾事故隐患，采取果断措施，及时予以整改，消除各类安全隐患。

（3）掌握现场防火工作动态，熟悉、了解防火业务知识及处置已发事故的业务知识，须经培训；负责日常与业主主要部门及公司主管部门的业务联系，及时传递、反馈信息；发生事故后就迅速与有关部门密切配合，协助查明事故的原因、性质，预测事态的发展趋势，为领导决策提供依据；对突发性事件可能危及的重点、要害部位和设施应当采取果断的防范、补救措施，防止损失和影响的扩展。

3. 突发事故的类型

（1）因施工生产、生活设施而引发的火灾突发性事故；

（2）因火灾事故造成人员伤亡和财物损失；

（3）因火灾事故导致有毒有害废弃物的产生；

（4）因危险品仓库、易燃建筑材料堆场的设置、储存、管理不当而引发的火灾爆炸事故。

4. 加强情报、信息工作

快速、准确地传递、掌握各类事故信息，可处置突发性事故、最大限度地减少损失和影响，项目部建立健全信息网络，以保证信息正常运转和渠道畅通。

5. 值班和报告制度

（1）项目部认真落实逐级值班制度，做到领导干部能在突发性事故发生后第一时间赶到事故现场，参与处置。

（2）凡发生突发性火灾、爆炸事故或由此造成的人员伤亡，除立即报 119 火警电话和120 抢救电话外应报告建设单位及行业主管部门。不得迟报、误报和瞒报。凡因报告不及时或压制不报而造成严重后果和影响的，要追究有关人员的责任。报告内容应包括：发生突发事故的单位、时间、地点、起因，造成的损失和影响，已采取的措施，发展的趋势以及要求帮助解决的问题等。突发性事故处理过程中应每小时报告一次，如遇重大情况随时报告。

（3）事故单位及主管部门在事故紧急处置告一段落后，要及时做出事故综合报告，内容包括：事故的简况、处置或抢救经过，应吸取的教训，拟对责任人的处理和整改措施等情况。

三、应急响应

为控制事故的发展，把损失和影响减到最低程度，项目部要做到以下几点：

（1）备齐抢救物资

如日常医疗所需的设备（担架、夹板等）和药箱（存放止血绷带等常用医疗药品）。

（2）烧伤急救处理

在生产过程中有时会受到一些明火、高温物体烧烫伤害。严重的烧伤会破坏身体防病的重要屏障，血浆液体迅速外渗，血液浓缩，体内环境发生剧烈变化，产生难以抑制的疼痛。这种损伤很容易发生休克，危及生命。所以烧伤的紧急护理不能延迟，要在现场立即进行。基本原则是：消灭热源、灭火、自救互救。烧伤发生时，最好的救治方法是用冷水冲洗，或伤员自己侵入附近水池浸泡，防止烧伤面积进一步扩大。

衣服着火时应立即脱去，用水浇灭或就地躺下，滚压灭火。冬天穿棉衣时，有时明火熄灭，暗火仍燃，衣服如有冒烟现象应立即脱下或剪去，以免继续烧伤。身上起火不可惊慌奔跑，以免风助火旺，也不要站立呼救，免得造成呼吸道烧伤。

（3）对已发生的突发性事故的信息，必须引起高度重视，对重大事故信息，应及时启动预案程序，妥善处置。

（4）对突发性事故的处置，凡属重大事故，各有关部门和人员须及时赶到现场。要坚持统一领导，严格依法办事，讲究策略方法、快速处置，切忌随意表态，以防事态扩大。

（5）对已发生的突发性事故，处置突发性事故领导小组接到报告后，根据事故的类型、人员和财产损失情况向有关部门报告。

（6）凡是火灾事故造成的严重后果，并已影响、涉及社会时，要听从上级领导和有关部门的指挥，直至事态平息，恢复正常的生产、生活秩序。

（7）因火灾事故形成的有毒废弃物，应通知上级主管部门，按规定检测和处置，不得擅自清运、焚烧、填埋。

第六节　起重吊装应急预案

一、编制目的

在施工过程中发生起重吊装事故后的应急响应处置及程序，及时控制事故发生所可能产生的影响和损失。

二、应急措施

1. 施工机械事故的应急响应

（1）各类型起重机械一旦发生作业中刹车失灵事故，操作人员应充分利用一瞬间短暂的时间，紧急鸣笛示警，吊钩滑轮倍率大的起重机应紧急操作回转机构，把荷重转至无人区域空旷地带，吊钩滑轮倍率小的起重机可尝试打反车制动，如果荷重下方无人员作业和障碍物，变幅式起重机应立即增幅，防止因突然卸载造成起重机向后倾覆事故的发生，努力将人员伤亡、机械和设备损失降低到最低限度。

（2）履带起重机和汽车起重机一旦发生轨道、基础、路面或支腿突然下沉事故，操作人员应充分利用一瞬间短暂的时间，空载情况下应立即将配重回转到基础或路面较为坚定的一侧，同时增幅或收幅，保持起重机平衡；带载情况下应立即卸载，或用回转、变幅的方法保持整机平衡；事故得到控制后，立即组织救援，防止事故的进一步扩大。

（3）起重机械防风措施

1）较大起重臂主臂工况作业时若突然遭遇 6 级以上大风或起吊迎风面较大的重物时遭遇 5 级以上大风，必须停止作业，操作人员应充分利用短暂的时间，立即卸载，将起重臂增至最大幅度，转至顺风方向，同时将吊钩与地面的荷载锚定，以增加起重机的稳定性；气象预报时段 5~6 级大风，应停止作业，防风措施按上述实施。

2）桁车

①作业时若突然遭遇 6 级（风速 12m/s）以上大风或起吊迎风面较大的重物时遭遇 5 级以上大风，必须停止作业，操作人员应充分利用短暂的时间，立即卸载，夹好夹轨器，并穿好铁鞋；同时将吊钩与地面的荷载锚定。

② 气象预报时段 5～6 级大风，应停止作业，防风措施按①实施。

③ 气象预报时段 7 级以上大风，必须停止作业，除防风措施按①实施以外，还必须在刚性腿和挠性腿上部（桥架下端）两个方向拉设缆风绳（本车轨道作地锚），同时用 φ48 钢管插入行走轮轮辐孔内将行走台车锁定。

（4）各类起重机械作业时如果突然遭遇洪水、地震等自然灾害，必须紧急卸载，变幅式起重机按起重机械防风措施实施操作，如果时间允许，可拉设缆风绳，切断电源，紧急疏散人员。

2. 灾后救援

（1）灾害事故发生后，要立即组织救援工作，调动现场各种车辆、器材和人员，抢救伤员，控制事故状态，保护事故现场，立即向上级领导报告，协助上级领导向当地地方政府、安全监察部门汇报灾害情况。

（2）发现作业人员伤害，必须立即救护伤员。对伤情较重的伤员，要立即进行现场急救（心肺复苏和外伤处理），并立即向就近的医疗机构求助或直接拨打 120 急救电话向急救中心求助。

（3）发现相关人员和财产受灾后，应立即实施救援，并向上级领导报告，协助上级领导向当地地方政府、安全监察部门报告灾情。

3. 灾后恢复

（1）检查起重机械灾害情况，制定修复方案，并组织实施。

（2）对灾后的起重机械进行危害辨识和短期及长期的影响评价。

（3）对废弃物的处置按《固体废弃物控制程序》进行。

（4）对起重机械的结构强度进行测试和评估，及时恢复生产。

4. 纠正与完善

（1）事故发生后应按照"四不放过"的原则，组织进行事故原因的调查分析。

（2）进一步完善各项规章制度，建立细致的目标、指标管理方案。

（3）加强员工的安全技术培训工作，定期组织应急人员进行灾前演练，努力提高员工的技术素质。

（4）加强监督检查力度，完善各类施工机械的安全装置，有效控制事故。

（5）与当地医疗机构、防汛组织和气象部门保持密切联系，及时、准确地获取信息。

三、应急响应

（1）当发生事故时，现场发现人员应采取相应措施管制事态蔓延或扩大。

（2）当发生事故时，现场发现人员应立即通知项目经理，并电话通知应急救援小组。

（3）项目部接到事故报告后，应立即启动应急准备预案，组织有关人员、设备、设施及器材，赶赴现场采取有效措施抢救人员和财产，防止事态蔓延和扩大，与此同时还应在事故发生后，通过传真或电话立即报告分公司安质部。任何单位和个人不得瞒报、缓报、谎报或者授意他人瞒报、缓报、谎报。

（4）若事态不能有效控制，在应急救援领导小组统一指挥下，立即向当地有关部门或分公司求援。

四、处理报告

施工过程中造成起重吊装事故发生后，必须向有关部门提供下列书面资料：

（1）起重吊装事故地点、时间及过程记录；

（2）事故调查、损失、处理结果；

（3）事故处理意见。

五、相关方联系电话

（1）应急处置小组立即实施救援工作，根据伤者受伤的程度，联系车辆送往就近医院，或向120急救中心求助，如已经送往医院的，则落实医院的费用，如伤势严重的由伤者所在单位通知伤者家属；保护好现场，等候当地公安交通管理部门的处理。

（2）按照事故调查处理程序组织事故调查处理，将事故调查处理结果报送相关部门。

六、注意事项

（1）事故发生时应组织人员进行全力抢救，视情况拨打120急救电话和马上通知有关负责人。

（2）重伤员运送应用担架，腹部创伤脊背柱损伤者，应用卧位运送；胸部伤者一般取半卧位，颅脑损伤者一般取仰卧偏头或侧卧位，以免呕吐误吸。

（3）注意保护好事故现场，便于调查分析事故原因。

第八章 施工现场文明施工

第一节 文明施工基本要求

一、文明施工管理概述

文明施工有广义和狭义两种理解。广义的文明施工，简单地说就是科学地组织施工。

本章所讲的文明施工是从狭义上理解的。它是指在施工现场管理中，要按现代文明施工要求，使施工现场保持良好的施工环境和施工秩序。它是施工现场管理的一项重要的基础工作。

1. 文明施工主要的工作

（1）规范施工现场的场容，保持作业环境的整洁卫生。

（2）科学组织施工，使生产有序进行。

（3）减少施工对周围居民和环境的影响。

（4）保证职工的安全和身体健康。

2. 文明施工的意义

（1）文明施工能促进企业综合管理水平的提高。保持良好的作业环境和秩序，对促进安全生产、加快施工进度、保证工程质量、降低工程成本、提高经济和社会效益有较大作用。文明施工涉及人、财、物各个方面，贯穿于施工全过程和全体人员之中，体现了企业在工程项目施工现场的综合管理水平。

（2）文明施工是适应现代化施工的客观要求。现代化施工更需要采用先进的技术、工艺、材料、设备和科学的施工方案，需要严密组织、严格要求、标准化管理和较好的职工素质等。文明施工是实现优质、高效、低耗、安全、清洁、卫生的有效手段。

（3）文明施工代表企业的形象。良好的施工环境与施工秩序，可以得到社会的支持和信赖，提高企业的知名度和市场竞争力。

（4）文明施工有利于员工的身心健康，有利于培养和提高施工队伍的整体素质。文明施工可以提高职工队伍的文化、技术和思想素质，培养尊重科学、遵守纪律、提倡公德、团结协作的大生产意识，促进企业精神文明建设。从而还可以促进施工队伍整体素质的提高。

3. 文明施工的组织与管理

（1）组织和制度管理

1）施工现场应成立以项目经理为第一责任人的文明施工管理组织。分包单位应服从总包单位的文明施工管理组织的统一管理，并接受监督检查。

2）各项施工现场管理制度应有文明施工的规定。包括个人岗位责任制、经济责任制、安全检查制度、持证上岗制度、奖惩制度、竞赛制度和各项专业管理制度等。

3）加强和落实现场文明检查、考核及奖惩管理，以促进施工文明管理工作的提高。

检查范围和内容应全面周到，包括生产区、生活区的场容场貌、环境文明及制度落实等内容。

（2）建立收集文明施工的资料及其保存的措施

1）上级关于文明施工的标准、规定、法规等资料。

2）施工组织设计（方案）中对文明施工的管理规定，各阶段施工现场文明施工的措施。

3）文明施工自检资料；上级单位和相关政府部门的检查资料。

4）文明施工教育、培训、考核计划的资料。

5）文明施工活动各项记录资料，包括文字和影像资料。

（3）加强文明施工的宣传和教育

1）在坚持岗位练兵基础上，要采取派出去、请进来、短期培训、上技术课、登黑板报、广播、看录像、看电视等方法狠抓教育工作。

2）要特别注意对临时工的岗前教育和作业前的交底工作。

3）专业管理人员应熟悉掌握文明施工的规定。

4. 现场文明施工的基本要求

（1）施工现场必须设置明显的标牌，标明工程项目名称、建设单位、设计单位、施工单位、项目经理和施工现场总代表人的姓名、开、竣工日期、施工许可证批准文号和接受社会监督的公开电话（投诉电话）等。施工单位负责施工现场标牌的保护工作。在城镇区域内进行市政工程施工，应做好作业区与外界的围护隔离设施。

（2）施工现场的管理人员在施工现场应当佩戴证明其身份的胸卡。

（3）应当按照施工总平面布置图设置各项临时设施。现场堆放的大宗材料、成品、半成品和机具设备不得侵占场内道路及安全防护等设施。

（4）施工现场的用电线路、用电设施的安装和使用必须符合施工现场临时用电安装规范和安全操作规程，并按照施工组织设计进行架设，严禁任意拉线接电。施工现场必须设有保证施工安全要求的夜间照明；危险潮湿场所的照明以及手持照明灯具，必须采用符合安全要求的电压。

（5）施工机械应当按照施工总平面布置图规定的位置和线路设置，不得任意侵占场内道路。施工机械进场须经过安全检查，经检查合格的方能使用。施工机械操作人员必须建立机组责任制，并依照有关规定持证上岗，禁止无证人员操作。

（6）应保证施工现场道路畅通，排水系统处于良好的使用状态；保持场容场貌的整洁，随时清理工程和生活垃圾。在车辆、行人通行的地方施工，应当设置施工警示标志，并对沟井坎穴进行安全覆盖。

（7）施工现场的各种安全设施和劳动保护器具，必须定期进行检查和维护，及时消除隐患，保证其安全有效。

（8）施工现场应当设置各类必要的职工生活设备，并符合卫生、整洁、通风、照明等要求。职工的膳食、饮水供应等应当符合卫生要求。

（9）应当做好施工现场安全保卫工作，采取必要的防盗措施，在工程项目部基地和施工现场周边设立围护设施。

（10）应当严格依照《中华人民共和国消防条例》的规定，在施工现场建立和执行防火管理制度，设置符合消防要求的消防设施，并保持完好的备用状态。在容易发生火灾的地区施工，或者储存、使用易燃易爆器材时，应当采取特殊的消防安全措施。

（11）施工现场发生工程建设重大事故的处理，依照《工程建设重大事故报告和调查程序规定》执行。

二、文明施工基本条件与要求

文明施工是指保持施工场地整洁、卫生，施工组织科学，施工程序合理的一种施工活动。实现文明施工，不仅要着重做好现场的场容管理工作，而且还要相应做好现场材料、机械、安全、技术、保卫、消防和生活卫生等方面的管理工作。一个工地的文明施工水平是该工地乃至所在企业各项管理工作水平的综合体现。

1. 文明施工基本条件

（1）有整套的施工组织设计（或施工方案）。

（2）有健全的施工指挥系统和岗位责任制度。

（3）工序衔接交叉合理，交接责任明确。

（4）有严格的成品保护措施和制度。

（5）大小临时设施和各种材料、构件、半成品按平面布置堆放整齐。

（6）施工场地平整，道路畅通，排水设施得当，水电线路整齐。

（7）机具设备状况良好，使用合理，施工作业符合消防和安全要求。

2. 文明施工基本要求

（1）工地主要入口要设置简朴规整的大门，门旁必须设立明显的标牌，标明工程名称、施工单位和工程负责人姓名等内容。

（2）施工现场建立文明施工责任制，划分区域，明确管理负责人，实行挂牌制，做到现场清洁整齐。

（3）施工现场场地平整，道路坚实畅通，有排水措施，基础、地下管道施工完后要及时回填平整，清除积土。

（4）现场施工临时水电要有专人管理，不得有长流水、长明灯。在施工工地要设置临时卫生厕所，严禁在工地上大小便。

（5）施工现场的临时设施，包括生产、办公、生活用房、仓库、料场、临时上下水管道以及照明、动力线路，要严格按施工组织设计确定的施工平面图布置、搭设或埋设整齐。

（6）工人操作地点和周围必须清洁整齐，做到活完脚下清，工完场地清；丢洒在道路、硬地面上的砂浆混凝土、沥青拌合料要及时清除。

（7）砂浆、混凝土在搅拌、运输、使用过程中，要做到不洒、不漏、不剩，使用地点盛放砂浆、混凝土必须有容器或垫板，如有洒、漏要及时清理。

（8）要有严格的成品保护措施，严禁损坏污染成品、堵塞管道。

（9）施工现场不准乱堆垃圾及余物。应在适当地点设置临时堆放点，并定期外运。清运渣土垃圾及流体物品，要采取遮盖防漏措施，运送途中不得遗撒。

（10）根据工程性质和所在地区的不同情况，采取必要的围护和遮挡措施，并保持外观整洁。

（11）施工作业人员必须按不同工种要求，正确使用劳动防护用品。

（12）针对施工现场情况设置宣传标语和黑板报，并适时更换内容，切实起到表扬先进、促进后进的作用。

（13）施工现场严禁居住家属，严禁居民、家属、小孩在施工现场穿行、玩耍。

（14）现场使用的机械设备，要按平面布置规划固定点存放，遵守机械安全规程，经常保持机身及周围环境的清洁，机械的标记、编号明显，安全装置可靠。

（15）清洗车辆机械排出的污水要有沉淀排放措施，不得随地流淌。

（16）在用的搅拌机、砂浆机旁必须设有沉淀池，不得将浆水直接排放下水道及河流等处。

（17）塔吊轨道按规定铺设整齐稳固，塔边要封闭，道砟不外溢，路基内外排水畅通。

（18）施工现场应建立不扰民措施，针对施工特点设置防尘和防噪声设施，夜间施工必须有当地主管部门的批准。

三、地下管线的保护

1. 隔离法

通过钢板桩、树根桩、深层搅拌桩等形成隔离体，限制地下管线周围的土体位移、挤压或振动管线。这种方法较适合管线埋深较大而又临近桩基础或基坑的情况。对于管线埋深不大的也可通过挖隔离槽方法，隔离槽可挖在施工部位与管线之间，也可在管线部位挖，即将管线挖出悬空。隔离槽一定要挖深至管线底部以下，才能起到隔断挤压力和振动力的作用。

2. 悬吊法

一些暴露于基坑内的管线，或因土体可能产生较大位移而用隔离法将管线挖出的，中间不宜设支撑，可用悬吊法固定管线。要注意吊索的变形伸长以及吊索固定点位置应不受土体变形的影响。悬吊法中，管线受力、位移明确，并可以通过吊索不断调整管线的位移和受力点。

3. 支撑法

对于土体可能产生较大沉降而造成管线悬空的，可沿线设置若干支撑点支撑管线。支撑体可考虑是临时的，如打设支撑桩、砌支墩等；也可以是永久性的。对于前者，设置时要考虑拆除时的方便和安全。对于后者一般结合永久性建筑物进行。

4. 土体加固法

顶管、盾构、沉井施工中，可能由于土体超挖和坍塌而导致地面沉降和土体位移的，可以采取注浆加固土体的办法。一是施工前对地下管线与施工区之间的土体进行注浆加固；二是施工结束后对管壁或井壁松散土和空隙进行注浆充填加固。也可用旋喷法、深层搅拌法、分层注浆法加固基坑边坡的土体，通过保护边坡稳定来达到保护临近管线的目的。此外，在砂性土层，且地下水位又较高的环境中开挖施工时，为防止流砂发生，也可用井点降水方法。

5. 选择合理的施工工艺

基坑开挖、地下连续墙施工可采用分段开挖、分段施工的方法，使管线每次只暴露局部长度，施工完一段后再进行另一段，或分段间隔施工。对于桩基工程，可以合理安排打桩顺序，如临近管线的桩先打，退着往远离管线的方向打桩，以减少对管线的挤压，还可考虑调整打桩速率的方法，如打打停停，以减小土中的空隙水压力，或者在打桩区四周设排水砂井、塑料排水板，使孔隙水压力很快消失，减少挤土效应。顶管工程施工，对邻近管线区域，可以放慢顶进速率，以及减少一次顶进距离的办法，做到勤顶勤挖，减少对土体的挤压力，顶头穿过管线区后，勤压膨润土，以充填顶头切削造成的管壁外间隙，减少地面沉降。有些地下工程还可采用逆作法施工保护管线，对管线可起固定作用的部位先施工并加固，再施工其他部位。基坑回填时分层夯实，钢板桩拔除时及时用砂充填空隙并在水中振捣密实，尽量缩短管线受影响区的施工时间等。

6. 对管线进行搬迁、加固处理

对于便于改道搬迁，且费用不大的管线，可以在基础工程施工之前先行临时搬迁改道，或者通过改善、加固原管线材料、接头方式，设置伸缩节等措施，增大管线的抗变形能力，以确保土体位移时也不失去使用功能。

7. 卸载保护

施工期间，卸去管线周围，尤其是上部的荷载，或通过设置卸荷板等方式，使作用在管线上及周围土体上的荷载减弱，以减少土体的变形和管线的受力，达到保护管线的目的。

8. 不保护方式

对一些不明无主管线，估计破坏后不会造成重大损失或影响的，或经与有关部门联系，可暂停使用的管线，可采用不保护方式，进行突击施工，在几小时或几天内施工完后再恢复管线使用功能。以上各种保护地下管线的方法，实际中如何取用，要视具体的管线性质（即管线使用功能、管材、接头构造、基础型式、管径、管节长度以及管内压力等）、管线埋深、走向和基础工程的类型、规模、施工工艺以及地质地形等现场条件而定，并征得管线业主单位确认。同时还要考虑费用、工期长短等因素。在选用保护措施时尽可能结合对邻近建筑物的保护及基坑边坡保护一同考虑，以降低保护费用。

第二节　施工现场的环境保护

一、现场环境保护的意义

（1）保护和改善施工环境是保证人们身体健康和社会文明的需要。采取专项措施防止粉尘、噪声和水源污染，保护好作业现场及其周围的环境，是保证职工和相关人员身体健康、体现社会总体文明的一项利国利民的重要工作。

（2）保护和改善施工现场环境是消除对外部干扰，保证施工顺利进行的需要。随着人们的法制观念和自我保护意识的增强，尤其在城市中，施工扰民问题反映突出，应及时采取防治措施，减少对环境的污染和对市民的干扰，也是施工生产顺利进行的基本条件。

（3）保护和改善施工环境是现代化大生产的客观要求。现代化施工广泛应用新设备、新技术、新的生产工艺，对环境质量要求很高，如果粉尘、振动超标就可能损坏设备、影响功能发挥，使设备难以发挥作用。

（4）节约能源、减少排污量是保护人类生存环境、保证社会和企业可持续发展的需要。人类社会已面临环境污染和能源危机的挑战，为了保护子孙后代赖以生存的环境条件，每个公民和企业都有责任和义务来保护环境。良好的环境和生存条件，也是企业发展的基础和动力。

（5）为保障工地现场作业人员的身体健康和生命安全，改善作业人员的工作环境与生活条件，保护生态环境，防治施工过程对环境造成污染和各类疾病的发生，建设部于2005年1月21日发布了《建筑施工现场环境与卫生标准》JGJ 146—2004。该标准对防治大气污染、水土污染、噪声污染和施工现场的临时设施、卫生防疫都提出了严格要求。

二、大气污染的防治

1. 大气污染物的分类

大气污染物的种类有数千种，已发现有危害作用的有100多种，其中大部分是有机物。大气污染物通常以气体状态和粒子状态存在于空气中。

2. 气体状态污染物

气体状态污染物具有运动速度较大，扩散较快，在周围大气中分布比较均匀的特点。气体状态污染物包括分子状态污染物和蒸气状态污染物。

（1）分子状态污染物：指在常温常压下以气体分子形式分散于大气中的物质，如燃料燃烧过程中产生的二氧化硫（SO_2）、氮氧化物（NOx）、一氧化碳（CO）等。

（2）蒸气状态污染物：指在常温常压下易挥发的物质，以蒸气状态进入大气，如机动车尾气、沥青烟中含有的碳氢化合物、苯类气化物等。

3. 粒子状态污染物

粒子状态污染物又称固体颗粒污染物，是分散在大气中的微小液滴和固体颗粒，粒径在 $0.01 \sim 100 \mu m$ 之间，是一个复杂的非均匀体。通常根据粒子状态污染物在重力作用下的沉降特性又可分为降尘和飘尘。

（1）降尘：指在重力作用下能很快下降的固体颗粒，其粒径大于 $10 \mu m$。

（2）飘尘：指可长期飘浮于大气的固体颗粒，其粒径小于 $1000 \mu m$ 飘尘具有胶性的性质，故又称为气溶胶，它易随呼吸进入人体肺脏，危害人体健康，故称为可吸入颗粒。

施工工地的粒子状态污染物主要有锅炉、熔化炉、厨房烧煤、沥青现场加热熔化产生的烟尘。还有建筑材料破碎、筛分、碾磨、加料过程、装卸运输过程产生的粉尘等。

4. 大气污染的防治措施

空气污染的防治措施主要针对上述粒子状态污染物和气体状态污染物进行治理。主要方法如下：

（1）除尘技术

在气体中除去或收集固态或液态粒子的设备称为除尘装置。主要种类有机械除尘装置、洗涤除尘装置、过滤除尘装置和电除尘装置等。工地的烧煤茶炉、锅炉、炉灶等应选用装有上述除尘装置的设备。工地其他粉尘可用遮盖、淋水等措施防治。

（2）气态污染物治理技术

大气中气态污染物的治理技术主要有以下几种方法：

1）吸收法：选用合适的吸收剂，可吸收空气中的 SO_2、H_2S、NOx 等。

2）吸附法：让气体混合物与多孔性固体接触，把混合物中的某些成分吸附在固体表面。

3）催化法：利用催化剂把气体中的有害物质转化为无害物质。

4）燃烧法：是通过热氧化作用，将废气中的可燃有害部分，化为无害物质的方法。

5）冷凝法：是使处于气态的污染物冷凝，从气体分离出来的方法。该法特别适合处

148

理有较高浓度的有机废气。如对沥青气体的冷凝，回收油品。

6）生物法：利用微生物的代谢活动过程把废气中的气态污染物转化为少害甚至无害的物质。该法应用广泛，成本低廉，但只适用于低浓度污染物。

（3）施工现场空气污染的防治措施

1）施工现场垃圾渣土要及时清理出现场。

2）高大建筑（构）物清理施工垃圾时，要使用封闭式的容器或者采取其他措施处理高空废弃物，严禁凌空随意抛洒。

3）施工现场道路应指定专人定期洒水清扫，形成制度，防止道路扬尘。

4）对于细颗粒散体材料（如水泥、粉煤灰、黄砂等）的运输，储存要注意遮盖、密封，防止和减少飞扬。

5）车辆开出工地要做到不带泥砂，基本做到不撒土、不扬尘，减少对周围环境污染。

6）除有符合规定的除尘减排装置外，禁止在施工现场焚烧油毡、橡胶、塑料、皮革、树叶、枯草、各种包装物等废弃物品以及其他会产生有毒、有害烟尘和恶臭气体的物质。

7）机动车都要安装减少尾气排放的装置，确保符合国家车辆尾气排放标准。

8）工地茶炉应尽量采用电热水器。若只能使用烧煤茶炉和锅炉时，应选用消烟除尘型茶炉和锅炉，大灶应选用消烟节能回风炉灶，使烟尘降至允许排放范围为止。

9）大城市市区的建设工程已不容许现场搅拌混凝土和沥青混合料。在容许设置搅拌站的工地，应将搅拌站封闭严密，并在进料仓上方安装除尘装置，采用可靠措施控制工地粉尘污染。

10）拆除旧建筑物时，应适当洒水，防止扬尘。

三、施工现场水污染的防治

1. 水污染物主要来源

（1）工程污染源：指各种工程废水、污水、油污、废土；还有，施工机械运行时的噪声和扬尘。

（2）生活污染源：主要有食物废渣、生活垃圾、合成洗涤剂、粪便、杀虫剂、病原微生物等。

（3）其他污染源：主要有工程废弃物和各类防腐剂以及燃烧物释放的有害气体等。

施工现场废水和固体废物等污染物随水流流入水体或土体内，包括泥浆、水泥、油漆、各种油类、沥青路面废料、混凝土外加剂、重金属、酸碱盐、非金属无机毒物等形成对自然环境的污染。

2. 废水处理技术

废水处理的目的是把废水中所含的有害物质清理分离出来。废水处理可分为化学法、物理法、物理化学法和生物法。

（1）物理法：利用筛滤、沉淀、气浮等方法。

（2）化学法：利用化学反应来分离、分解污染物，或使其转化为无害物质的处理方法。

（3）物理化学法：主要有吸附法、反渗透法、电渗析法。

（4）生物法：生物处理法是利用微生物新陈代谢功能，将废水中成溶解和胶体状态的有机污染物降解，并转化为无害物质，使水得到净化。

3. 施工过程水污染的防治措施

（1）禁止将有毒有害废弃物作土方回填。

（2）施工现场搅拌站废水和各种车辆、机械冲洗污水必须经沉淀池沉淀合格后再排放，最好将沉淀水用于工地洒水降尘和采取措施回收利用。

（3）现场存放油料，必须对库房地面进行防渗处理。如采用防渗混凝土地面、铺油毡等措施。使用时，要采取防止油料跑、冒、滴、漏的措施，以免污染水体。

（4）施工现场100人以上的临时食堂，污水排放时可设置简易有效的隔油池，定期清理，防止污染。

（5）工地临时厕所、化粪池应采取防渗措施。中心城市施工现场的临时厕所可采用水冲式厕所，并有防蝇、灭蛆措施，防止污染水体和环境。

（6）化学用品、外加剂等要妥善保管，库内存放，防止污染环境。

四、施工现场的噪声防治

1. 噪声的概念

声音是由物体振动产生的，当频率在 20～20000Hz 时，作用于人的耳鼓膜而产生的感觉称之为声音。由声构成的环境称为"声环境"。当环境中的声音对人类、动物及自然物没有产生不良影响时，就是一种正常的物理现象。相反，对人的生活和工作造成不良影响的声音就称之为噪声。

2. 噪声的分类

（1）噪声按照振动性质可分为气体动力噪声、机械噪声、电磁性噪声。

（2）按噪声来源可分为交通噪声（如汽车、火车、飞机等）、工业噪声（如鼓风机、汽轮机、冲压设备等）、工程施工噪声（如打桩机、推土机、混凝土搅拌机等发出的声音）、社会生活噪声（如高音喇叭、收音机等）。

3. 噪声的危害

噪声是影响与危害非常广泛的环境污染问题。噪声环境可以干扰人的睡眠与工作、影响人的心理状态与情绪，造成人的听力损伤，甚至引起许多疾病。此外噪声对人们的对话干扰也是相当大的。

4. 施工现场噪声的控制措施

噪声控制技术可从声源、传播途径、接收者防护等方面来考虑。

（1）声源控制从声源上降低噪声，这是防止噪声污染的最根本的措施。

（2）尽量采用低噪声设备和工艺，代替高噪声设备和工艺，如低噪声振动器、风机、电动空压机、电锯等。

（3）在声源处安装消声器消声，即在通风机、鼓风机、压缩机、燃气机、内燃机及各类排气放空装置等进出风管的适当位置设置消声器。

5. 传播途径的控制

在传播途径上控制噪声方法主要有以下几种：

（1）吸声：利用吸声材料（大多由多孔材料制成）或由吸声结构形成的共振结构（金属或木质薄板钻孔制成的空腔体）吸收声能，降低噪声。

（2）隔声：应用隔声结构，阻碍噪声向空间传播，将接收者与噪声声源分隔。隔声结构包括隔声室、隔声罩、隔声屏障、隔声墙等。

（3）消声：利用消声器阻止传播。允许气流通过的消声降噪是防治空气动力性噪声的主要装置。如对空气压缩机、内燃机产生的噪声等。

（4）减振降噪：对来自振动引起的噪声，通过降低机械振动减小噪声，如将阻尼材料涂在振动源上，或改变振动源与其他刚性结构的连接方式等。

6. 接收者的防护

让处于噪声环境下的人员使用耳塞、耳罩等防护用品，减少相关人员在噪声环境中的暴露时间，以减轻噪声对人体的危害。

7. 严格控制人为噪声

进入施工现场不得高声喊叫、无故甩打模板、乱吹哨，限制高音喇叭的使用，最大限度地减少噪声扰民。

8. 控制强噪声作业的时间

凡在人口稠密区进行强噪声作业时，须严格控制作业时间，一般晚9点到次日早6点时间内应停止强噪声作业。确系特殊情况必须昼夜施工时，应获得当地环保部门书面批准，尽量采取降低噪声措施。同时，主动会同建设单位找当地居委会（社区）、村委会或当地居民协调，出安民告示，求得群众谅解和配合。

9. 施工现场噪声的限值

根据国家标准《建筑施工场界环境噪声排放标准》GB 12523—2011 的要求，对不同施工作业的噪声限值见表8-1所列。在工程施工中，要特别注意不得超过国家标准的限值，尤其是夜间禁止打桩作业。

建筑施工场界噪声限值

表 8-1

施工阶段	主要噪声源	噪声限值〔dB（A）〕	
		昼间	夜间
土石方	推土机、挖掘机、装载机等	75	55
打 桩	各种打桩机械等	85	禁止施工
结 构	混凝土搅拌机、振动棒、电锯等	70	55
装 修	吊车、升降机等	65	55

第三节 施工现场的环境卫生

一、施工现场的环境卫生概述

1. 施工区卫生管理

（1）环境卫生管理的责任区

为创造舒适的工作环境，养成良好的文明施工作风，保证职工身体健康。施工区域和生活区域应有明确划分，把施工区和生活区分成若干片，分片包干，建立责任区。从道路交通、消防器材、材料堆放到垃圾、厕所、厨房、宿舍、火炉、吸烟等都有专人负责，做到责任落实到人（名单上墙），使文明施工、环境卫生工作保持经常化、制度化。

（2）环境卫生管理措施

1）施工现场要天天打扫，保持整洁卫生，场地平整，各类物品堆放整齐；主要道路必须进行硬化处理。道路平坦畅通，无堆放物、无散落物，做到无积水、无黑臭、无垃圾，有排水措施。

2）生活垃圾与建筑垃圾要分别定点、分类堆放，严禁混放，并应及时采用相应容器清运出场。施工现场严禁焚烧各类废弃物。

3）施工现场严禁随地大小便，发现有随地大小便现象要对责任人进行处罚。施工区、生活区有明确划分，施工作业区应按规定设置临时厕所，设置标志牌，标牌上注明责任人姓名和管理范围。

4）卫生区的平面图应按比例绘制，并注明责任区编号和负责人姓名。

5）施工现场零散材料和垃圾，要及时清理，垃圾临时放置不得超过 3 天，如违反制度规定要对行管责任人进行追究。

6）办公室内做到天天打扫，保持整洁卫生，做到窗明地净，文具摆放整齐，制度上墙。

7）施工现场的厕所，必须对墙面、水槽粘贴，瓷砖要有水冲设施；做到有顶、门窗齐全、通风采光；坚持天天打扫，每周消毒两次，消灭蝇蛆。

8）为了广大职工身体健康，施工现场必须设置开水桶（建议自带茶杯），公用杯子必须采取消毒措施，茶水桶必须有盖并加锁，专人管理。

9）施工现场的卫生要定期进行检查和不定期进行抽查，发现问题，限期改正。

10）施工现场应配备常用药及绷带、止血带、颈托、担架等急救器材。

2. 生活区卫生管理

（1）宿舍卫生管理规定

1）宿舍必须设置可开启的窗户，宿舍内的床铺不得超过 2 层，严禁使用通铺。室内净高不得小于 2.4m，通道宽度不得小于 0.9m，每间宿舍内居住人员不得超过 16 人。

2）职工宿舍要有卫生管理制度，实行室长负责制，规定一周内每天卫生值日名单并张贴上墙，做到天天有人打扫。保持室内窗明地净，通风良好。

3）职工宿舍铺上、铺下做到整洁有序，室内和宿舍四周保持干净，污水、污物和生活垃圾集中处理，及时外运。

4）宿舍内保持清洁卫生，清扫出的垃圾倒在指定的垃圾桶内，并及时清理。

5）生活废水处置应有污水池，经沉淀后排放市政管网。临时生活设施二楼以上一般也要有水源及水池，做到卫生区内无污水、无污物，废水不得乱倒乱流。

6）夏季宿舍应有防暑和防蚊虫叮咬措施。

7）宿舍内一律禁止使用电炉及其他用电加热器具。不得随意增大照明用电量。

（2）办公室卫生管理规定

1）办公室的卫生由办公室全体人员轮流值班，负责打扫，排出值班表。

2）值班人员负责打扫卫生、打水，做好来访记录，整理文具。文具应摆放整齐，做到窗明地净，无蝇、无鼠。

3）办公人员在工作时间内禁止吃各种零食，各类零食不得在办公室内存放过夜。

4）办公室内一律禁止使用电炉及其他电加热器具。

3. 食堂卫生管理

（1）为加强施工工地食堂管理，严防肠道传染病的发生，杜绝食物中毒，把住病从口入关，各单位要加强对食堂的治理整顿。工地设立食堂，应远离厕所、垃圾投放点、有毒有害场所等污染源的地方。

（2）工地食堂必须有当地卫生防疫部门发放的《卫生许可证》，炊事人员必须持身体健康证上岗。《卫生许可证》和炊事人员健康证应张贴食堂醒目处。

（3）根据《食品卫生法》规定，依照食堂规模的大小，入伙人数的多少，应当有相应的食品原料处理、加工、贮存等场所及必要的上、下水等卫生设施。要做到防尘、防蝇，与污染源（污水沟、厕所、垃圾箱等）应保持 30m 以上的距离。食堂内外每天做到清洗打扫，并保持内外环境的整洁。

（4）食品卫生

1）采购运输

① 采购外地食品应向供货单位索取县以上食品卫生监督机构开具的检验合格证或检验单。必要时可请当地食品卫生监督机构进行复验。

② 采购食品使用的车辆、容器要清洁卫生，做到生熟分开，防尘、防蝇、防雨、防晒。

③ 不得采购制售腐败变质、霉变、生虫、有异味或《食品卫生法》规定禁止生产经营的食品。

2）贮存、保管

① 根据《食品卫生法》的规定，食品不得接触有毒物、不洁物。要建立健全管理制度，严禁有毒物与食物同库存放。

② 贮存食品要隔墙、离地 20cm，注意做到通风、防潮、防虫、防鼠。食堂内必须设置合格的密封熟食间，有条件的单位应设冷藏设备。主副食品、原料、半成品、成品要分开存放。

③ 盛放酱油、盐等副食调料要做到容器物见本色，加盖离地 20cm 存放，清洁卫生。

④ 禁止用铝制品、非食用性塑料制品盛放熟菜。

3）制售过程的卫生

① 制作食品的原料要新鲜、卫生，做到不用、不卖腐败变质的食品，各种食品要烧熟煮透，以免食物中毒的情况发生。

② 制售过程及刀、墩、案板、盆、碗及其他盛器、筐、水池子、抹布和冰箱等工具要严格做到消毒、生熟分开，售饭菜时要用专用器具夹送直接入口食品。

③ 非经过卫生监督管理部门批准，工地食堂禁止供应生吃凉拌菜，以防止肠道传染疾病。剩饭、菜要回锅彻底加热再食用，一旦发现变质，不得食用。

④ 共用食具要洗净消毒，应有上下水洗手和餐具洗涤设备。

⑤ 使用的代价券必须每天消毒，防止交叉污染。

⑥ 盛放丢弃食物的桶（缸）必须有盖，并及时清运。

（5）炊管人员卫生

1）凡在岗位上的炊管人员，必须持有所在地区卫生防疫部门办理的健康证和岗位培训合格证，并且每年进行一次体检。

2）凡患有痢疾、肝炎、伤寒、活动性肺结核、渗出性皮肤病以及其他有碍食品卫生的疾病，不得参加接触直接入口食品的制售及食品洗涤工作。

3）炊管人员无健康证的不准上岗，否则予以经济处罚，责令关闭食堂，并追究有关领导的责任。

4）炊管人员操作时必须穿戴好工作服、发帽和口罩，做到"三白"（白衣、白帽、白口罩）；同时，做到文明操作，不赤背，不光脚，禁止随地吐痰。

5）炊管人员必须做好个人卫生，要坚持做到四勤（勤理发、勤洗澡、勤换衣、勤剪指甲）；工作时间不抽烟。

（6）集体食堂发放《卫生许可证》验收标准

1）新建、改建、扩建的集体食堂，在选址和设计时应符合卫生要求，远离有毒有害场所，30m内不得有露天坑式厕所、暴露垃圾堆（站）和粪堆畜圈等污染源。

2）需有与进餐人数相适应的餐厅、制作间和原料库等辅助用房。餐厅和制作间（含库房）建筑面积比例一般应为1：1.5。其地面和墙裙的建筑材料，要用具有防鼠、防潮和便于洗刷的水泥等。有条件的食堂、制作间灶台及其周围要镶嵌白瓷砖，炉灶应有通风排烟设备。

3）制作间应分为主食间、副食间、烧火间，有条件的可开设生间、摘菜间、炒菜间、冷荤间、面点间。做到生与熟，原料与成品、半成品，食品与杂物、毒物（亚硝酸盐、农药、化肥等）严格分开。冷荤间应具备"五专"（专人、专室、专容器用具、专消毒、专冷藏）。

4）主、副食应分开存放。易腐食品应有冷藏设备（冷藏库或冰箱）。

5）食品加工机械、用具、炊具、容器应有防蝇、防尘设备。用具、容器和食用苫布（棉被）要有生、熟及反、正面标记，防止食品污染。

6）采购运输要有专用食品容器及专用车。

7）食堂应有相应的更衣、消毒、盥洗、采光、照明、通风和防蝇、防尘设备，以及通畅的上下水管道。

8）餐厅应设有洗碗池、残渣桶和洗手设备；下水道铺设防鼠网。

9）公用餐具应有专用洗刷、消毒和存放设备。

10）食堂炊管人员（包括合同工、临时工）必须按有关规定进行健康检查和卫生知识培训并取得健康合格证和培训证。

11）具有健全的卫生管理制度。单位领导要负责食堂管理工作，并将提高食品卫生质量、预防食物中毒，列入岗位责任制的考核评奖条件中。

12）集体食堂的经常性食品卫生检查工作，各单位要根据《食品卫生法》有关规定和本地颁发的《饮食行业（集体食堂）食品卫生管理标准和要求》及《建筑工地食堂卫生管理标准和要求》，进行管理检查。

（7）职工饮水卫生规定

施工现场应供应开水，饮水器具要卫生。夏季要确保施工现场的凉开水或清凉饮料供应，暑伏天可增加绿豆汤，防止中暑脱水现象发生。

4. 厕所卫生管理

（1）施工现场要按规定设置厕所，制定厕所的合理设置方案。厕所的设置要离食堂15m以外，屋顶墙壁要严密防雨，门窗齐全有效，便槽内必须铺设瓷砖。厕所间要有通风口，确保室内空气流通。

（2）厕所要有专人管理，应有化粪池，严禁将粪便直接排入下水道或河流沟渠中，露天粪池必须加盖。

（3）厕所定期清扫制度。厕所有专人天天冲洗打扫，做到无积垢、垃圾及明显臭味，并应有洗手装置，工地厕所要有水冲设施，保持厕所清洁卫生。

（4）厕所灭蝇蛆措施。厕所按规定采取冲水或加盖措施，定期打药或撒白灰粉消毒，消灭蝇蛆。

二、临时设施

（1）施工现场应设置办公室、宿舍、食堂、厕所、淋浴间、开水房、民工学校、文体活动室、密闭式垃圾站（或容器）及盥洗设施、消防设施等临时设施。临时设施所用建筑材料应符合环保、消防要求。

（2）办公区和生活区应设围坪隔离，并设立警卫室。

（3）办公室内布局应合理，文件资料宜归类存放，并应保持室内清洁卫生。

（4）宿舍内应设置生活用品专柜，有条件的宿舍宜设置生活用品储藏室。夏季高温时，应有防暑降温设施（风扇、空调等）。

（5）宿舍内应设置鞋柜或鞋架，室外应有垃圾桶，生活区内应提供为作业人员晾晒衣物的场地。

（6）食堂应设置在远离厕所、垃圾站、有毒有害场所等污染源15m的地方。

（7）食堂应设置独立的制作间、储藏间，门扇下方应设不低于0.2m的防鼠挡板。制作间灶台及其周边应贴瓷砖，所贴瓷砖高度不宜小于1.5m，地面应做硬化和防滑处理。粮食、蔬菜、烹调用料存放台距墙和地面应大于0.2m。

（8）食堂应配备必要的排风设施和冷藏设施。

（9）食堂的燃气罐应单独设置存放间，存放间应通风良好并严禁存放其他物品。

（10）食堂制作间的炊具宜存放在封闭的橱柜内，刀、盆、案板等炊具应生熟分开。食品应有遮盖，遮盖物品应有正反面标识。各种佐料和副食应存放在密闭器皿内，并应有标识。

（11）食堂外应设置密闭式泔水桶，并应及时清运。

（12）施工现场应设置水冲式或移动式厕所，厕所地面应硬化，门窗应齐全。蹲位之间宜设置隔板，隔板高度不宜低于0.9m。

（13）厕所大小应根据作业人员的数量设置。厕所应设专人负责清扫、消毒，化粪池应及时清掏。

（14）淋浴间内应设置满足需要的淋浴喷头，可设置储衣柜或挂衣架。门内应设遮拦板。

（15）盥洗设施应设置满足作业人员使用的盥洗池，并应使用节水龙头。

（16）生活区应设置专用开水炉、电热水器或饮用水保温桶；施工区应配备流动保温水桶。

（17）民工学校和文体活动室应配备电视机、书报、杂志等文体活动设施、用品。

三、卫生与防疫

（1）施工现场应设专职或兼职保洁员，负责卫生清扫和保洁。

（2）办公区和生活区应采取灭鼠、蚊、蝇、蟑螂等措施，并应定期投放和喷洒药物。

（3）食堂必须有卫生许可证，炊事人员必须持身体健康证上岗。

（4）炊事人员上岗应穿戴洁净的工作服、工作帽和口罩，并应保持个人卫生。不得穿工作服出食堂，非炊事人员不得随意进入制作间。

（5）食堂的炊具、餐具和公用饮水器具必须清洗消毒。

（6）施工现场应加强食品、原料的进货管理，食堂严禁出售变质食品。

（7）施工现场作业人员发生法定传染病、食物中毒或急性职业中毒时，必须在 2h 内向施工现场所在地建设行政主管部门和卫生防疫部门报告，并应积极配合调查处理。

（8）现场施工人员患有法定传染病时，应及时进行隔离，并报卫生防疫部门进行处置。

第四节　施工现场的治安保卫

一、保障社会稳定的意义

安全生产是人类生存发展过程中永恒的主题。随着社会的进步和经济的发展，安全问题正愈来愈多地受到整个社会的关注与重视。搞好安全生产工作，保证人民群众的生命和财产安全，是实现我国国民经济可持续发展的前提和保障，是提高人民群众的生活质量，促进社会稳定的基础。

工程建设施工行业，安全就是形象，安全就是发展，安全就是需要，安全就是效益的观念，正在被广泛接纳，并更多地受到建设施工企业的高度重视。

二、建立企业治保管理责任制

（1）施工单位必须建立健全施工现场治安保卫制度和治安防范措施，明确落实治安管理责任人，防止发生各类治安案件，加强对工地、财务、库房、办公室、宿舍、食堂等易发案件区域的管理，落实防盗措施。

（2）施工现场应建立务工人员档案，及时办理暂住登记。非本工程施工人员不得擅自在施工现场留宿。

（3）施工现场应建立流动人口计划生育管理制度，开工前应按规定签订计划生育协议。

（4）施工现场生活区内应设置民工学校和职工娱乐场所，配备报纸、杂志、电视机等学习、娱乐活动用品。

（5）施工单位应加强对职工法律知识、治安保卫知识的培训教育，严禁赌博、酗酒、盗窃、吸毒、打架斗殴、男女混居和传播淫秽物品等违纪违法行为。对各类违法犯罪行为应当及时制止，并报告公安机关。

三、建立民工学校

1. 统一思想，充分认识到建立民工学校的重要性

农民工是我国改革开放和工业化、城镇化进程中涌现的一支新型劳动大军。建筑业农民工队伍约占进城务工人员总数的 1/3，占从事建筑施工人员总数的 90% 以上，已成为建筑业产业工人的重要组成部分，在现代化建设中发挥着积极作用。为农民工创造良好的作业、生活环境，提高农民工队伍整体素质，对于统筹城乡发展，构建社会主义和谐社会，促进建筑业的健康发展具有十分重要意义。这些农民工，既有朴实肯干、吃苦耐劳、顽强

拼搏的优良品德，但也存在着文化水平普遍偏低、道德法治观念比较淡薄等问题。加上多年来施工企业对民工重使用轻教育管理，致使建设工地环境脏乱差、不文明施工、违反操作规程、质量安全事故、赌博打架斗殴等现象时有发生。因此，在建设工地建立民工学校，在民工集中工作生活的场所搭建一个学习教育培训的平台，将民工的学习、工作、生活寓于一体，完善民工教育管理，切实解决民工队伍中存在的突出问题，提高民工队伍的整体素质，以适应现代化建设的需要，就显得十分迫切和重要。

2. 落实措施，切实抓好民工学校建设的各项组织工作

各工程施工企业和符合条件的建设工程工地，应制定民工学校的建设规划，建立办学制度，落实师资、场地和经费，切实做好民工学校建设的各项组织工作。

3. 民工学校的建设要求

（1）凡符合下列条件的建设工程工地都应建立民工学校：

1）设区市城区建筑面积 8000m² 以上或工程造价 1000 万元以上；

2）县级市城区建筑面积 5000m² 以上或工程造价 500 万元以上。

（2）具有二级以上资质的总承包施工企业应建立民工学校总校，并在其承建的主要建设工程（包括在本省行政区域以外承接的工程）的工地，建立若干民工学校分校。

4. 民工学校的组织要求

（1）民工学校一般独立设置或与建设工地的会议室、食堂或活动室共用，在门口悬挂"某某工地（项目部）民工学校"的牌匾。室内四周墙上要有民工学校教学管理制度、学员守则、教学计划和内容，反映学员学习情况的"学习园地"以及醒目、简洁、体现个性化的标语，以营造良好的学习氛围。

（2）民工学校应建立由业主、总承包施工企业、分包企业等有关负责人参加的教学工作班子。确定校长、副校长、教务和总务等负责人，负责学校重大事项的处理及教学、管理和活动组织。总承包企业工程项目部负责从工程项目开工至竣工工地民工学校的组织和教学管理，所有参与工程建设的民工都要在总承包企业所办的民工学校参加学习培训。业主要对建立民工学校大力支持、配合，协助解决办学中的实际问题。

（3）建立民工学校必须要有基本资金作保障。各办学单位要积极筹措资金，开源节流，增加投入，确保民工学校正常运行。办学资金可在项目管理费中开支。

5. 民工学校的教学要求

（1）教学是民工学校的基本职能和主要任务。要抓住提高民工素质这一根本目的，围绕"创建文明工地、保障安全生产、提高工程质量、树立行业形象"这一主线，根据工程特点和工地实际，从全局出发，精心安排教学内容。

（2）教学内容分必修课和自选课。必修课主要是：当前经济社会新一轮发展特别是城市建设和城市管理的形势和任务；建设职工（相应岗位从业人员）职业道德规范和市民守则；外来从业人员有关政策、建设行业文明施工、安全生产一系列法规；计划生育管理、社会综合治理和有关法律常识、基本要求；针对工程建设需要的施工技术、操作技能、质量管理和安全生产标准规范；工程项目建设的重要意义，工程、工地创建的目标要求等课目。自选课因工地而宜，即随着形势发展新变化、工程进展新要求、民工队伍新问题及企业自身需要的内容等设置相应课程。

（3）各民工学校要按照上述要求，认真制定教学规划和每个阶段教学的实施计划，确

定相应能胜任的专兼职授课教师，编写和组织落实各课教材、有关辅导资料，做到有计划、有步骤、有针对性地抓好教学。要利用具有较高理论知识和实践经验的企业内外工程技术、业务管理人员和当地社区、派出所工作人员等各方面的资源和优势，建立师资队伍，做好教学台账记录。

（4）教学要理论联系实际，注重实效，学以致用，确保质量。民工培训应尽量安排在雨天或晚上等空闲时间，每节课时间原则上不少于两小时。每课内容既要有比较系统的通俗易懂的道理，更要有比较典型的形象生动事例，使民工听得进，坐得牢，记得住，用得上。要与解决实际问题结合起来，引导民工把学到的知识用于工作和生活中，对存在的问题边学边整改，对自身的素质边学边提高，使他们逐渐成为讲文明、守纪律、懂技术、会操作、有理想的新一代民工。

第九章 安全相关法律、法规

第一节 《劳动法》、《建筑法》有关规定

一、劳动法

第五十二条 用人单位必须建立、健全劳动安全卫生制度，严格执行国家劳动安全卫生规程和标准，对劳动者进行劳动安全卫生教育，防止劳动过程中的事故，减少职业危害。

第五十三条 劳动安全卫生设施必须符合国家规定的标准。

新建、改建、扩建工程的劳动安全卫生设施必须与主体工程同时设计、同时施工、同时投入生产和使用。

第五十四条 用人单位必须为劳动者提供符合国家规定的劳动安全卫生条件和必要的劳动防护用品，对从事有职业危害作业的劳动者应当定期进行健康检查。

第五十五条 从事特种作业的劳动者必须经过专门培训并取得特种作业资格。

第五十六条 劳动者在劳动过程中必须严格遵守安全操作规程。

劳动者对用人单位管理人员违章指挥、强令冒险作业，有权拒绝执行；对危害生命安全和身体健康的行为，有权提出批评、检举和控告。

第五十七条 国家建立伤亡事故和职业病统计报告和处理制度。县级以上各级人民政府劳动行政部门、有关部门和用人单位应当依法对劳动者在劳动过程中发生的伤亡事故和劳动者的职业病状况，进行统计、报告和处理。

二、建筑法

第三十六条 建筑工程安全生产管理必须坚持安全第一、预防为主的方针，建立健全安全生产的责任制度和群防群治制度。

第三十七条 建筑工程设计应当符合按照国家规定制定的建筑安全规程和技术规范，保证工程的安全性能。

第三十八条 建筑施工企业在编制施工组织设计时，应当根据建筑工程的特点制定相应的安全技术措施；对专业性较强的工程项目，应当编制专项安全施工组织设计，并采取安全技术措施。

第三十九条 建筑施工企业应当在施工现场采取维护安全、防范危险、预防火灾等措施；有条件的，应当对施工现场实行封闭管理。

施工现场对毗邻的建筑物、构筑物和特殊作业环境可能造成损害的，建筑施工企业应当采取安全防护措施。

第四十条 建设单位应当向建筑施工企业提供与施工现场相关的地下管线资料，建筑施工企业应当采取措施加以保护。

第四十一条 建筑施工企业应当遵守有关环境保护和安全生产的法律、法规的规定，

采取控制和处理施工现场的各种粉尘、废气、废水、固体废物以及噪声、振动对环境的污染和危害的措施。

第四十二条 有下列情形之一的，建设单位应当按照国家有关规定办理申请批准手续：

1. 需要临时占用规划批准范围以外场地的；
2. 可能损坏道路、管线、电力、邮电通信等公共设施的；
3. 需要临时停水、停电、中断道路交通的；
4. 需要进行爆破作业的；
5. 法律、法规规定需要办理报批手续的其他情形。

第四十三条 建设行政主管部门负责建筑安全生产的管理，并依法接受劳动行政主管部门对建筑安全生产的指导和监督。

第四十四条 建筑施工企业必须依法加强对建筑安全生产的管理，执行安全生产责任制度，采取有效措施，防止伤亡和其他安全生产事故的发生。

建筑施工企业的法定代表人对本企业的安全生产负责。

第四十五条 施工现场安全由建筑施工企业负责。实行施工总承包的，由总承包单位负责。分包单位向总承包单位负责，服从总承包单位对施工现场的安全生产管理。

第四十六条 建筑施工企业应当建立健全劳动安全生产教育培训制度，加强对职工安全生产的教育培训；未经安全生产教育培训的人员，不得上岗作业。

第四十七条 建筑施工企业和作业人员在施工过程中，应当遵守有关安全生产的法律、法规和建筑行业安全规章、规程，不得违章指挥或者违章作业。作业人员有权对影响人身健康的作业程序和作业条件提出改进意见，有权获得安全生产所需的防护用品。作业人员对危及生命安全和人身健康的行为有权提出批评、检举和控告。

第四十八条 建筑施工企业必须为从事危险作业的职工办理意外伤害保险，支付保险费。

第四十九条 涉及建筑主体和承重结构变动的装修工程，建设单位应当在施工前委托原设计单位或者具有相应资质条件的设计单位提出设计方案；没有设计方案的，不得施工。

第五十条 房屋拆除应当由具备保证安全条件的建筑施工单位承担，由建筑施工单位负责人对安全负责。

第五十一条 施工中发生事故时，建筑施工企业应当采取紧急措施减少人员伤亡和事故损失，并按照国家有关规定及时向有关部门报告。

第二节 《安全生产法》有关规定

第十六条 生产经营单位应当具备本法和有关法律、行政法规和国家标准或者行业标准规定的安全生产条件；不具备安全生产条件的，不得从事生产经营活动。

第十七条 生产经营单位的主要负责人对本单位安全生产工作负有下列职责：

1. 建立、健全本单位安全生产责任制；
2. 组织制定本单位安全生产规章制度和操作规程；

3. 保证本单位安全生产投入的有效实施；

4. 督促、检查本单位的安全生产工作，及时消除生产安全事故隐患；

5. 组织制定并实施本单位的生产安全事故应急救援预案；

6. 及时、如实报告生产安全事故。

第十八条　生产经营单位应当具备的安全生产条件所必需的资金投入，由生产经营单位的决策机构、主要负责人或者个人经营的投资人予以保证，并对由于安全生产所必需的资金投入不足导致的后果承担责任。

第十九条　矿山、建筑施工单位和危险物品的生产、经营、储存单位，应当设置安全生产管理机构或者配备专职安全生产管理人员。

前款规定以外的其他生产经营单位，从业人员超过三百人的，应当设置安全生产管理机构或者配备专职安全生产管理人员；从业人员在三百人以下的，应当配备专职或者兼职的安全生产管理人员，或者委托具有国家规定的相关专业技术资格的工程技术人员提供安全生产管理服务。

生产经营单位依照前款规定委托工程技术人员提供安全生产管理服务的，保证安全生产的责任仍由本单位负责。

第二十条　生产经营单位的主要负责人和安全生产管理人员必须具备与本单位所从事的生产经营活动相应的安全生产知识和管理能力。

危险物品的生产、经营、储存单位以及矿山、建筑施工单位的主要负责人和安全生产管理人员，应当由有关主管部门对其安全生产知识和管理能力考核合格后方可任职。考核不得收费。

第二十一条　生产经营单位应当对从业人员进行安全生产教育和培训，保证从业人员具备必要的安全生产知识，熟悉有关的安全生产规章制度和安全操作规程，掌握本岗位的安全操作技能。未经安全生产教育和培训合格的从业人员，不得上岗作业。

第二十二条　生产经营单位采用新工艺、新技术、新材料或者使用新设备，必须了解、掌握其安全技术特性，采取有效的安全防护措施，并对从业人员进行专门的安全生产教育和培训。

第二十三条　生产经营单位的特种作业人员必须按照国家有关规定经专门的安全作业培训，取得特种作业操作资格证书，方可上岗作业。

特种作业人员的范围由国务院负责安全生产监督管理的部门会同国务院有关部门确定。

第二十四条　生产经营单位新建、改建、扩建工程项目（以下统称建设项目）的安全设施，必须与主体工程同时设计、同时施工、同时投入生产和使用。安全设施投资应当纳入建设项目概算。

第二十五条　矿山建设项目和用于生产、储存危险物品的建设项目，应当分别按照国家有关规定进行安全条件论证和安全评价。

第二十六条　建设项目安全设施的设计人、设计单位应当对安全设施设计负责。

矿山建设项目和用于生产、储存危险物品的建设项目的安全设施设计应当按照国家有关规定报经有关部门审查，审查部门及其负责审查的人员对审查结果负责。

第二十七条　矿山建设项目和用于生产、储存危险物品的建设项目的施工单位必须按照批准的安全设施设计施工，并对安全设施的工程质量负责。

矿山建设项目和用于生产、储存危险物品的建设项目竣工投入生产或者使用前，必须依照有关法律、行政法规的规定对安全设施进行验收；验收合格后，方可投入生产和使用。验收部门及其验收人员对验收结果负责。

第二十八条 生产经营单位应当在有较大危险因素的生产经营场所和有关设施、设备上，设置明显的安全警示标志。

第二十九条 安全设备的设计、制造、安装、使用、检测、维修、改造和报废，应当符合国家标准或者行业标准。

生产经营单位必须对安全设备进行经常性维护、保养，并定期检测，保证正常运转。维护、保养、检测应当做好记录，并由有关人员签字。

第三十条 生产经营单位使用的涉及生命安全、危险性较大的特种设备，以及危险物品的容器、运输工具，必须按照国家有关规定，由专业生产单位生产，并经取得专业资质的检测、检验机构检测、检验合格，取得安全使用证或者安全标志，方可投入使用。检测、检验机构对检测、检验结果负责。

涉及生命安全、危险性较大的特种设备的目录由国务院负责特种设备安全监督管理的部门制定，报国务院批准后执行。

第三十一条 国家对严重危及生产安全的工艺、设备实行淘汰制度。

生产经营单位不得使用国家明令淘汰、禁止使用的危及生产安全的工艺、设备。

第三十二条 生产、经营、运输、储存、使用危险物品或者处置废弃危险物品的，由有关主管部门依照有关法律、法规的规定和国家标准或者行业标准审批并实施监督管理。

生产经营单位生产、经营、运输、储存、使用危险物品或者处置废弃危险物品，必须执行有关法律、法规和国家标准或者行业标准，建立专门的安全管理制度，采取可靠的安全措施，接受有关主管部门依法实施的监督管理。

第三十三条 生产经营单位对重大危险源应当登记建档，进行定期检测、评估、监控，并制定应急预案，告知从业人员和相关人员在紧急情况下应当采取的应急措施。

生产经营单位应当按照国家有关规定将本单位重大危险源及有关安全措施、应急措施报有关地方人民政府负责安全生产监督管理的部门和有关部门备案。

第三十四条 生产、经营、储存、使用危险物品的车间、商店、仓库不得与员工宿舍在同一座建筑物内，并应当与员工宿舍保持安全距离。

生产经营场所和员工宿舍应当设有符合紧急疏散要求、标志明显、保持畅通的出口。禁止封闭、堵塞生产经营场所或者员工宿舍的出口。

第三十五条 生产经营单位进行爆破、吊装等危险作业，应当安排专门人员进行现场安全管理，确保操作规程的遵守和安全措施的落实。

第三十六条 生产经营单位应当教育和督促从业人员严格执行本单位的安全生产规章制度和安全操作规程；并向从业人员如实告知作业场所和工作岗位存在的危险因素、防范措施以及事故应急措施。

第三十七条 生产经营单位必须为从业人员提供符合国家标准或者行业标准的劳动防护用品，并监督、教育从业人员按照使用规则佩戴、使用。

第三十八条 生产经营单位的安全生产管理人员应当根据本单位的生产经营特点，对安全生产状况进行经常性检查；对检查中发现的安全问题，应当立即处理；不能处理的，应当及时报告本单位有关负责人。检查及处理情况应当记录在案。

第三十九条　生产经营单位应当安排用于配备劳动防护用品、进行安全生产培训的经费。

第四十条　两个以上生产经营单位在同一作业区域内进行生产经营活动，可能危及对方生产安全的，应当签订安全生产管理协议，明确各自的安全生产管理职责和应当采取的安全措施，并指定专职安全生产管理人员进行安全检查与协调。

第四十一条　生产经营单位不得将生产经营项目、场所、设备发包或者出租给不具备安全生产条件或者相应资质的单位或者个人。

生产经营项目、场所有多个承包单位、承租单位的，生产经营单位应当与承包单位、承租单位签订专门的安全生产管理协议，或者在承包合同、租赁合同中约定各自的安全生产管理职责；生产经营单位对承包单位、承租单位的安全生产工作统一协调、管理。

第四十二条　生产经营单位发生重大生产安全事故时，单位的主要负责人应当立即组织抢救，并不得在事故调查处理期间擅离职守。

第四十三条　生产经营单位必须依法参加工伤社会保险，为从业人员缴纳保险费。

第三节　《安全生产许可证条例》有关规定

第二条　国家对矿山企业、建筑施工企业和危险化学品、烟花爆竹、民用爆破器材生产企业（以下统称企业）实行安全生产许可制度。企业未取得安全生产许可证的，不得从事生产活动。

第三条　国务院安全生产监督管理部门负责中央管理的非煤矿矿山企业和危险化学品、烟花爆竹生产企业安全生产许可证的颁发和管理。

省、自治区、直辖市人民政府安全生产监督管理部门负责前款规定以外的非煤矿矿山企业和危险化学品、烟花爆竹生产企业安全生产许可证的颁发和管理，并接受国务院安全生产监督管理部门的指导和监督。

国家煤矿安全监察机构负责中央管理的煤矿企业安全生产许可证的颁发和管理。

在省、自治区、直辖市设立的煤矿安全监察机构负责前款规定以外的其他煤矿企业安全生产许可证的颁发和管理，并接受国家煤矿安全监察机构的指导和监督。

第四条　国务院建设主管部门负责中央管理的建筑施工企业安全生产许可证的颁发和管理。

省、自治区、直辖市人民政府建设主管部门负责前款规定以外的建筑施工企业安全生产许可证的颁发和管理，并接受国务院建设主管部门的指导和监督。

第五条　国务院国防科技工业主管部门负责民用爆破器材生产企业安全生产许可证的颁发和管理。

第六条　企业取得安全生产许可证，应当具备下列安全生产条件：

1. 建立、健全安全生产责任制，制定完备的安全生产规章制度和操作规程；

2. 安全投入符合安全生产要求；

3. 设置安全生产管理机构，配备专职安全生产管理人员；

4. 主要负责人和安全生产管理人员经考核合格；

5. 特种作业人员经有关业务主管部门考核合格，取得特种作业操作资格证书；

6. 从业人员经安全生产教育和培训合格；

7. 依法参加工伤保险，为从业人员缴纳保险费；

8. 厂房、作业场所和安全设施、设备、工艺符合有关安全生产法律、法规、标准和规程的要求；

9. 有职业危害防治措施，并为从业人员配备符合国家标准或者行业标准的劳动防护用品；

10. 依法进行安全评价；

11. 有重大危险源检测、评估、监控措施和应急预案；

12. 有生产安全事故应急救援预案、应急救援组织或者应急救援人员，配备必要的应急救援器材、设备；

13. 法律、法规规定的其他条件。

第七条　企业进行生产前，应当依照本条例的规定向安全生产许可证颁发管理机关申请领取安全生产许可证，并提供本条例第六条规定的相关文件、资料。安全生产许可证颁发管理机关应当自收到申请之日起45日内审查完毕，经审查符合本条例规定的安全生产条件的，颁发安全生产许可证；不符合本条例规定的安全生产条件的，不予颁发安全生产许可证，书面通知企业并说明理由。

煤矿企业应当以矿（井）为单位，在申请领取煤炭生产许可证前，依照本条例的规定取得安全生产许可证。

第四节　《建设工程安全生产管理条例》有关规定

第二十条　施工单位从事建设工程的新建、扩建、改建和拆除等活动，应当具备国家规定的注册资本、专业技术人员、技术装备和安全生产等条件，依法取得相应等级的资质证书，并在其资质等级许可的范围内承揽工程。

第二十一条　施工单位主要负责人依法对本单位的安全生产工作全面负责。施工单位应当建立健全安全生产责任制度和安全生产教育培训制度，制定安全生产规章制度和操作规程，保证本单位安全生产条件所需资金的投入，对所承担的建设工程进行定期和专项安全检查，并做好安全检查记录。

施工单位的项目负责人应当由取得相应执业资格的人员担任，对建设工程项目的安全施工负责，落实安全生产责任制度、安全生产规章制度和操作规程，确保安全生产费用的有效使用，并根据工程的特点组织制定安全施工措施，消除安全事故隐患，及时、如实报告生产安全事故。

第二十二条　施工单位对列入建设工程概算的安全作业环境及安全施工措施所需费用，应当用于施工安全防护用具及设施的采购和更新、安全施工措施的落实、安全生产条件的改善，不得挪作他用。

第二十三条　施工单位应当设立安全生产管理机构，配备专职安全生产管理人员。

专职安全生产管理人员负责对安全生产进行现场监督检查。发现安全事故隐患，应当及时向项目负责人和安全生产管理机构报告；对违章指挥、违章操作的，应当立即制止。

专职安全生产管理人员的配备办法由国务院建设行政主管部门会同国务院其他有关部门制定。

第二十四条 建设工程实行施工总承包的，由总承包单位对施工现场的安全生产负总责。

总承包单位应当自行完成建设工程主体结构的施工。

总承包单位依法将建设工程分包给其他单位的，分包合同中应当明确各自的安全生产方面的权利、义务。总承包单位和分包单位对分包工程的安全生产承担连带责任。

分包单位应当服从总承包单位的安全生产管理，分包单位不服从管理导致生产安全事故的，由分包单位承担主要责任。

第二十五条 垂直运输机械作业人员、安装拆卸工、爆破作业人员、起重信号工、登高架设作业人员等特种作业人员，必须按照国家有关规定经过专门的安全作业培训，并取得特种作业操作资格证书后，方可上岗作业。

第二十六条 施工单位应当在施工组织设计中编制安全技术措施和施工现场临时用电方案，对下列达到一定规模的危险性较大的分部分项工程编制专项施工方案，并附具安全验算结果，经施工单位技术负责人、总监理工程师签字后实施，由专职安全生产管理人员进行现场监督：

1. 基坑支护与降水工程；

2. 土方开挖工程；

3. 模板工程；

4. 起重吊装工程；

5. 脚手架工程；

6. 拆除、爆破工程；

7. 国务院建设行政主管部门或者其他有关部门规定的其他危险性较大的工程。

对前款所列工程中涉及深基坑、地下暗挖工程、高大模板工程的专项施工方案，施工单位还应当组织专家进行论证、审查。

本条第一款规定的达到一定规模的危险性较大工程的标准，由国务院建设行政主管部门会同国务院其他有关部门制定。

第二十七条 建设工程施工前，施工单位负责项目管理的技术人员应当对有关安全施工的技术要求向施工作业班组、作业人员作出详细说明，并由双方签字确认。

第二十八条 施工单位应当在施工现场入口处、施工起重机械、临时用电设施、脚手架、出入通道口、楼梯口、电梯井口、孔洞口、桥梁口、隧道口、基坑边沿、爆破物及有害危险气体和液体存放处等危险部位，设置明显的安全警示标志。安全警示标志必须符合国家标准。

施工单位应当根据不同施工阶段和周围环境及季节、气候的变化，在施工现场采取相应的安全施工措施。施工现场暂时停止施工的，施工单位应当做好现场防护，所需费用由责任方承担，或者按照合同约定执行。

第二十九条 施工单位应当将施工现场的办公、生活区与作业区分开设置，并保持安全距离；办公、生活区的选址应当符合安全性要求。职工的膳食、饮水、休息场所等应当符合卫生标准。施工单位不得在尚未竣工的建筑物内设置员工集体宿舍。

施工现场临时搭建的建筑物应当符合安全使用要求。施工现场使用的装配式活动房屋应当具有产品合格证。

第三十条 施工单位对因建设工程施工可能造成损害的毗邻建筑物、构筑物和地下管线等，应当采取专项防护措施。

施工单位应当遵守有关环境保护法律、法规的规定，在施工现场采取措施，防止或者减少粉尘、废气、废水、固体废物、噪声、振动和施工照明对人和环境的危害和污染。

在城市市区内的建设工程，施工单位应当对施工现场实行封闭围挡。

第三十一条 施工单位应当在施工现场建立消防安全责任制度，确定消防安全责任人，制定用火、用电、使用易燃易爆材料等各项消防安全管理制度和操作规程，设置消防通道、消防水源，配备消防设施和灭火器材，并在施工现场入口处设置明显标志。

第三十二条 施工单位应当向作业人员提供安全防护用具和安全防护服装，并书面告知危险岗位的操作规程和违章操作的危害。

作业人员有权对施工现场的作业条件、作业程序和作业方式中存在的安全问题提出批评、检举和控告，有权拒绝违章指挥和强令冒险作业。

在施工中发生危及人身安全的紧急情况时，作业人员有权立即停止作业或者在采取必要的应急措施后撤离危险区域。

第三十三条 作业人员应当遵守安全施工的强制性标准、规章制度和操作规程，正确使用安全防护用具、机械设备等。

第三十四条 施工单位采购、租赁的安全防护用具、机械设备、施工机具及配件，应当具有生产（制造）许可证、产品合格证，并在进入施工现场前进行查验。

施工现场的安全防护用具、机械设备、施工机具及配件必须由专人管理，定期进行检查、维修和保养，建立相应的资料档案，并按照国家有关规定及时报废。

第三十五条 施工单位在使用施工起重机械和整体提升脚手架、模板等自升式架设设施前，应当组织有关单位进行验收，也可以委托具有相应资质的检验检测机构进行验收；使用承租的机械设备和施工机具及配件的，由施工总承包单位、分包单位、出租单位和安装单位共同进行验收。验收合格的方可使用。

《特种设备安全监察条例》规定的施工起重机械，在验收前应当经有相应资质的检验检测机构监督检验合格。

施工单位应当自施工起重机械和整体提升脚手架、模板等自升式架设设施验收合格之日起 30 日内，向建设行政主管部门或者其他有关部门登记。登记标志应当置于或者附着于该设备的显著位置。

第三十六条 施工单位的主要负责人、项目负责人、专职安全生产管理人员应当经建设行政主管部门或者其他有关部门考核合格后方可任职。

施工单位应当对管理人员和作业人员每年至少进行一次安全生产教育培训，其教育培训情况记入个人工作档案。安全生产教育培训考核不合格的人员，不得上岗。

第三十七条 作业人员进入新的岗位或者新的施工现场前，应当接受安全生产教育培训。未经教育培训或者教育培训考核不合格的人员，不得上岗作业。

施工单位在采用新技术、新工艺、新设备、新材料时，应当对作业人员进行相应的安全生产教育培训。

第三十八条 施工单位应当为施工现场从事危险作业的人员办理意外伤害保险。

意外伤害保险费由施工单位支付。实行施工总承包的，由总承包单位支付意外伤害保险费。意外伤害保险期限自建设工程开工之日起至竣工验收合格止。

第五节 《生产安全事故报告和调查处理条例》有关规定

第九条 事故发生后，事故现场有关人员应当立即向本单位负责人报告；单位负责人接到报告后，应当于 1 小时内向事故发生地县级以上人民政府安全生产监督管理部门和负有安全生产监督管理职责的有关部门报告。

情况紧急时，事故现场有关人员可以直接向事故发生地县级以上人民政府安全生产监督管理部门和负有安全生产监督管理职责的有关部门报告。

第十条 安全生产监督管理部门和负有安全生产监督管理职责的有关部门接到事故报告后，应当依照下列规定上报事故情况，并通知公安机关、劳动保障行政部门、工会和人民检察院：

1. 特别重大事故、重大事故逐级上报至国务院安全生产监督管理部门和负有安全生产监督管理职责的有关部门；

2. 较大事故逐级上报至省、自治区、直辖市人民政府安全生产监督管理部门和负有安全生产监督管理职责的有关部门；

3. 一般事故上报至设区的市级人民政府安全生产监督管理部门和负有安全生产监督管理职责的有关部门。

安全生产监督管理部门和负有安全生产监督管理职责的有关部门依照前款规定上报事故情况，应当同时报告本级人民政府。国务院安全生产监督管理部门和负有安全生产监督管理职责的有关部门以及省级人民政府接到发生特别重大事故、重大事故的报告后，应当立即报告国务院。

必要时，安全生产监督管理部门和负有安全生产监督管理职责的有关部门可以越级上报事故情况。

第十一条 安全生产监督管理部门和负有安全生产监督管理职责的有关部门逐级上报事故情况，每级上报的时间不得超过 2 小时。

第十二条 报告事故应当包括下列内容：

1. 事故发生单位概况；

2. 事故发生的时间、地点以及事故现场情况；

3. 事故的简要经过；

4. 事故已经造成或者可能造成的伤亡人数（包括下落不明的人数）和初步估计的直接经济损失；

5. 已经采取的措施；

6. 其他应当报告的情况。

第十三条 事故报告后出现新情况的，应当及时补报。

自事故发生之日起 30 日内，事故造成的伤亡人数发生变化的，应当及时补报。道路交通事故、火灾事故自发生之日起 7 日内，事故造成的伤亡人数发生变化的，应当及时补报。

第十四条　事故发生单位负责人接到事故报告后，应当立即启动事故相应应急预案，或者采取有效措施，组织抢救，防止事故扩大，减少人员伤亡和财产损失。

第十五条　事故发生地有关地方人民政府、安全生产监督管理部门和负有安全生产监督管理职责的有关部门接到事故报告后，其负责人应当立即赶赴事故现场，组织事故救援。

第十六条　事故发生后，有关单位和人员应当妥善保护事故现场以及相关证据，任何单位和个人不得破坏事故现场、毁灭相关证据。

因抢救人员、防止事故扩大以及疏通交通等原因，需要移动事故现场物件的，应当做出标志，绘制现场简图并做出书面记录，妥善保存现场重要痕迹、物证。

第十七条　事故发生地公安机关根据事故的情况，对涉嫌犯罪的，应当依法立案侦查，采取强制措施和侦查措施。犯罪嫌疑人逃匿的，公安机关应当迅速追捕归案。

第十八条　安全生产监督管理部门和负有安全生产监督管理职责的有关部门应当建立值班制度，并向社会公布值班电话，受理事故报告和举报。